配送仿真模拟实验教程

主　编　周永军

中国财富出版社

图书在版编目（CIP）数据

配送仿真模拟实验教程／周永军主编．—北京：中国财富出版社，2017.8
ISBN 978－7－5047－6554－3

Ⅰ．①配…　Ⅱ．①周…　Ⅲ．①物资配送—系统仿真—模拟实验—教材
Ⅳ．①F252.14

中国版本图书馆CIP数据核字（2017）第208763号

策划编辑	寇俊玲	责任编辑	谷秀莉		
责任印制	梁　凡	责任校对	杨小静	责任发行	王新业

出版发行	中国财富出版社		
社　　址	北京市丰台区南四环西路188号5区20楼	邮政编码	100070
电　　话	010－52227588转2048/2028（发行部）	010－52227588转307（总编室）	
	010－68589540（读者服务部）	010－52227588转305（质检部）	
网　　址	http://www.cfpress.com.cn		
经　　销	新华书店		
印　　刷	北京京都六环印刷厂		
书　　号	ISBN 978－7－5047－6554－3/F·2802		
开　　本	787mm×1092mm　1/16	版　　次	2018年3月第1版
印　　张	18.75	印　　次	2018年3月第1次印刷
字　　数	433千字	定　　价	46.00元

前　言

配送是指在经济合理区域范围内，根据用户要求，对物品进行拣选、加工、包装、分割、组配等作业，并按时送达指定地点的物流活动。物流配送是物流活动中一种非单一的业务形式，它与商流、物流、资金流紧密结合，并且主要包括了商流活动、物流活动和资金流活动，可以说它是包括了物流活动中大多数必要因素的一种业务形式。因此，对于企业来说，物流配送的意义重大。现代物流的发展对高等院校的物流教学提出更高的要求。物流配送涉及的相关设备昂贵，设立真实的仿真场景昂贵，学生实践操作设备也存在一定的安全隐患。希望本书的编写能搭建起理论与实践的桥梁，使学生通过在模拟软件环境中的角色扮演，了解物流配送各个基本环节的操作与管理，掌握订单处理、线路规划、车辆调度、模拟配载、拣货装车、车辆监控等基本流程，了解物流配送各个环节中需要的技能，掌握物流配送设备的基本操作，最终培养学生设计配送中心选址的能力，提高学生对配送中心管理的能力。通过实践与理论的结合，深化学生对现代物流企业的理解，培养学生的物流管理水平和实际操作能力。

本书以物流企业配送的相关业务作为模拟实验设计的基础，使学生通过对熟悉物流企业物流配送设备的性能基础上了解物流企业配送的相关业务流程，对物流配送的相关业务进行虚拟仿真，并以配送中心规划和配送中心模拟运营仿真实验带动学生从局部到整体学习物流配送管理方面的知识，通过学习模拟的物流配送业务流程，将各个理论要点和技能应用融会贯通，达到物流管理专业教学中理论与实践相结合的目的。

本书内容具体包括 11 章。第 1 章介绍了本书使用的物流配送模拟仿真软件概况及各个软件系统的特点与功能；第 2 章介绍了相关的基础知识，并设计了模拟实验；第 3 章介绍了物流配送的相关设备并设计了模拟实验；第 4 章介绍了订单处理的背景知识并设计了模拟实验；第 5 章介绍了线路规划与车辆调度的背景知识并设计了模拟实验；第 6 章介绍了配载相关背景知识并设计了模拟实验；第 7 章介绍了拣货装车的相关背景知识并设计了模拟实验；第 8 章介绍了车辆监控的相关背景知识并设计了模拟实验；第 9 章介绍了配送中心选址的相关背景知识并设计了模拟实验；第 10 章介绍了配送中心运营的相关背景知识并设计了模拟实验；第 11 章介绍了冷链物流的相关背景知识并设计了模拟实验。本书第 2 至第 11 章在内容安排上，设置背景知识、实训目的与要求、实训内容与步骤、思考题和本章小结等栏目。

本书的主要特色可以概括为 3 个方面。

（1）涵盖物流配送管理主要功能要素，实验贴近物流企业配送管理的操作实际。

本书以物流配送设备的操作模拟开始，逐步深入，使学生了解配送管理的相关业务，熟悉物流企业的配送管理业务，将配送管理的主要功能要素集中体现在仿真模拟实验的操作过程中，使学生既能从功能要素角度，深入理解配送设备的操作、订单处理、线路规划、车辆调度、模拟配载、拣货装车、车辆监控等作业流程，又能从企业经营整体角度，学习配送中心规划和配送中心运营管理的相关知识。

（2）实验设计突出配送仿真模拟关键环节，内容丰富，实际操作性强。本书遵循物流配送管理的业务流程，实验设计突出物流配送设备操作的关键环节，对订单处理、线路规划、车辆调度、模拟配载、拣货装车、车辆监控等业务流程进行模拟仿真，挖掘理论与实践，结合紧密的配送中心规划与配送中心运营管理等内容，强化了模拟仿真实验的可操作性。

（3）注重实验知识背景阐述，突出知识性与技能性的结合。本书不仅强调对学生操作技能的培养，还力求使学生能灵活运用配送管理的知识，拓展学生的思考能力。为此，本书在每个实验前都安排了知识背景的详细介绍，在实验后要求学生通过独立思考，把理论知识和操作技能结合起来，最终结论体现在实验报告中。

本书第 3 至第 11 章由天津财经大学商学院周永军编写，第 1 章由天津财经大学商学院周永军、宋佳、李阳编写，第 2 章由天津财经大学商学院周永军、周之疆、李燕、黄站东编写，全书由周永军统稿和审定。本书的编写工作得到了天津财经大学徐志伟副教授的鼎力支持，在此表示衷心的感谢。北京络捷斯特科技发展股份有限公司对本书的编写给予了大力支持，中国财富出版社各位编辑对本书提出了很多有益的建议，在此向他们表达我们深深的谢意！

由于编者水平有限，错漏之处在所难免，殷切希望读者批评、指正。

说明：本书系配合电脑操作系统学习的教材，故书中针对彩色图片和动画的图片描述在书中黑白图片上并不能一一对应，请参照系统彩色图片配合学习。

编　者

2017 年 4 月

目　录

1　配送模拟实训系统介绍

1.1　3D（三维空间）配送虚拟仿真系统介绍

3D配送虚拟仿真实训系统以虚拟现实技术为支撑，以配送中心实景为建模依据，以连锁零售企业案例为数据来源，搭建仿真教学环境，力求真实模拟配送中心的仓储作业流程、配送线路优化、车辆调度、配载、运营成本核算等核心内容。系统将理论与实践、交互与游戏实施有机结合，寓教于乐，在学习配送专业知识的过程中，间接锻炼了学生的实践操作能力，不仅增加了学习乐趣，而且克服了传统教学模式的弊端，满足了理论和实践一体化教学的要求。同时，系统能够作为物流职业技能教育软件，提供逼真的操作环境和作业流程模拟实战，加强学员物流职业素养，提升物流职业能力。

1.1.1　软件功能介绍

3D配送虚拟仿真实训系统设置了教师端和学生端两个端口，学生端内含学前热身、单人和多人三种模式，每种模式均包括订单处理、调度、配载、拣货、送货、送达等配送环节，供用户体验和学习。

1.1.2　教师端功能

教师端能够实现分组、导入学生信息、案例基本信息管理、监督游戏进度、查看实训结果、排名情况等；还可以选择实训的游戏模式（简单、中等、复杂），生成实训的订单数据。

1.1.3　学生端功能

学生端包含学前热身、单人和多人三个功能模块，其中，学前热身是用户在进入正式实训任务之前在虚拟的物流城市中，体验配送的整个作业流程；单人和多人模块则是根据教师端下达的订单数据及实训模式（简单、中等或复杂），完成配送系统中设置的实训任务，体验不同岗位下的工作内容。

1. 学前热身

学前热身是用户在进入正式实训任务之前，在虚拟的3D物流城市中简单体验配送的整个作业流程，即从接收订单、订单处理、拣货、配货、运送直至将货物送达客户手中并返回配送中心。

2. 订单处理

系统中客户专员根据客户订单需求的详情，将订单信息及时录入公司订单系统，并及时地将信息传递给相关部门或人员。

3. 线路规划及车辆调度

根据教师端选择的实训模式，用户根据系统中设置的相应方法（如节约里程法、最短路径法）进行线路规划；之后，根据线路优化的结果进行车辆调度。

4. 模拟配载

根据线路优化及车辆调度的结果，利用配载软件将客户的货物装在运输车辆上，配载时要遵循一定的原则。

5. 拣货装车

系统中的拣货环节涉及自动化的操作，因而要根据线路优化、调度及配载的结果对客户所需的货物进行拣货、配装。

6. 车辆监控

运输车辆上装有 GPS 导航，使得监控人员在办公区域可以随时查看车辆的行驶位置、行驶速度、是否存在违规操作等，将违章的信息记录下来，并及时处理违规操作的情形。

1.2 3D 配送中心规划系统介绍

1.2.1 功能介绍

3D 配送中心规划系统是一款模拟仓库选址、园区运营类的教学软件。该系统用 3D 虚拟仿真的形式将企业城市配送中心规划的知识点和技能点形象地展现出来，用户扮演的角色是一个配送中心管理者，以任务驱动的方式，通过“知识大闯关”“实战大演练”“模拟大运营”三大模块的动画演示、文字指引和交互操作，尽其所能将整个配送中心做出最好的建设及管理。

系统将“重心法选址”“多因素评定法”“播种式拣选法”“节约里程法”等物流方法融入其中，让用户首先学习物流配送中心选址及仓库设施设备的相关知识点并通过考核，再根据案例背景实战演练规划建造长风物流公司的城市配送中心，最后对该配送中心进行短期的模拟经营。

系统不仅让学生直观多角度地认识物流配送中心的规划及运营过程，同时也为教师的教学提供便利。教师可以以更全面形象的方式向学生展示物流配送中心，并且可以通过学生的模拟操作进行考核，以游戏的形式提高学习热情，最大程度地践行了理论与实践一体化教学模式。

1.2.2 学习模块介绍

该系统主要分为三大模块，供用户体验学习。

1. 知识大闯关——基础模块（模块一）

作为整个系统的知识体系支撑模块，基础模块一改往常平铺直叙的学习考核模式，通过设置配送中心里五个不同的岗位角色——总经理、物流规划师、仓库管理员、仓库操作员、运输调度员，以人物对话式融入剧情，引导用户完成五个任务的学习，通过考核闯关成功即可获得相应财富值。五个学习任务的知识点具体如下：

①配送中心的认知（配送中心的定义、作用及类型）。

②配送中心的选址（配送中心选址的原则及方法）。

③仓库的认知（仓库的种类及规模的计算）。

④仓库设施设备的认知（货架、托盘、装卸搬运设备的种类及作用）。

⑤配送路线的选择（配送路线选择的定义及节约里程法的介绍）。

2. 实战大演练——核心模块（模块二）

作为整个系统的实战体验核心模块，核心模块基于基础模块知识点的学习和掌握，根据提供的案例背景将“重心法选址”“多因素评定法”运用其中，尽其所能规划并建造配送中心。具体步骤如下：

（1）配送中心的选址方法。

①重心法选址。重心法选址是一种常见的定量选址方法。首先用户分析长风物流公司五个配送点的位置坐标、需求量、运输距离等相关数据，通过“重心法选址”的不断迭代计算确定配送中心的理论最佳坐标。

②多因素评定法。在实际建设中应该避开用地紧张、地价过高的商业中心区、主要居民区和旅游景点等。所以继续应用“多因素评定法”对其周边合理范围内的三个备选地块的交通、地价、劳动力等因素进行打分评定，综合得出配送中心的建造地址。

（2）配送中心的规划。此过程用户用鼠标操作自主建设配送中心。首先用户根据长风物流公司配送货物的特点和数量，通过需求量计算及货物种类分析选择仓库的种类和规模；然后依据各建筑设施的密切程度将办公楼、仓库、道路、停车场拖拽至合理位置，完成配送中心的建造。

3. 模拟大运营——拓展模块（模块三）

作为整个系统的模拟应用拓展模块，以货物配送运输的业务操作流程为主线，将“播种式拣选法”“节约里程法”运用其中，对核心模块规划建造的配送中心进行模拟运营。具体步骤如下：

①订单处理：接收订单，判断库存量是否充足。

②选择配送路线：根据订单量选择配送路线及车辆类型。

③拣货装车：采用播种式或摘果式拣选货物并装车配送。

④运营分析：分析计算配送中心运营的成本与利润。

1.3 3D 物流设备模拟系统简介

1.3.1 配置系统

要流畅运行软件，系统的硬件配置应该达到如下要求：

CPU：2.5GHz 主频

内存：2GB 以上

显卡：Nvidia 450 以上，或 ATI 4750 以上　独立显卡，512MB 以上显存
硬盘：2GB 以上剩余空间

1.3.2　系统界面

首先是片头动画，显示软件的名称，如图 1－1 所示。

图 1－1　物流设备系统界面

登录界面，如图 1－2 所示。输入用户名：admin；密码：admin，单击【登录】按钮进入系统。

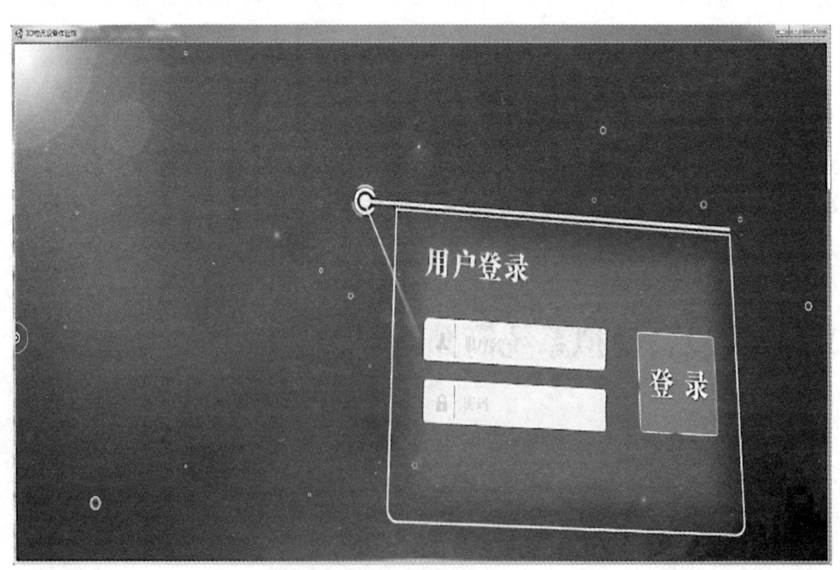

图 1－2　系统登录

模块菜单界面，登录成功后出现的第一个界面，如图 1－3 所示。

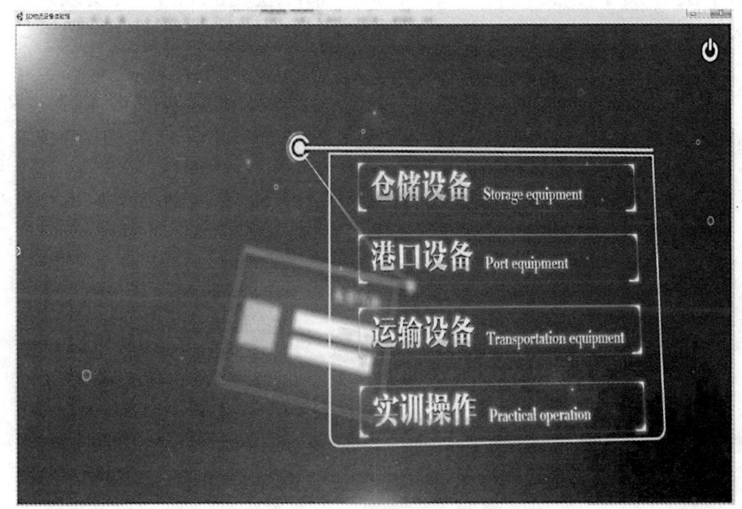

图 1－3 登录成功后的第一个界面

1.4 3D 冷链物流模拟系统简介

1.4.1 配置系统

该软件为单机版，需将程序安装到电脑本地磁盘，水产品冷链物流 3D 虚拟仿真系统 . exe 即可运行。

1.4.2 系统界面

1. **主界面（见图 1－4）**

鼠标单击账户和密码输入框，分别输入账户名和密码，单击【登录】按钮进入任务选择界面窗口。

图 1－4 水产品冷链物流 3D 虚拟仿真系统登录界面

2. **任务选择界面**（见图1－5）

鼠标分别单击界面中的图标，每个图标下面的进度条加载完成以后，可以进入相对应的任务场景中去，鼠标单击【返回】图标，可返回上一个主界面输入界面。

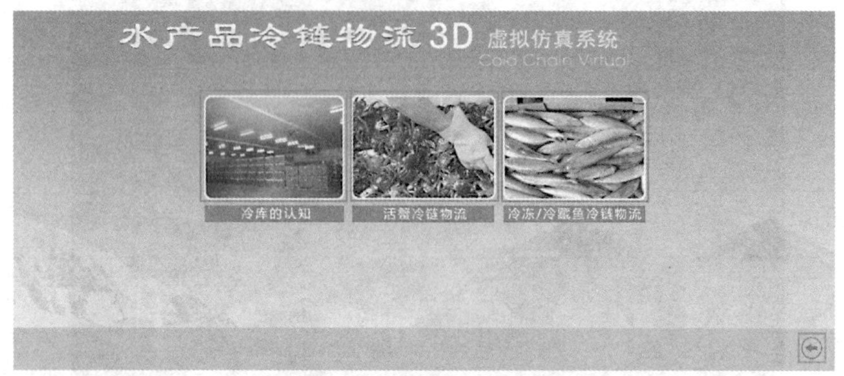

图1－5　任务选择界面

本章小结

本章介绍了物流配送模拟仿真软件的概况，着重介绍了3D配送虚拟仿真系统、3D配送中心规划系统、3D物流设备模拟系统、3D冷链物流模拟系统的功能与特点。通过本章的学习，能够使学生加深对物流配送模拟仿真软件系统的认识与了解。

2　基础知识

2.1　背景知识

2.1.1　配送中心[①]

1. 配送中心的概念

（1）标准的定义。

“配送中心是接受并处理末端用户的订货信息，对上游运来的多品种货物进行分拣，根据用户订货要求进行拣选、加工、组配等作业，并进行送货的设施和机构。”物流企业操作指南在对此定义进行科学完善的基础上，权威性地指出了配送中心的设计、流程、模式等。

（2）《物流手册》对配送中心的定义。

配送中心是从供应者手中接受多种大量的货物，进行倒装、分类、保管、流通加工和情报处理等作业，然后按照众多需要者的订货要求备齐货物，以令人满意的服务水平进行配送的设施。

（3）物流学中的定义。

配送中心是从事货物配备（集货、加工、分货、拣选、配货）和组织对用户的送货，以高水平实现销售或供应的现代流通设施。

（4）日本《市场用语词典》对配送中心的解释。

配送中心是一种物流节点，它不以贮藏仓库的这种单一的形式出现，而是发挥配送职能的流通仓库，也称作基地、据点或流通中心。配送中心的目的是降低运输成本、减少销售机会的损失，为此建立设施、设备并开展经营、管理工作。

（5）货运物流实用手册对配送中心的解释。

配送中心（Distribution Center，DC）是实现配送业务的现代化流通设施。配送中的“货物配备”是配送中心主要的业务，是全部由它完成的；而送货既可以完全由它承担，也可以利用社会货运企业来完成。

中华人民共和国国家标准《物流术语》中规定，从事配送业务的物流场所和组织，应符合下列条件：主要为特定的用户服务；配送功能健全；完善的信息网络；辐射范

---

① 黄安心．配送中心运作与管理实务［M］．武汉：华中科技大学出版社，2009.

围小；多品种，小批量；以配送为主，储存为辅。

2. **配送中心的作用**

配送中心在以下几个方面发挥较好的作用：①减少交易次数和流通环节。②产生规模效益。③减少客户库存，提高库存保证程度。④与多家厂商建立业务合作关系，能有效而迅速地反馈信息，控制商品质量。⑤配送中心是现代电子商务活动中开展配送活动的物质技术基础。

3. **配送中心的建立**

①企业物流的诊断和分析：包括物流成本、物流流程、物流资源配置、人力资源配置以及物流职能机构设置等的诊断和分析。②企业物流战略的分析和设计：包括物流供应链和物流运作模式的分析和重新设计。③企业全面物流规划和设计：包括资源整合、物流流程优化、物流管理、资源配置、物流技术、物流信息化等的规划和设计。④企业物流实施的规划和设计：包括企业物流网络管理、总仓和异地仓储管理、运输管理、库存控制、成本和风险控制、物流实施 KPI 指标、评估等物流实施过程中实施手段和物流各环节的规划和设计。⑤物流配送中心的运营：包括物流配送中心设施与设备、配送中心的作业、配货作业的实施与分析、配送中心的自动化和信息系统以及如何提高配送中心的效率等。

4. **配送中心的定位**

在整个物流系统中，流通中心定位于商流、物流、信息流、资金流的综合汇集地，具有非常完善的功能属于第一个层次中心；物流中心定位于物流、信息流、资金流的综合设施，其涵盖面较流通中心为低，属于第二个层次的中心；配送中心如果具有商流职能，则属于流通中心的一种类型，如果只有物流职能则属于物流中心的一个类型，同时被流通中心或物流中心所覆盖，属于第三个层次的中心。

（1）横向定位。

从横向来看，和配送中心作用大体相当的物流设施有仓库、货栈、货运站等。这些设施都可以处于末端物流的位置，实现资源的最终配置。不同的是，配送中心是实行配送的专门设施，而其他设施可以实行取货、一般送货，而不是按照配送要求有完善组织和设备的专业化流通设施。

（2）纵向定位。

从纵向来看，如果将物流过程按纵向顺序划分为物流准备过程、首端物流过程、干线物流过程、末端物流过程，配送中心是处于末端物流过程的起点。它所处的位置是直接面向用户的位置，因此，它不仅承担直接对用户服务的功能，而且根据用户的要求，起着指导全物流过程的作用。

（3）系统定位。

在整个物流系统中，配送中心可以提高整个系统的运行水平。尤其是现代物流出现了利用集装方式在很多领域中实现了“门到门”的物流，将可以利用集装方式提高整个物流系统效率的物流对象做了很大的分流，所剩下的主要是多批量、多品种、小批量、多批次的货物，这种类型的货物是传统物流系统难以提高物流效率的对象。在包含着配送中心的物流系统中，配送中心对整个系统的效率提高起着决定性的作用。所以，在包含了配送系统的大物流系统中，配送中心处于重要的位置。

（4）功能定位。

配送中心的功能，是通过配货和送货完成资源的最终配置。配送中心的主要功能是围绕配货和送货而确定的，例如有关的信息活动、交易活动、结算活动等虽然也是配送中心不可或缺的功能，但是它们必然服务和服从于配货和送货这两项主要的功能。

因此，配送中心是一种末端物流的节点设施，通过有效地组织配货和送货，使资源的最终端配置得以完成。

5. 配送中心的分类

（1）按内部特性分类。

按内部特性分类，配送中心可分为：储存型配送中心、流通型配送中心和加工配送中心。

①储存型配送中心。有很强储存功能的配送中心，一般来讲，在买方市场下，企业成品销售需要有较大库存支持，其配送中心可能有较强储存功能；在卖方市场下，企业原材料、零部件供应需要有较大库存支持，这种供应配送中心也有较强的储存功能。大范围配送的配送中心，需要有较大库存，也可能是储存型配送中心。

我国现今拟建的一些配送中心，都采用集中库存形式，库存量较大，多为储存型。

②流通型配送中心。基本上没有长期储存功能，仅以暂存或随进随出方式进行配货、送货的配送中心。这种配送中心的典型方式是，大量货物整进并按一定批量零出，进货时直接进入大型分货机传送带，分送到各用户货位或直接分送到配送汽车上，货物在配送中心仅做少许停滞。日本的阪神配送中心，中心内只有暂存，大量储存则依靠一个大型补给仓库。

③加工配送中心。加工配送中心是指根据用户的需要或者市场竞争的需要，对配送物加工之后进行配送的配送中心。在这种配送中心内，有分装、包装、初级加工、集中下料、组装产品等加工活动。大量此方面的资料均指出配送中心具有加工职能，但是有关配送中心的加工实例所见不多。我国上海市和其他城市已开展的配煤配送——配送点进行了配煤加工，上海六家船厂联建的船板处理配送中心，原物资部北京剪板厂都属于这一类型的中心。世界著名连锁服务店肯德基和麦当劳的配送中心，就是属于这种类型的配送中心。在工业、建筑领域，生混凝土搅拌的配送中心也是属于这种类型的配送中心。

（2）按职能分类。

按职能分类，配送中心可分为供应配送中心、销售配送中心。

①供应配送中心。供应配送中心是指专门为某个或某些用户（例如连锁店、联合公司）组织供应的配送中心。例如，为大型连锁超级市场组织供应的配送中心；代替零件加工厂送货的零件配送中心，使零件加工厂对装配厂的供应合理化。供应配送中心的主要特点是，配送的用户有限并且稳定，用户的配送要求范围也比较确定，属于

企业型用户。因此，配送中心集中库存的品种比较固定，配送中心的进货渠道也比较稳固，同时，可以采用效率比较高的分货式工艺。

②销售配送中心。销售配送中心是指以销售经营为目的，以配送为手段的配送中心。销售配送中心大体有三种类型：第一种是生产企业为本身产品直接销售给消费者的配送中心，在国外，这种类型的配送中心很多；第二种是流通企业作为本身经营的一种方式，建立配送中心以扩大销售，我国现今拟建的配送中心大多属于这种类型，国外的例证也很多；第三种是流通企业和生产企业联合的协作性配送中心。比较起来，国外和我国的发展趋向，都是向着以销售配送中心为主的方向发展。

销售配送中心的用户一般是不确定的，而且用户的数量很大，每一个用户购买的数量又较少，属于消费者型用户。这种配送中心很难像供应配送中心一样，实行计划配送，因此计划性较差。

销售配送中心集中库存的库存结构也比较复杂，一般采用拣选式配送工艺，销售配送中心往往采用共同配送方法才能够取得比较好的经营效果。

（3）按配送范围分类。

按配送范围分类，配送中心可分为：城市配送中心、区域配送中心。

①城市配送中心。城市配送中心是以城市为配送范围的配送中心。由于城市范围一般处于汽车运输的经济里程，这种配送中心采用汽车进行配送，可直接配送到最终用户。由于运距短，反应能力强，这种配送中心往往和零售经营相结合，从事多品种、少批量、多用户的配送较有优势。《物流手册》中介绍的“仙台批发商共同配送中心”便是属于这种类型。我国已建的“北京食品配送中心”也属于这种类型。

②区域配送中心。以较强的辐射能力和库存准备，向省（自治区、直辖市）、全国乃至国际范围的用户配送的配送中心。这种配送中心配送规模较大，一般而言，用户也较大，配送批量也较大，而且，往往是配送给下一级的城市配送中心，也配送给营业所、商店、批发商和企业用户，虽然也从事零星的配送，但不是主体形式。这种类型的配送中心在国外十分普遍。

（4）按配送货物属性分类。

根据配送货物的属性，可以分为食品配送中心、日用品配送中心、医药品配送中心、化妆品配送中心、家用电器配送中心、电子（3C）产品配送中心、书籍产品配送中心、服饰产品配送中心、汽车零件配送中心以及生鲜处理中心等。下面列出五类：

①经营散装货物的配送中心。这种配送中心主要为加工厂提供原料如食油、石油、汽油等，大多建造在铁路沿线或港口。

②经营原材料的配送中心。这里指的原材料，多是以集装箱为装载单元的货物。

③经营件货的配送中心。这些货物通常是指用集装箱和托盘来运输的商品，其中主要是制成品，如食品。

④经营冷冻食品的配送中心。这种配送中心具有冷冻功能。

⑤经营特种商品的配送中心。此类配送中心主要经营特种商品，如有毒货物、易燃易爆货物、药品等。

（5）按专业程度分类。

按专业程度分类可分为：专业配送中心、柔性配送中心。

①专业配送中心。专业配送中心大体上有两个含义：一是配送对象、配送技术是属于某一专业范畴，在某一专业范畴有一定的综合性，综合这一专业的多种物资进行配送，例如多数制造业的销售配送中心，我国现今在石家庄、上海等地建造的配送中心大多采用这一形式；二是以配送为专业化职能，基本不从事经营的服务型配送中心，如《国外物资管理》杂志介绍的“蒙克斯帕配送中心”。

②柔性配送中心。在某种程度上和第一种专业配送中心对立的配送中心，这种配送中心不向固定化、专业化方向发展，而是向能随时变化、对用户要求有很强适应性、不固定供需关系、不断向发展配送用户和改变配送用户的方向发展。

（6）按运营主体分类。

按运营主体分类可分为：以生产厂为主的配送中心、以批发商为主的配送中心、以零售商为主的配送中心、以商业企业集团为主的配送中心和以物流企业为主的配送中心。

①以生产厂为主的配送中心是以家用电器、汽车、化妆品、食品等国有工厂为主。流通管理能力强的厂商，在建立零售制度的同时，通过配送中心使物流距离缩短，并迅速向顾客配送的体制。其特点是环节少、成本低。但对零售商来说，因为从这里配送的商品，只局限于一个生产厂的产品，难以满足销售的需要，是一种社会化程度较低的配送中心。

②以批发商为主的配送中心是指专职流通业的批发商把多个生产厂的商品集中起来，作为批发商的主体商品，这些产品以单一品种或者搭配向零售商进行配送。这种形式，虽然多了一道环节，但是一次送货，品种多样，对于不能确定独立销售路线的工厂或本身不能备齐各种商品的零售店，是一种有效的办法。

③以零售商为主的配送中心一般是指特大型零售店或集团联合性企业所属的配送中心。从批发部进货或从工厂直接进货的商品，经过零售店自有的配送中心，再向自己的网点和柜台直接送货。为保证商品不脱销，零售店必须有一定的“内仓”存放商品，配送中心可以及时、不断地向商店各部门送货，不仅有利于减轻商店内仓的压力，节约内仓占用的面积，而且有利于库存集中在配送中心，还有利于减少商店的库存总量。

④以商业企业集团为主的配送中心是由商业企业集团组建的完成本企业集团商品供应或销售的配送中心。它是为适应企业集团的产品销售而组建的。

⑤以物流企业为主的配送中心是为批发企业服务的综合性物流中心。各地批发企业都有相当一部分的商品存储在当地的储运公司仓库里。在储运公司仓库实现由储存型向流通型转变的基础上建立起来的配送中心，可以越过批发企业自己的仓库或配送中心，直接向零售店配送商品。与批发企业各自建立的配送中心对比，它的特点是物流设施的利用率高，成本低，服务范围广。

(7) 按配送环节分类。

按配送环节分类可分为加工配送中心和批量转换配送中心。

①加工配送中心。加工配送中心的模式并不单一，按加工方式不同，配送中心的工作流程也有区别。

加工配送中心产品分类的工作不烦琐或基本上无须分类存放。储存后进行加工，和生产企业按标准、系统的加工不同，此加工一般是按用户要求进行加工。因此，加工后产品便可直接按用户分放、配货。所以，这种类型配送中心有时不单设分货、配货或拣选环节。这种配送中心中加工部分及加工后分放部分占较多位置。

②批量转换配送中心。这种配送中心工作流程是以大批量、单一品种的产品为主，而后转换成小批量发货式的配送中心，不经配煤、成型煤加工的煤炭配送和不经加工的水泥、油料配送的配送中心大多属于这种类型。

2.1.2 仓库①

1. 仓库的概念

仓库由储存物品的库房、运输传送设施（如吊车、电梯、滑梯等）、出入库房的输送管道和设备以及消防设施、管理用房等组成。

《诗经·小雅·甫田》有“乃求千斯仓”，可知仓库建筑源远流长。现代仓库更多地考虑经营上的收益而不仅仅是为了储存，这是同旧式仓库的区别所在。因此，现代仓库从运输周转、储存方式和建筑设施上都重视通道的合理布置，货物的分布方式和堆积的最大高度，并配置经济有效的机械化、自动化存取设施，以提高储存能力和工作效率。

常见的仓库类别有单层仓库、多层仓库、圆筒形仓库、保税仓库等。中国现阶段出现了以寄存物品为业务的迷你仓雏形，一些大的仓库提供小面积的存储服务，这类服务是将物品堆放在大仓库里，物与物之间没有明显的间隔，因此缺乏安全性和隐秘性。大部分地区都不具备发展迷你仓的条件，现阶段我国只有上海、北京、深圳等一些一线城市这种迷你仓悄然走俏。

2. 仓库的分类

(1) 按货架高度分类。

根据货架高度不同，可细分为高层立体仓库（15 米以上）、中层立体仓库（5 ~ 15 米）及低层立体仓库（5 米以下）等。由于高层立体仓库造价过高，对机械装备要求特殊、且安装难度较大，因而相对建造较少；低层立体仓库主要用于老库改造，是提高老库技术水平和库容的可行之路；目前使用较多的是中层立体仓库。

(2) 按货架构造分类。

根据货架构造，分为单元货格式立体仓库、贯通式立体仓库、自动化柜式立体仓库、条形货架立体仓库。

---

① 熊金福．仓库管理实用手册［M］．广州：广东旅游出版社，2016.

（3）按操作方式分类。

人工寻址、人工装取方式：由人工操作机械运行并在高层货架上认址，然后由人工将货物由货架取出或将搬运车上的货物装入货架。

自动寻址、人工装取方式：按输入的指令，机械自动运行寻址认址，运行到预定货位后，自动停住，然后由人工装货或从货架中取货。

自动寻址、自动装取方式：是无人操作方式。按控制者的指令或按计算机出库、入库的指令进行自动操作。以上三种方式，人工寻址、人工装取主要适用于中、低层立体仓车，另两种适用于中、高层立体仓库。

（4）按功能分类。

按功能，仓库可分为储存式立体仓库和拣选式立体仓库。

储存式立体仓库，以大量存放货物为主要功能，货物种类不多，但数量大，存期较长。各种密集型货架的立体仓库都适于做储存式仓库。

拣选式立体仓库，以大量进货，多用户、多种类、小批量发出为主要功能的立体仓库。这类仓库要创造方便拣选和快速拣选的条件，因此，往往采取自动寻址认址的方式。由于用户需求差异较大，难以整进整出，因此，不适合用自动化无人作业方式，而使用人工拣选。拣选式立体仓库较多用于配送中心。

（5）按用途分类。

按照仓库在商品流通过程中所起的作用可以分为以下几种：

①批发仓库。批发仓库主要是用于储存从采购供应库场调进或在当地收购的商品，这一类仓库一般贴近商品销售市场，规模同采购供应仓库相比一般要小一些，既从事批发供货，也从事拆零供货业务。

②采购供应仓库。采购供应仓库主要用于集中储存从生产部门收购的和供国际间进出口的商品，一般这类的仓库库场设在商品生产比较集中的大、中城市，或商品运输枢纽的所在地。

③加工仓库。一般具有产品加工能力的仓库被称为加工仓库。

④中转仓库。中转仓库处于货物运输系统的中间环节，存放那些等待转运的货物，一般货物在此仅做临时停放。这类仓库一般设置在公路、铁路的场站和水路运输的港口码头附近，以方便货物在此等待装运。

⑤零售仓库。零售仓库主要用于为商业零售业做短期储货，一般是提供店面销售，零售仓库的规模较小，所储存物资周转快。

⑥储备仓库。这类仓库一般由国家设置，以保管国家应急的储备物资和战备物资。货物在这类仓库中储存时间一般比较长，并且储存的物资会定期更新，以保证物资的质量。

⑦保税仓库。保税仓库是保税制度中应用最广泛的一种形式，是指经海关批准设立的专门存放保税货物及其他未办结海关手续货物的仓库。外国企业的货物可以免税进出这类仓库但要办理海关申报手续，而且必须经过批准后，才能在保税仓库内对货物进行加工、存储等作业。

（6）按建筑形式分类。

①单层仓库。适于储存金属材料、建筑材料、矿石、机械产品、车辆、油类、化工原料、木材及其制品等。水运码头仓库、铁路运输仓库、航空运输仓库多用单层建筑，以加快装卸速度。单层仓库的总平面设计要求道路贯通，装运的汽车、铲车能直接进出仓库。这种仓库一般采用预制钢筋混凝土结构，柱网一般为6米，跨度为12米、15米、18米、24米、30米、36米不等。地面堆货荷载大的仓库，跨度宜大。库内吊车的起重能力根据储存货物单件的最大重量确定。起重量在5吨以下的可用单梁式吊车或单轨葫芦，大于5吨的用桥式吊车。仓库要求防潮，如供储存易燃品之用，应采用柔性地面层防止产生火花。屋面和墙面均应不渗水、不漏水。

②多层仓库。一般储存百货、电子器材、食品、橡胶产品、药品、医疗器械、化学制品、文化用品、仪器仪表等。底层应有卸货装货场地，装卸车辆可直接进入。货物的垂直运输一般采用1.5~5吨的运货电梯。应考虑装运货手推车或铲车能开入电梯间内，以加快装卸速度。多层仓库常用滑梯卸货。

滑梯多用钢筋混凝土结构，水磨石打蜡作面层；也可用金属骨架，钢板面层，但要防止钢板生锈或用不锈钢板作面层。多层仓库如单位荷载大于500千克，可用无梁楼盖。仓库内一般不粉刷，原浆勾缝刷白即可；储存百货、药品、食品、服装的仓库内要粉刷，以防缝中藏虫。多层仓库中的“立体仓库”的存储和提货应用电子计算机，实现机械化。这种仓库占地面积小，节省人力，但储存货物类别有一定范围。

③圆筒形仓库。一般储存散装水泥、干矿渣、粉煤灰、散装粮食、石油、煤气等气体。圆筒形仓库的建筑设计根据储存物品的种类和进卸料方式而确定。库顶、库壁和库底必须防水、防潮，库顶应设吸尘装置。为便于日常维修，要设置吊物孔、人孔（库壁设爬梯）、量仓孔和起重吊钩等。圆筒形仓库一般用现浇预应力钢筋混凝土结构，用滑模法施工。储油库和储气库则用金属结构。要注意仓库的通风，每层仓库的外墙上应设置百叶窗，百叶窗外加金属网，以防鸟雀。危险品库如储油（气）或储化工原料的仓库必须防热防潮，在屋面上加隔热层或按防爆屋面设计，出入口设置防火隔墙，地面用不产生火花的材料，一般可用沥青地面。储油库要设置集油坑。食品仓库要防蚁防蜂。

④立体仓库。货架自动化立体仓库简称立体仓库。一般是指采用几层、十几层乃至几十层高的货架储存单元货物，用相应的物料搬运设备进行货物入库和出库作业的仓库。由于这类仓库能充分利用空间储存货物，故常形象地将其称为“立体仓库”。

自动化立体仓库，也叫自动化立体仓储，这是物流仓储中出现的新概念，利用立体仓库设备可实现仓库高层合理化、存取自动化、操作简便化，自动化立体仓库是当前技术水平较高的形式。自动化立体仓库的主体由货架，巷道式堆垛起重机、入（出）库工作台和自动运进（出）及操作控制系统组成。货架是钢结构或钢筋混凝土结构的建筑物或结构体，货架内是标准尺寸的货位空间；巷道堆垛起重机穿行于货架之间的巷道中，完成存、取货的工作。管理上采用计算机及条码技术。

（7）按货物特性分类。

①原材料仓库：原材料仓库是用来储存生产所用的原材料的，这类仓库一般比较大。

②产品仓库：产品仓库的作用是存放已经完成的产品，但这些产品还没有进入流通区域，这种仓库一般是附属于产品生产工厂。

③冷藏仓库：它是用来储藏那些需要进行冷藏储存的货物，一般多是农副产品、药品等对于储存温度有要求的物品。

④恒温仓库：恒温仓库和冷藏仓库一样也是用来储存对于储藏温度有要求的产品。

⑤危险品仓库：危险品仓库顾名思义用于储存危险品的，危险品由于可能对于人体以及环境造成危险，因此在此类物品的储存方面一般会有特定的要求，例如许多化学用品就是危险品，它们的储存都有专门的条例。

⑥水面仓库：对于圆木、竹排等能够在水面上漂浮的物品来说，它们可以储存在水面。

2.2　配送中心的认知

用户控制系统中的角色根据任务指引箭头，找到任务目标物流中心总经理，当靠近总经理的时候会自动弹出如图 2－1 所示的对话界面。

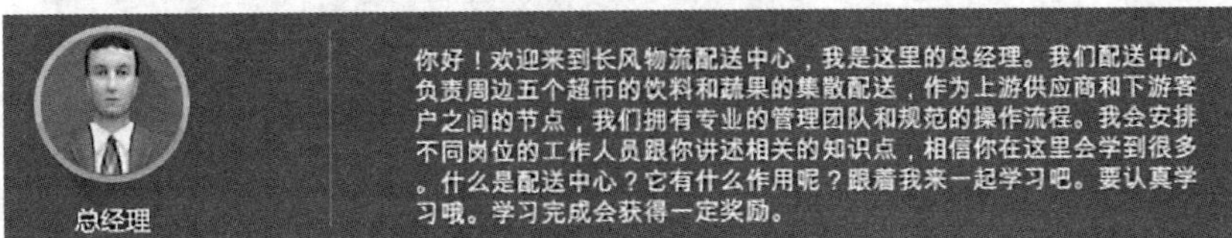

图 2－1　与总经理的对话界面

对话完成后，单击【学习】按钮，弹出知识点“配送中心的认知”学习界面，如图 2－2 所示。

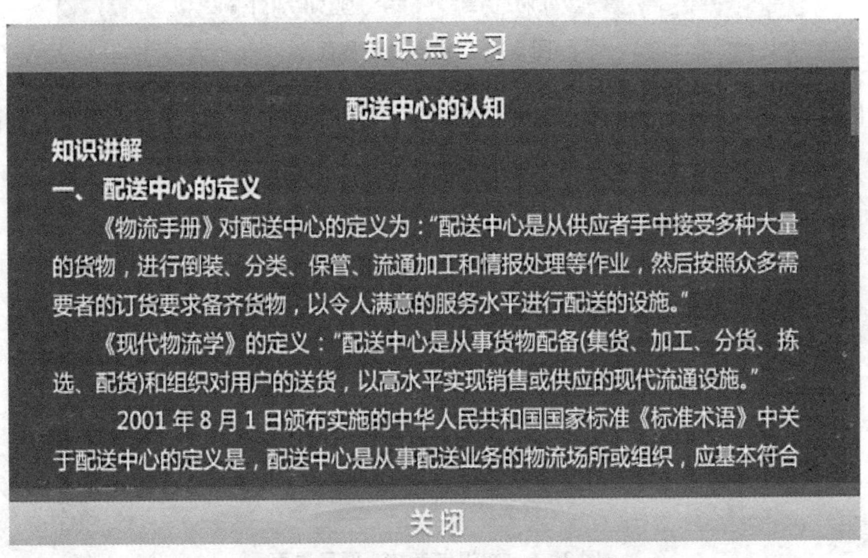

图 2－2　“配送中心的认知”学习界面

用户可以拖动滚动条学习知识点，学习完成之后单击【关闭】按钮关闭学习界面，会继续弹出答题正确、错误的奖惩界面，如图 2－3 所示。

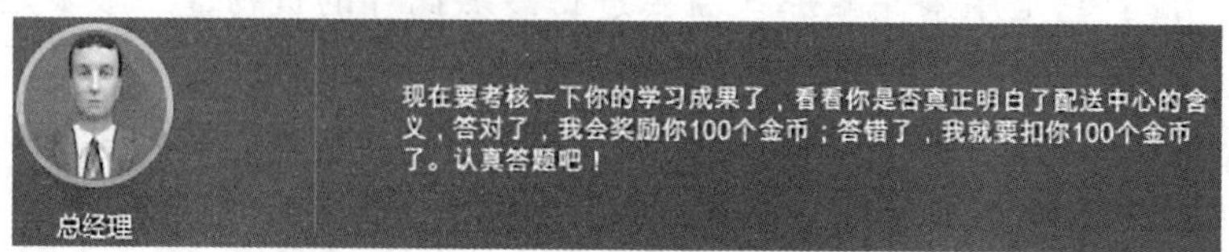

总经理
现在要考核一下你的学习成果了，看看你是否真正明白了配送中心的含义，答对了，我会奖励你100个金币；答错了，我就要扣你100个金币了。认真答题吧！

图 2－3　配送中心答题奖惩界面

对话完成后会出现【考核】按钮，单击【考核】按钮跳到考核题目界面，如图 2－4 所示。

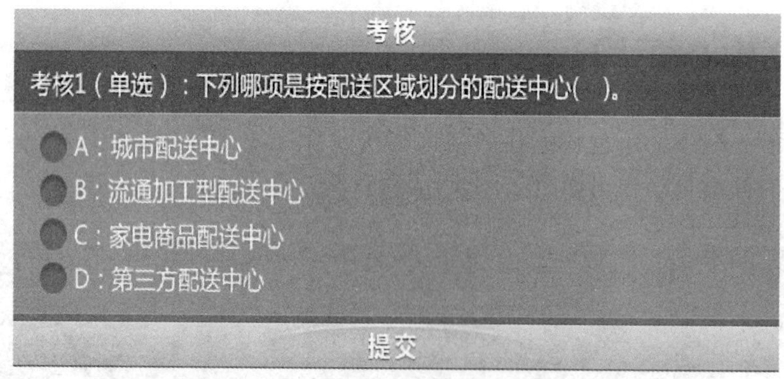

考核
考核1（单选）：下列哪项是按配送区域划分的配送中心(　)。
A：城市配送中心
B：流通加工型配送中心
C：家电商品配送中心
D：第三方配送中心
提交

图 2－4　知识点考核 1 题目界面

如果选择错误，题目上方会出现“选择错误”提示并告之正确答案，如图 2－5 所示。

选择错误，正确答案：A.
考核1（单选）：下列哪项是按配送区域划分的配送中心(　)。

图 2－5　错误提示界面

此时会扣除部分金币。选择正确则会出现下一道考核题目，同时金币增加，如图 2－6 所示。

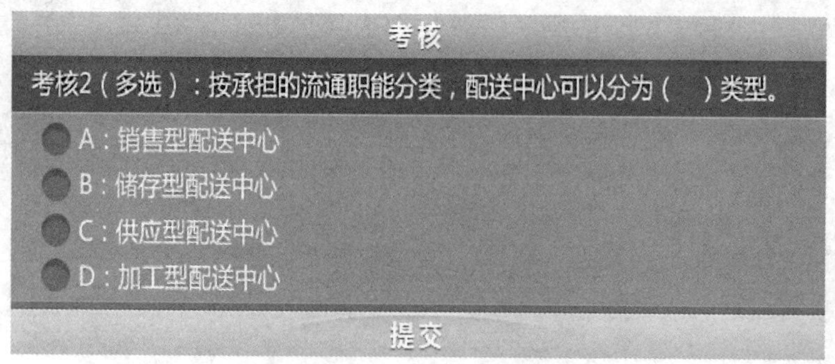

考核
考核2（多选）：按承担的流通职能分类，配送中心可以分为（　）类型。
A：销售型配送中心
B：储存型配送中心
C：供应型配送中心
D：加工型配送中心
提交

图 2－6　知识点考核 2 题目界面

选择 AC 选项，单击【提交】按钮，答案正确金币会增加，系统出现下一步提示学习配送中心选址问题的对话界面，如图 2－7 所示。

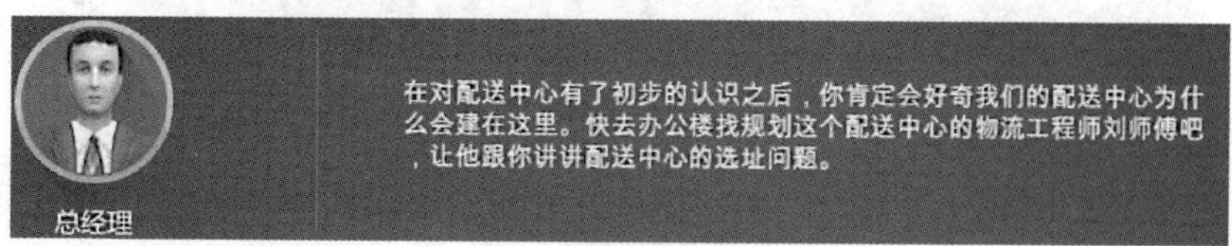

图 2－7　提示学习配送中心选址问题对话界面

对话完成之后会出现【确定】按钮，单击按钮关闭对话框，用户此时可以控制角色去寻找物流工程师刘师傅，完成下一步的任务。

2.3　配送中心的选址

任务目标为物流工程师刘师傅。当根据人物箭头指引靠近刘师傅后，会弹出主讲老师对应课程介绍界面，如图 2－8 所示。

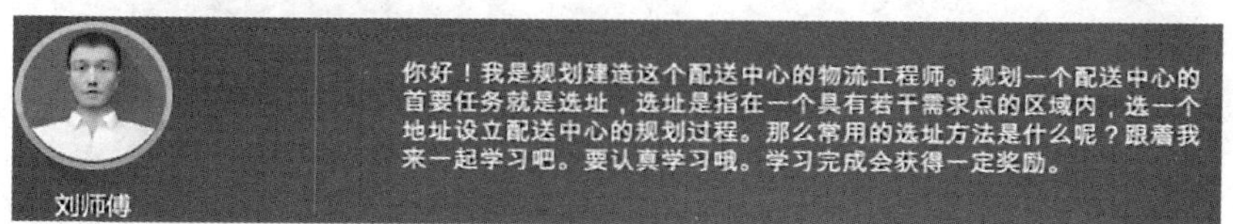

图 2－8　主讲教师与对应的内容介绍界面

对话完成后会出现【学习】按钮，单击【学习】按钮，弹出知识点“配送中心的选址”学习界面，如图 2－9 所示。

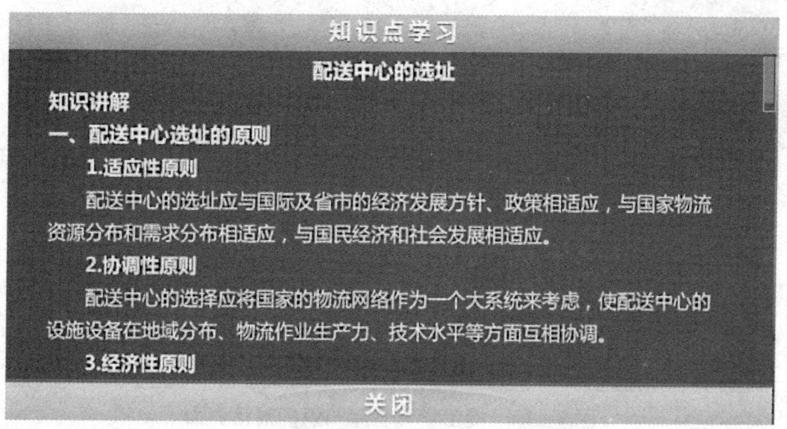

图 2－9　“配送中心的选址”学习界面

用户可以拖动滚动条学习知识点，完成知识点学习以后，单击【关闭】按钮关闭学习界面，则出现如图 2－10 所示的奖惩对话框界面。

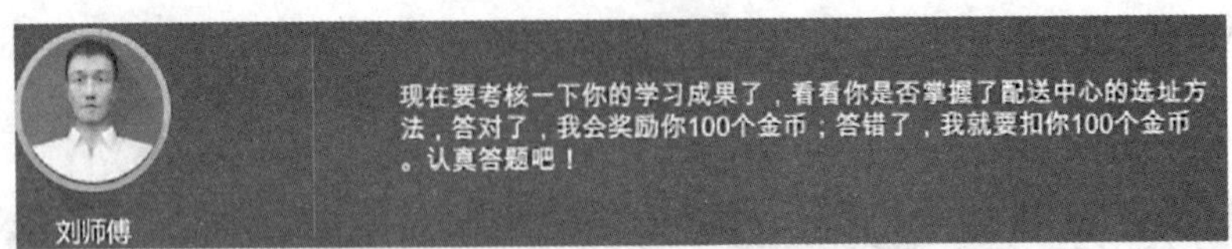

图 2-10　配送中心的选址答题奖惩界面

对话完成后，出现【考核】按钮，单击该按钮，出现选址考核题目，如图 2-11、图 2-12 所示。

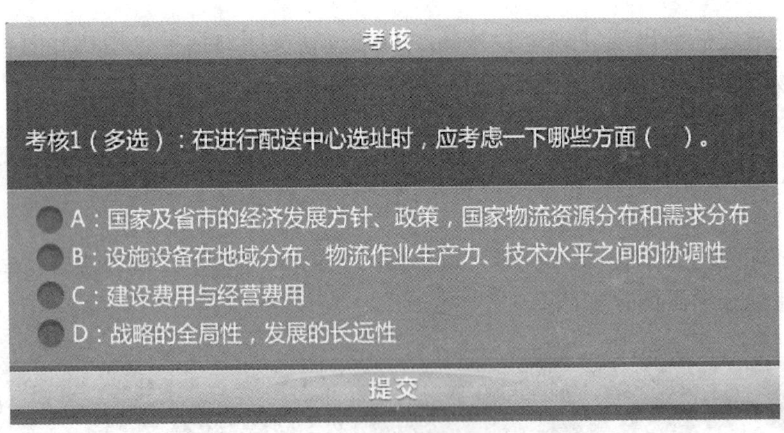

图 2-11　配送中心的选址知识点考核界面

正确答案为 ABCD。

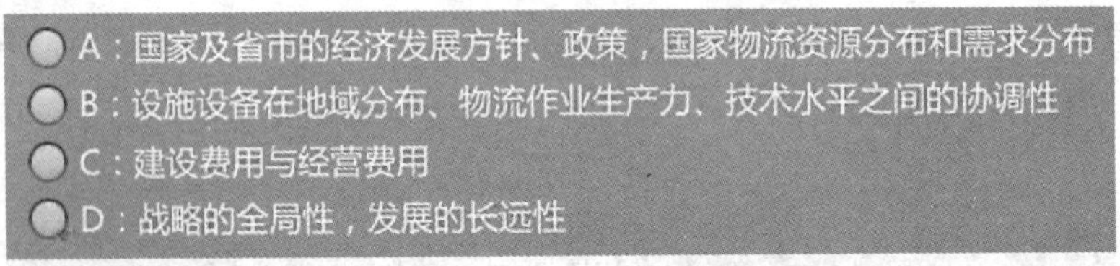

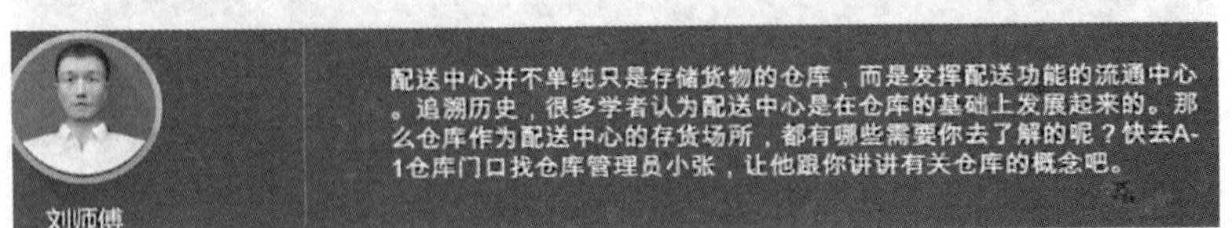

图 2-12　答案界面

单击【提交】按钮，金币会增加。系统出现考核完成后提示学习仓库知识的对话界面，如图 2-13 所示。

图 2-13　提示学习仓库知识的对话界面

对话完成后出现【确定】按钮，单击按钮关闭对话框，用户此时可以控制角色去寻找仓库管理员小张，完成下一步的任务。

2.3.1 仓库的认知

任务目标为仓库管理员小张。当根据人物箭头指引靠近小张后，会弹出仓库主讲教师及教学内容对话界面，如图 2－14 所示。

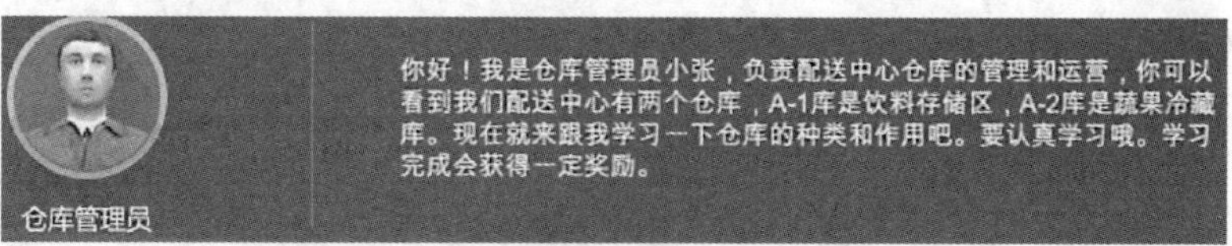

图 2－14　仓库管理员及教学内容对话界面

对话完成后会出现【学习】按钮，单击【学习】按钮，弹出知识点“仓库的认知”学习界面，如图 2－15 所示。

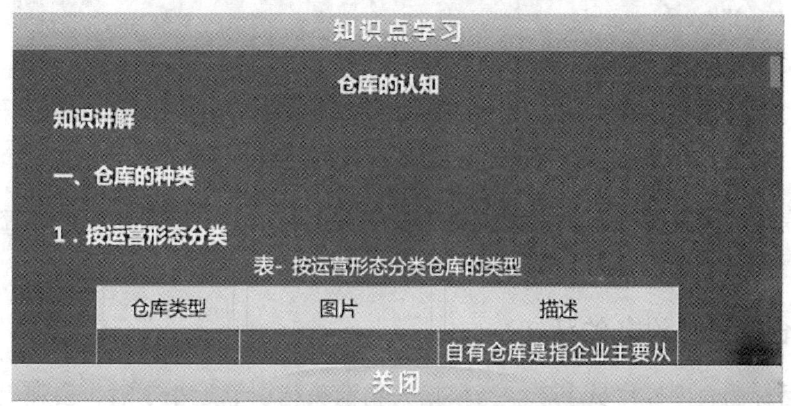

图 2－15　“仓库的认知”学习界面

完成知识点学习以后，单击【关闭】按钮关闭学习界面，则出现如图 2－16 所示的对话界面。

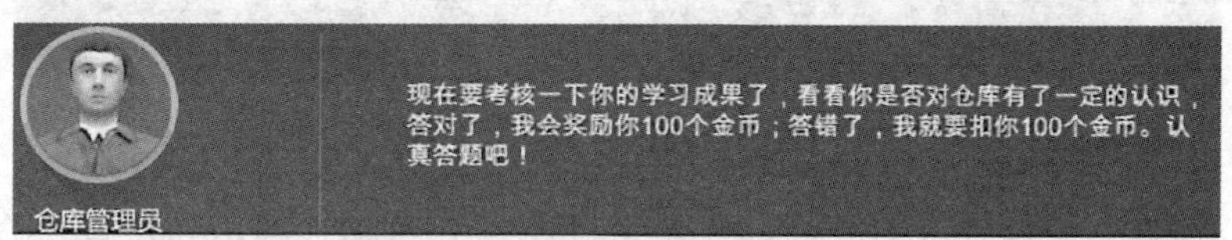

图 2－16　仓库答题奖惩对话界面

对话完成后，出现【考核】按钮，单击该按钮，出现仓库的认知考核题目，如图 2－17 所示。

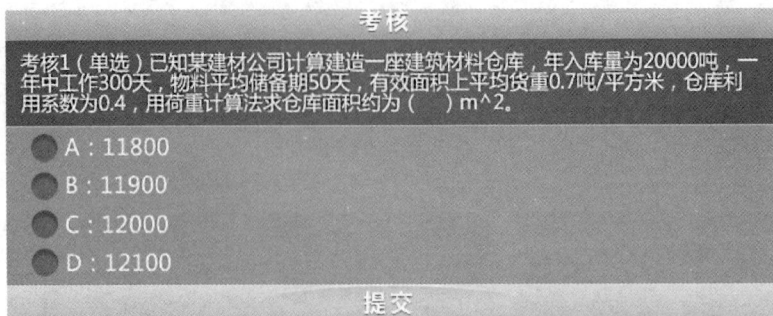

考核

考核1（单选）已知某建材公司计算建造一座建筑材料仓库，年入库量为20000吨，一年中工作300天，物料平均储备期50天，有效面积上平均货重0.7吨/平方米，仓库利用系数为0.4，用荷重计算法求仓库面积约为（　）m^2。

A：11800

B：11900

C：12000

D：12100

提交

图2－17　仓库内容考核界面

正确答案为B，单击【提交】按钮，金币会增加。系统出现考核完成后提示学习仓库设施设备使用情况的对话界面，如图2－18所示。

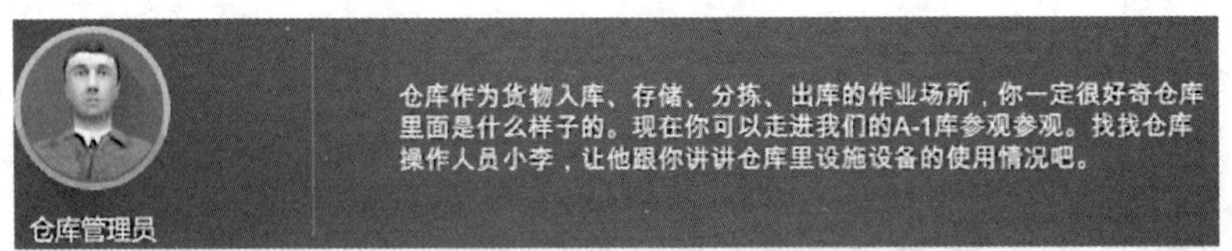

仓库作为货物入库、存储、分拣、出库的作业场所，你一定很好奇仓库里面是什么样子的。现在你可以走进我们的A-1库参观参观。找找仓库操作人员小李，让他跟你讲讲仓库里设施设备的使用情况吧。
仓库管理员

图2－18　提示学习仓库设施设备使用情况对话界面

对话完成后出现【确定】按钮，单击按钮关闭对话框，用户此时可以控制角色去寻找仓库操作员小李，完成下一步的任务。

2.3.2　仓库设施设备的认知

任务目标为仓库操作员小李。当根据人物箭头指引靠近小李后，会弹出仓库操作人员介绍及对应课程对话界面，如图2－19所示。

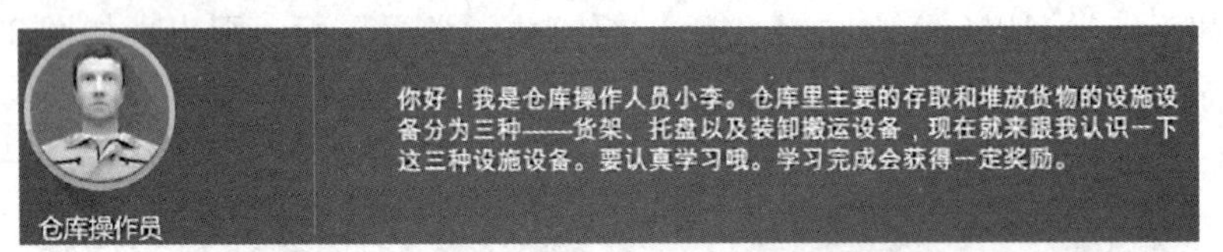

你好！我是仓库操作人员小李。仓库里主要的存取和堆放货物的设施设备分为三种——货架、托盘以及装卸搬运设备，现在就来跟我认识一下这三种设施设备。要认真学习哦。学习完成会获得一定奖励。
仓库操作员

图2－19　仓库操作人员介绍及教学内容对话界面

对话完成后会出现【学习】按钮，单击【学习】按钮，弹出知识点“仓库设施设备的认知”学习界面，如图2－20所示。

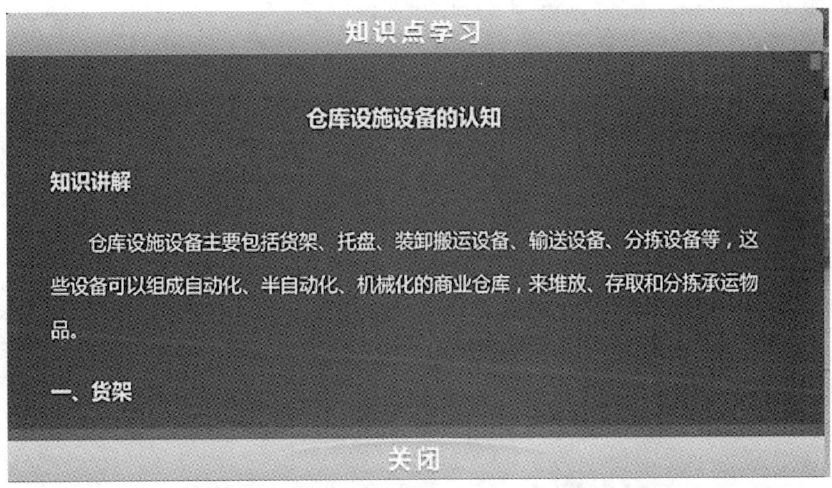

图 2－20 “仓库设施设备的认知”学习界面

完成知识点学习以后，单击【关闭】按钮关闭学习界面，则出现如图 2－21 所示的对话界面。

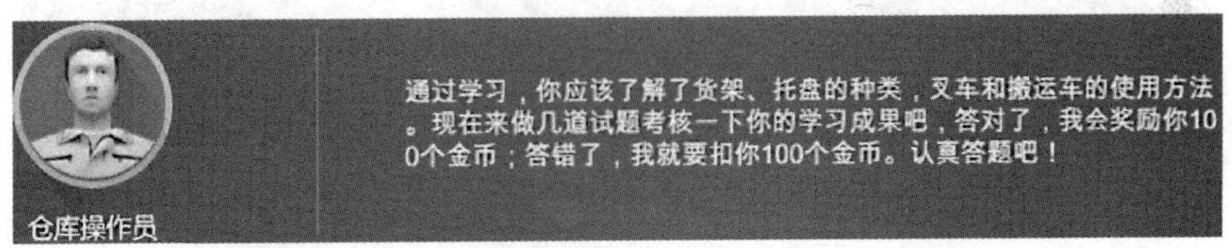

图 2－21 “仓库设施设备的认知”奖惩对话界面

对话完成后，出现【考核】按钮，单击该按钮，出现仓库设施设备的认知考核题目，如图 2－22 所示。

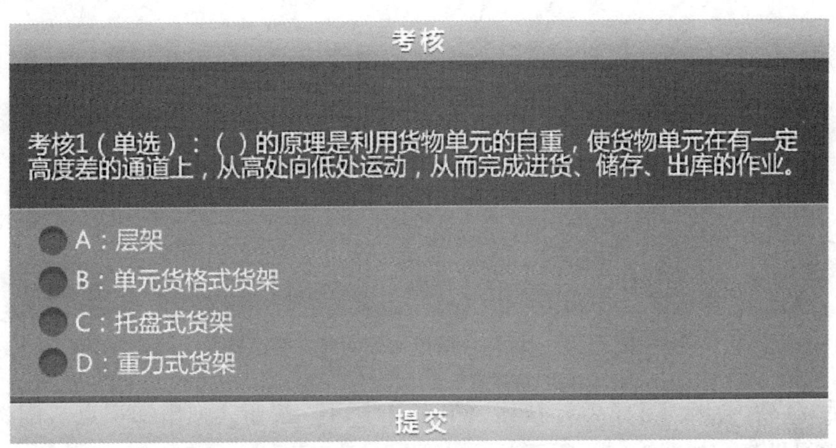

图 2－22 “仓库设施设备的认知”考核 1 界面

正确答案为 D，单击【提交】按钮，金币会增加。接着出现第二道考核题，如图 2－23 所示。

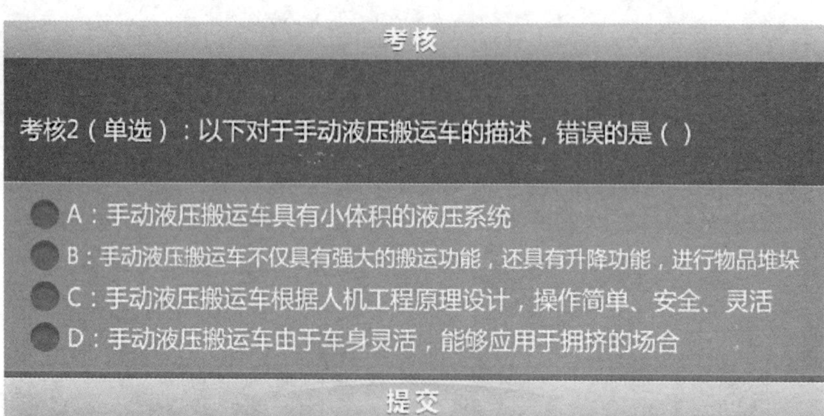

图 2－23　“仓库设施设备的认知”考核 2 界面

正确答案为 B，单击【提交】按钮，金币会增加。系统出现考核完成后提示学习运输知识的对话界面，如图 2－24 所示。

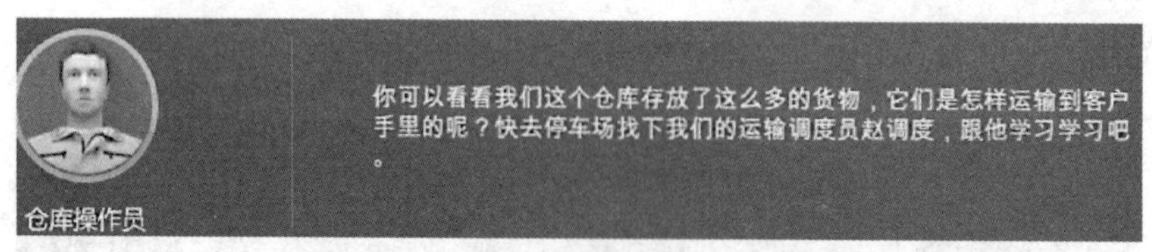

图 2－24　提示学习运输知识的对话界面

对话完成后出现【确定】按钮，单击按钮关闭对话框，用户此时可以控制角色去寻找运输调度员赵调度，完成下一步的任务。

2.4　配送路线的选择

任务目标为运输调度员赵调度。当根据人物箭头指引靠近赵调度后，会弹出对话界面，如图 2－25 所示。

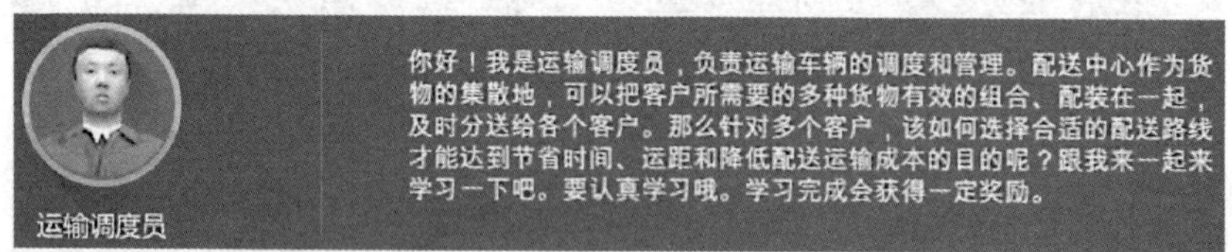

图 2－25　运输调度员及教学内容对话界面

对话完成后会出现【学习】按钮，单击【学习】按钮，弹出知识点“配送路线的选择”学习界面，如图 2－26 所示。

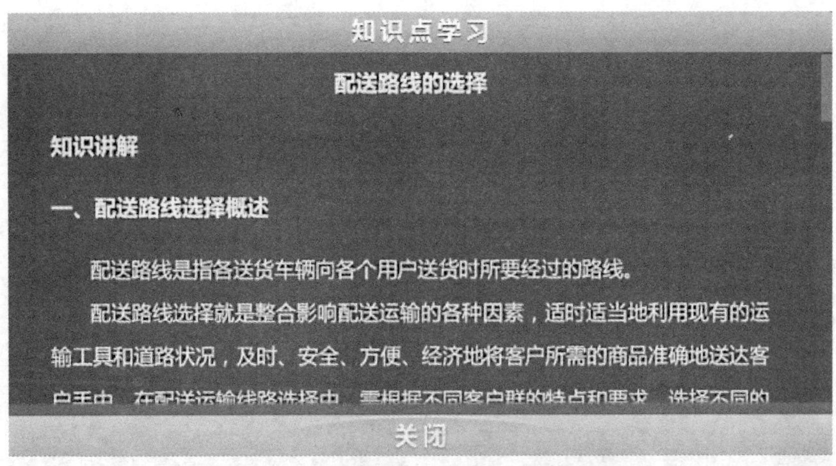

图 2-26 “配送路线的选择”学习界面

完成知识点学习以后，单击【关闭】按钮关闭学习界面，则出现如图 2-27 所示的对话界面。

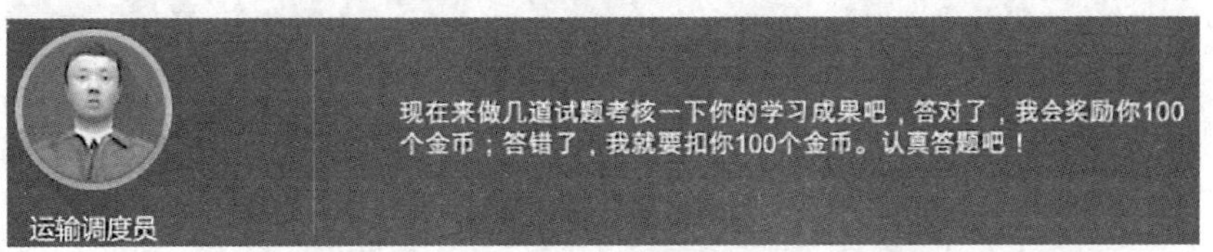

图 2-27 配送路线的选择考核奖惩对话界面

对话完成后，出现【考核】按钮，单击该按钮，出现配送路线的选择的考核题目，如图 2-28 所示。

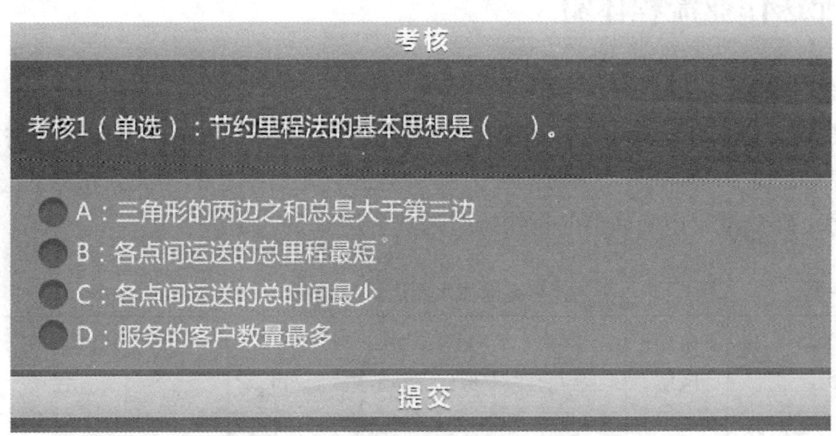

图 2-28 “配送路线的选择”考核界面

正确答案为 A，单击【提交】按钮，金币会增加。系统出现考核完成后提示“模块二”学习的对话界面，如图 2-29 所示。

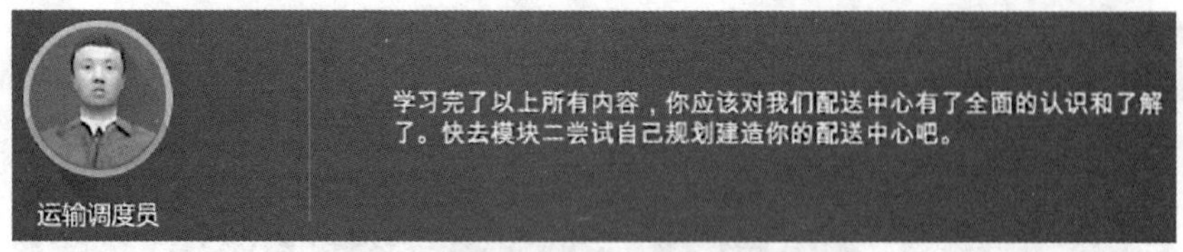

图 2－29　提示学习“模块二”对话界面

对话完成后出现【确定】按钮，单击按钮关闭对话框，到此，所有任务完成。

完成所有任务之后会出现结束界面，如图 2－30 所示。

图 2－30　结束界面

单击【重新学习此模块】链接会重新进入该模块，从头开始再学一遍，单击【返回到主界面】链接，会回到主界面，可以选择接下来的操作。

2.5　配送作业流程体验

1. 案例背景

2016 年×月×日 8：00 京客隆配送中心客服人员接到京客隆甜水园店的需求订单，订单信息如表 2－1 所示，要求货物今天必须送达。配送中心的相关人员处理该分店的订单，将正确数量、正确品类的货物按时送达分店收货人手中。

表 2－1　　京客隆甜水园店订单详情

客户名称	地址	所属区域	订单详情			收货人	联系方式	收货人账号
			货物名称	数量（箱）	重量（kg）			
京客隆甜水园店	朝阳区甜水园北里 16 号楼	朝阳区	农夫山泉 380ml	200	1960	赵先生	010－65860070	SHR 00101730

2. **登录界面**

步骤1：双击3D配送虚拟仿真系统V2.0，如图2－31所示，单击“学生端”链接进入登录界面。

图2－31　3D配送虚拟仿真系统登录界面

步骤2：在登录界面输入教师端为学生设置好的账号和密码，如图2－32所示，单击【登录】按钮即可进入模式选择界面。

图2－32　输入账号和密码界面

步骤3：在模式选择界面，如图2－33所示，单击“新手指引”链接跳转至角色选择界面。

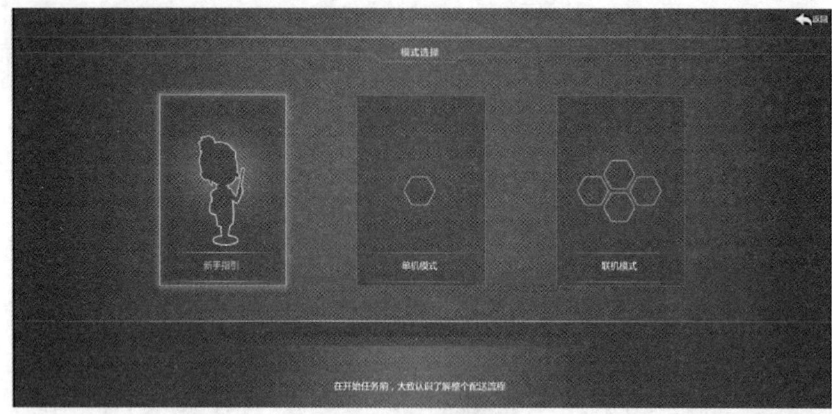

图 2－33　模式选择

步骤 4：选择【客服】之后，单击【确定】按钮即可跳转至任务描述界面，如图 2－34 所示。

图 2－34　选择【客服】界面

步骤 5：用户阅读完成任务背景及描述后，单击【查看流程图】按钮即可跳转至系统流程图界面，如图 2－35 所示。

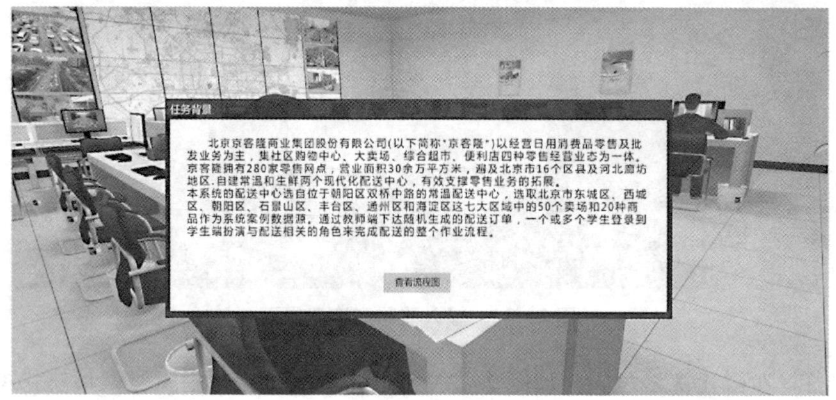

图 2－35　“任务背景”描述界面

步骤6：配送流程图查看完成后，如图2－36所示，单击【下一步】按钮即可跳转至订单处理实训任务。

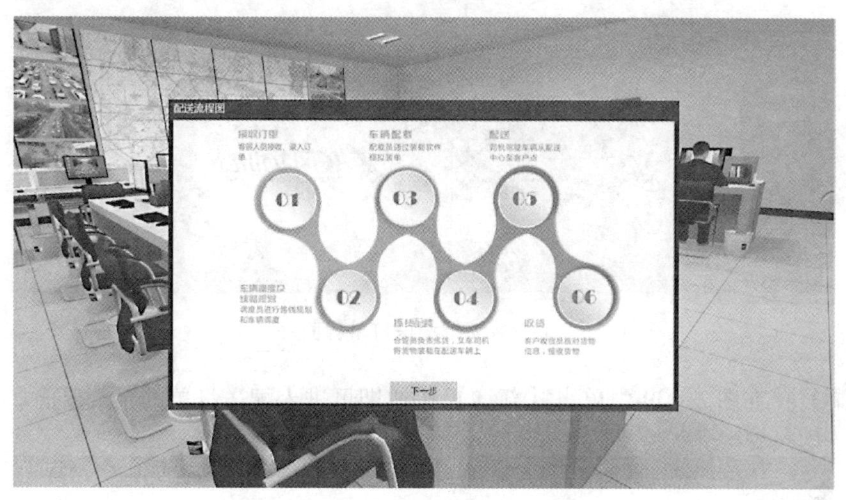

图2－36 “配送流程图”界面

3. 订单处理

甜水园店采购员在早上8：00打电话向配送中心下达订单，要求当天将货物送到。客服人员接到相应订单后，要对其进行记录并录入配送运输管理系统。

步骤1：系统左侧弹出流程提示后，自动播放接电话及记录信息的动画，随后会进入下一个操作。根据界面提示，单击绿色箭头指向的电脑，即可进入配送系统的主界面，如图2－37所示。

图2－37 客服人员办公场景

步骤2：单击绿色提示框中的订单管理，在展开的菜单中单击【配送订单】选项，如图2－38所示，即可进入配送订单主界面。

图 2－38　配送订单界面

步骤 3:，在图 2－39 中单击【新增】按钮即可进入配送订单的录入界面。

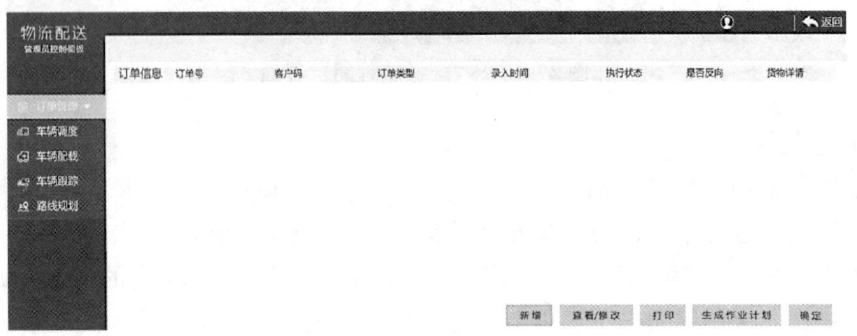

图 2－39　订单录入界面

步骤 4：弹出录入订单界面后，系统自动填充需要填写的内容，其中标 * 的为必填项，填写完成后，单击【保存】按钮即可完成订单的录入，如图 2－40 所示。

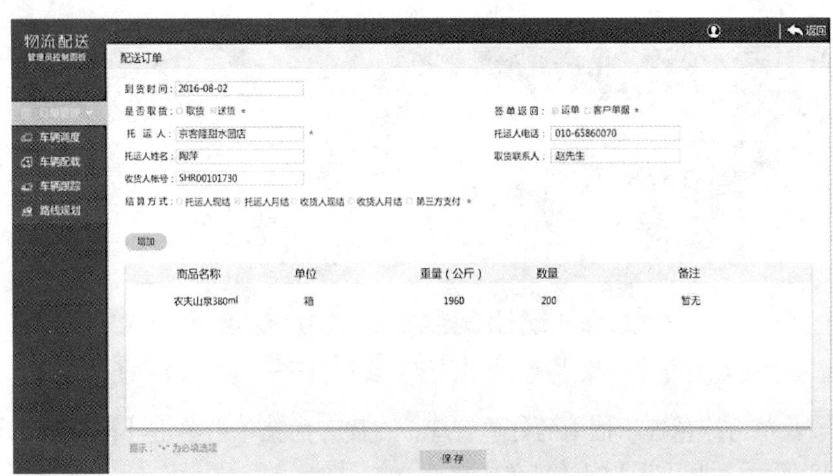

图 2－40　完成订单的录入界面

步骤5：单击【保存】按钮后，系统自动生成订单号，如图2－41所示。单击▢后，单击【打印】按钮即可完成订单的打印。

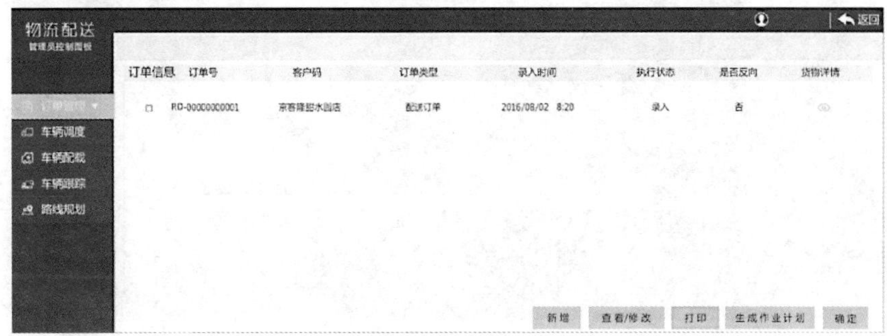

图2－41　完成订单打印

步骤6：单击【生成作业计划】按钮即可完成配送订单信息的传递，如图2－42所示。

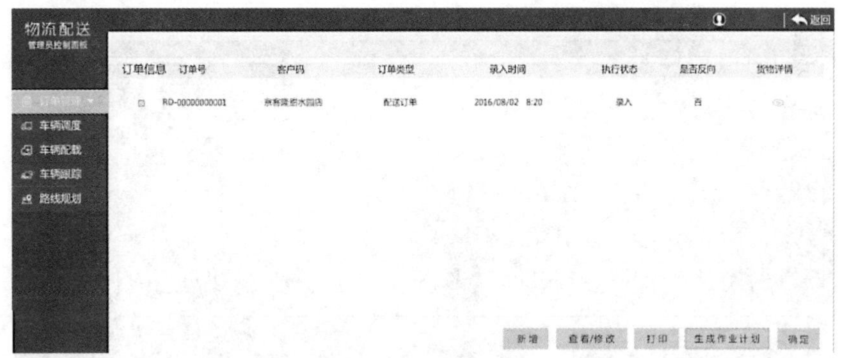

图2－42　完成配送订单信息传递

步骤7：单击【确定】按钮后，即可完成客服专员的操作任务，如图2－43所示。

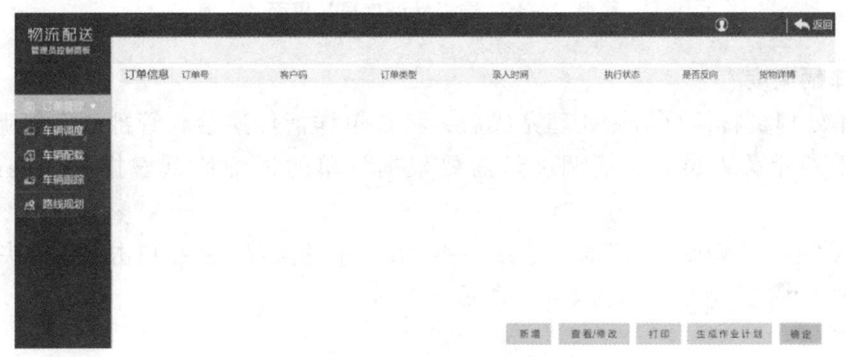

图2－43　完成客服专员的操作任务

步骤8：此时进入角色切换界面，根据界面中的提示，单击【切换角色】按钮即可进入角色切换界面，如图2－44所示。

图 2－44 切换角色界面 1

步骤 9：选择【调度员】，单击【确定】按钮即可进入调度员工作场景，如图 2－45 所示。

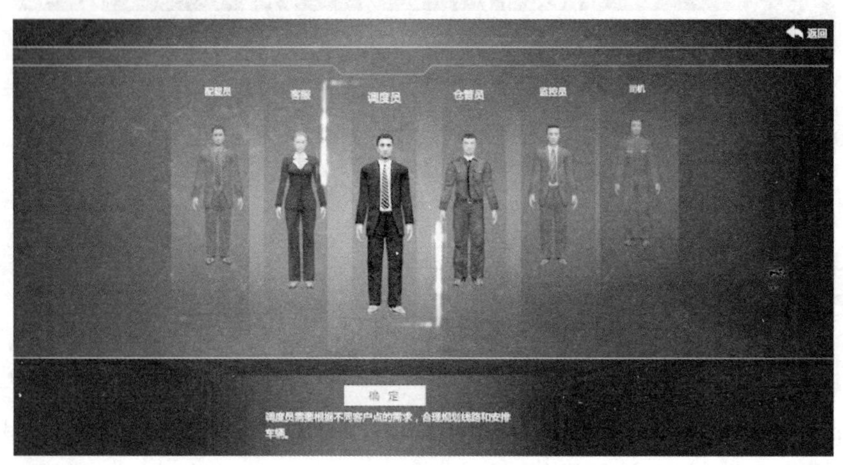

图 2－45 选择【调度员】界面

4. **车辆调度**

订单处理员将订单信息处理完成后，将订单详情传递给仓管部、车辆调度部、财务部等的相关人员。车辆调度员需要根据订单的详细信息安排车辆装载这些货物。

步骤 1：进入调度工作界面，系统左侧弹出相应的流程提示，单击绿色箭头处的电脑进入配送系统主界面，如图 2－46 所示。

图 2-46 车辆调度员办公场景

步骤2：在配送运输管理系统主界面上选择【车辆调度】选项，即可进入车辆调度界面。根据要求新增车辆信息，单击【保存】按钮即可进入下一步，如图 2-47 所示。

图 2-47 新增车辆信息

步骤3：选择调度单列表框中调度信息后的复选框及待派运单列表框中的运单信息，单击【加入】按钮即可完成车辆与货物的匹配，如图 2-48 所示。

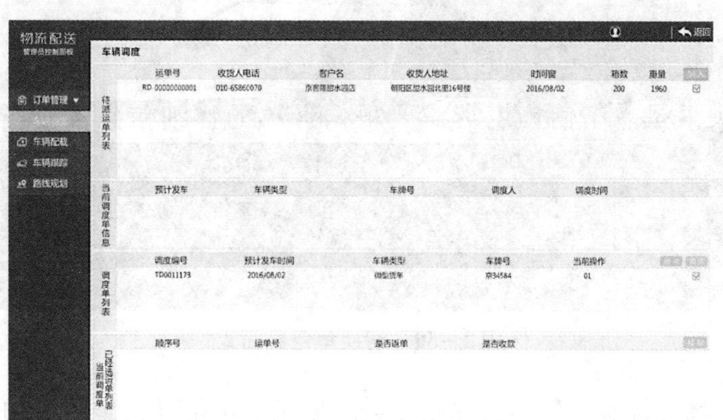

图 2-48 车辆货物匹配

步骤4：单击【加入】按钮后，待派运单列表框中该运单信息消失，同时，最下边一栏出现该运单信息，选择调度单列表框的复选框及当前调度单框中的多选框，单击【提交】按钮即可完成车辆调度任务，如图2－49所示。

图2－49　完成车辆调度任务界面

步骤5：单击【提交】按钮后，跳转至调度员任务完成界面，单击【切换角色】按钮跳转至角色选择界面，如图2－50所示。

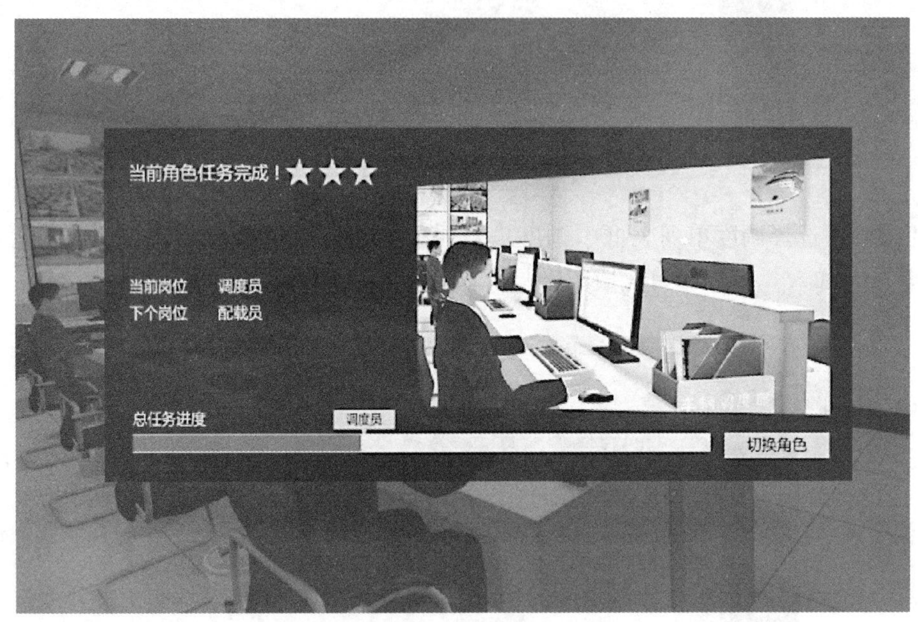

图2－50　切换角色界面2

步骤6：选择【配载员】后，如图2－51所示。单击【确定】按钮跳转至车辆配载实训任务。

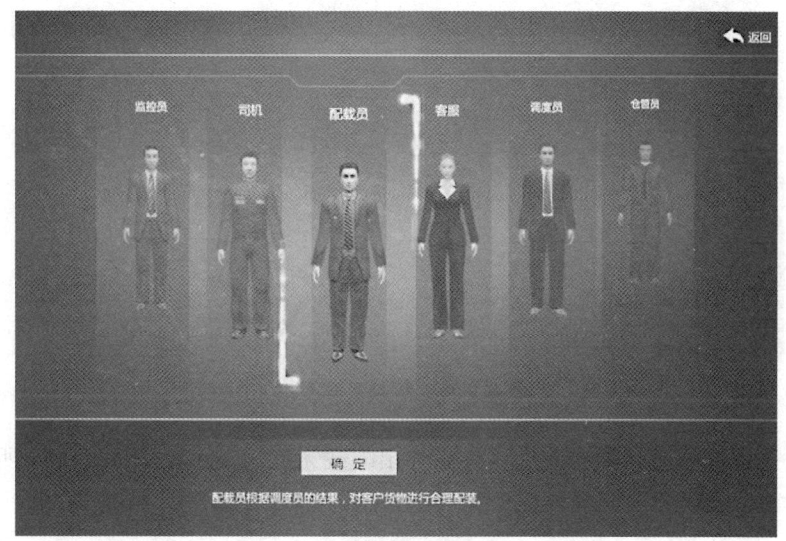

图 2-51 选择【配载员】界面

5. **车辆配载**

车辆调度完成后，配载员需要根据线路优化后的结果及各客户的送货顺序对货物进行模拟配载。

步骤 1：进入配载任务后，系统左侧弹出流程提示，单击绿色箭头所指的电脑处进入配送系统主界面，如图 2-52 所示。

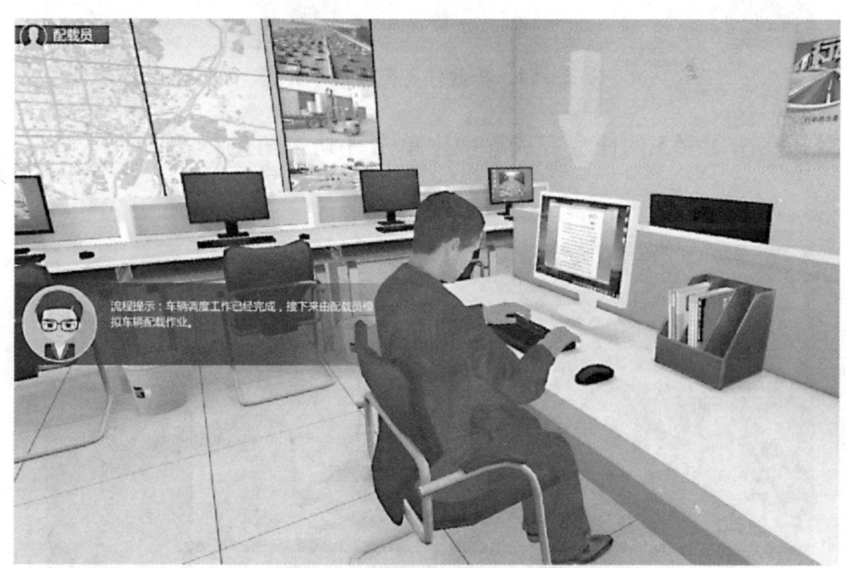

图 2-52 配载员办公场景

步骤 2：在图 2-53 中单击【车辆配载】选项进入车辆配载界面。单击订单编号后，会出现一托货物，单击鼠标左键拖动这托货物至车辆上。

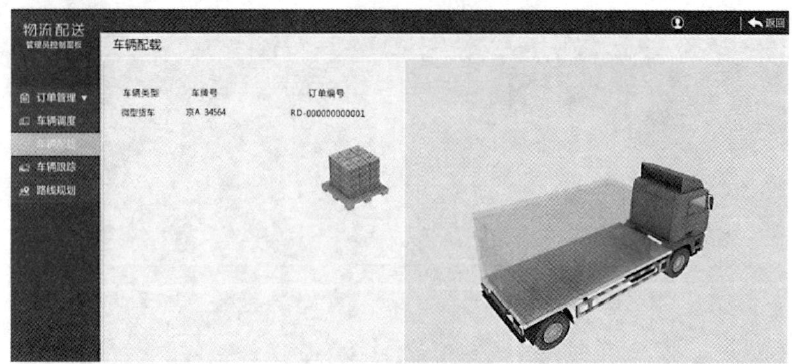

图 2－53　货物装车模拟

步骤 3：货物被拖到车辆上后，界面弹出配载完成的提示，如图 2－54 所示，单击【确定】按钮后，会弹出配载员任务完成的提示。

图 2－54　配载任务完成提示界面

步骤 4：在图 2－55 的任务完成界面中单击【切换角色】按钮即可进入角色选择界面。

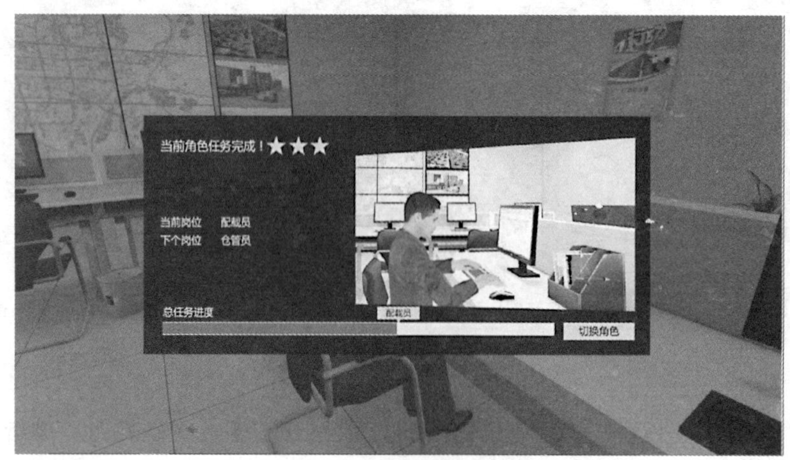

图 2－55　切换角色界面 3

步骤 5：选择【仓管员】角色后，单击【确定】按钮即可进入仓管员的实训任务，如图 2 - 56 所示。

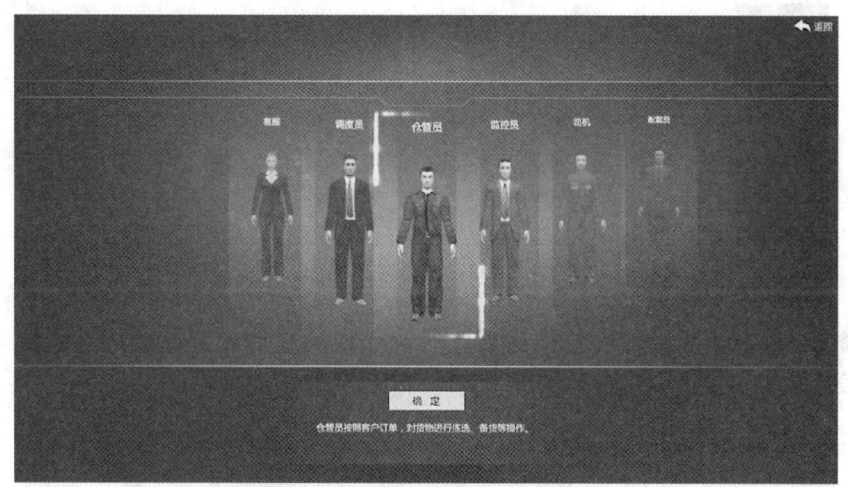

图 2 - 56　选择【仓管员】界面

6. **拣货配装**

仓管员从客服人员那儿接收到客户订单的详情后，根据运送客户的先后顺序对这些货物进行拣选，配装在车辆上。

步骤 1：单击绿色箭头处的电脑，如图 2 - 57 所示，即可进入配送运输管理系统主界面。

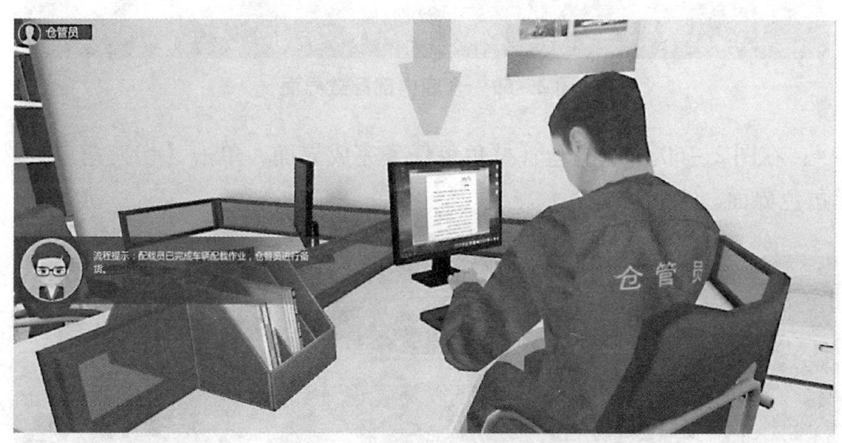

图 2 - 57　仓管员办公场景

步骤 2：单击订单管理下的【出库订单】选项，弹出出库订单管理界面，界面中弹出所有客户的详细订单信息，单击【开始备货】按钮即可完成下达拣货作业操作，如图 2 - 58 所示。

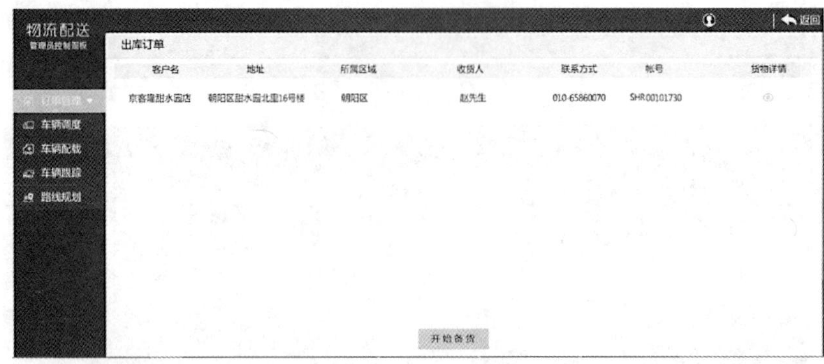

图 2-58　订单管理界面

步骤 3：单击【开始备货】按钮后，镜头切换至仓库内部，播放拣货配装动画，动画播放完成即可完成仓管员的实训任务，如图 2-59 所示。

图 2-59　仓库内部配载界面

步骤 4：在图 2-60 所示的仓管员角色任务完成界面，单击【切换角色】按钮即可进入选择角色界面。

图 2-60　切换角色界面 4

步骤5：选择【司机】角色后，单击【确定】按钮即可完成角色的切换，如图2－61所示。

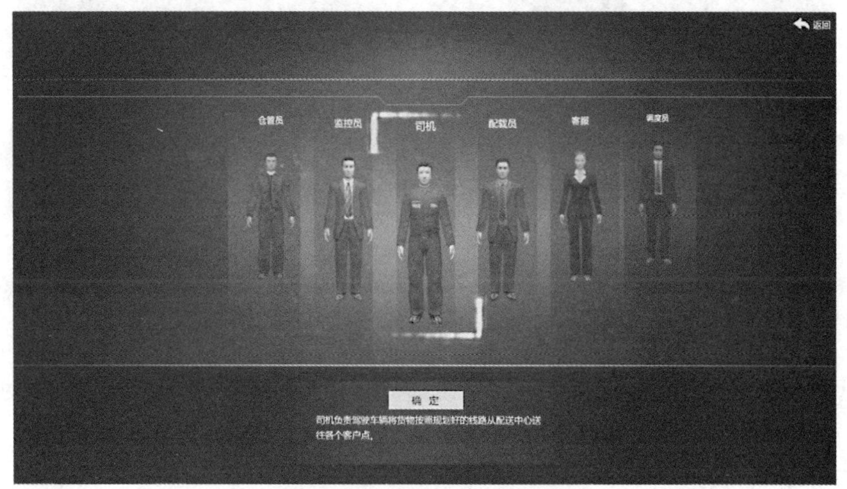

图2－61 选择【司机】界面

7. **运送收货**

经过订单处理、车辆调度、模拟配载、拣选配装后，司机需要将装载在车辆上的货物运送到客户指定位置。在这期间，用户需要通过W、S、A、D键控制车辆，将车辆停放在指定位置，完成货物的交接。

步骤1：进入界面后，系统左侧弹出流程提示，并播放检查车胎情况的动画，动画播放完成后，进入驾驶界面，如图2－62所示。

图2－62 驾驶界面

步骤2：用户根据界面左侧的车辆操作说明沿着路标行驶至指定位置，如图2－63所示。

图 2－63　行驶界面

步骤 3：车辆行驶至指定位置后，系统播放司机从车上下来走至收货人员处的黄色圆圈处，如图 2－64 所示。

图 2－64　司机抵达指定位置

步骤 4：走到圆圈处，界面中会弹出司机与收货人员的对话，按任意键继续对话直至对话结束，如图 2－65 所示。

图 2－65　司机与收货人员对话界面 1

步骤5：对话播放完成后，系统左侧弹出流程提示，司机走至车门附近，单击绿色箭头处的锁，如图2－66所示。

图2－66 提示打开锁具界面

步骤6：在图2－67中单击界面右侧【放下】按钮后，系统自动播放尾板下降至与车厢底部平行位置处。

图2－67 【放下】按钮界面

步骤7：在图2－68中单击【下降】按钮，系统自动播放尾板从车厢平面下降至地面。

图 2-68　下降操作界面

步骤 8：在图 2-69 中单击绿色箭头处，系统自动播放车门打开。

图 2-69　车门打开操作界面

步骤 9：车门打开后，系统播放收货员推着地牛走向货车，如图 2-70 所示。

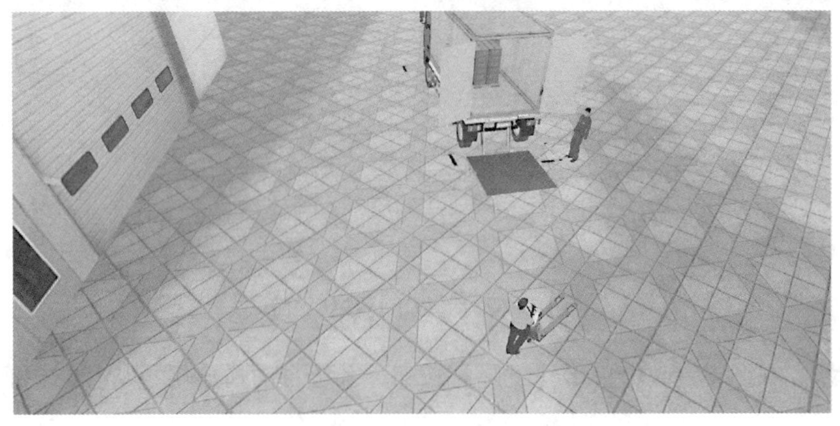

图 2-70　地牛走向货车界面

步骤10：收货员推着地牛至货车尾板上，如图2－71所示，单击【上升】按钮后，系统播放货车尾板至车厢平台处，播放收货员叉取货物并推至货车尾板上。

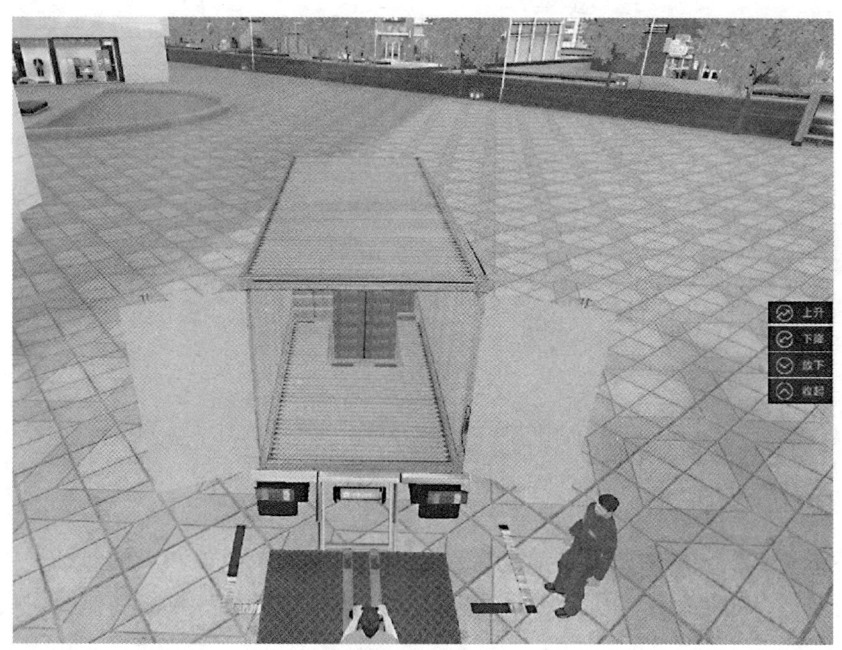

图2－71 地牛在货车尾板上界面

步骤11：单击【下降】按钮，系统自动播放尾板从车厢平面下降至地面，收货员将货物拖至卖场收货处并核对订单上的货物种类及数量，如图2－72、图2－73所示。

图2－72 取货完成

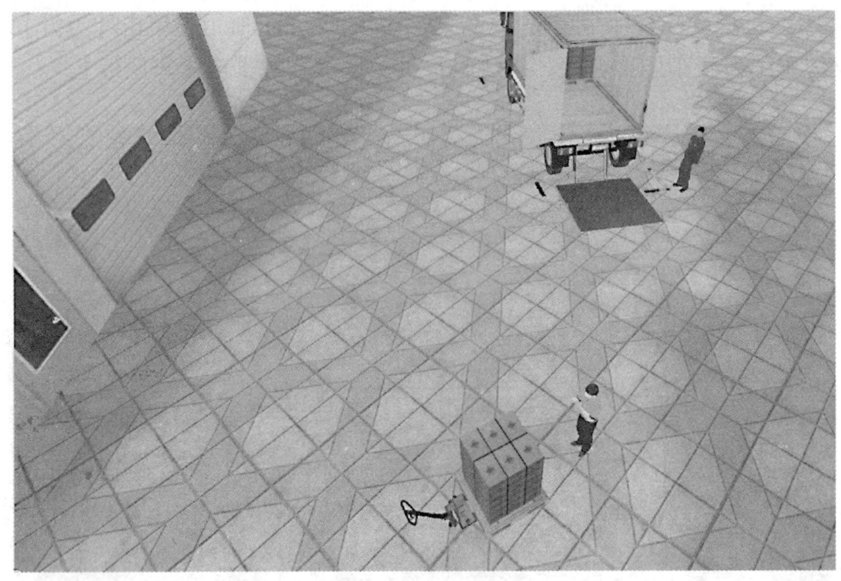

图 2－73　核对货物

步骤 12：收货员核对数量及品类后，走到司机旁边，播放两人的对话，按任意键即可进行对话，如图 2－74 所示，对话完成后，播放收货员签收的动作及司机扫描单证动作。

图 2－74　司机与收货人员对话界面 2

步骤 13：司机扫描结束后，手持终端上弹出详细信息，单击【签收】按钮即完成该客户的配送任务，如图 2－75 所示。

图 2－75 完成配送任务界面

步骤 14：单击车门，系统播放关闭车门的动画，如图 2－76 所示。

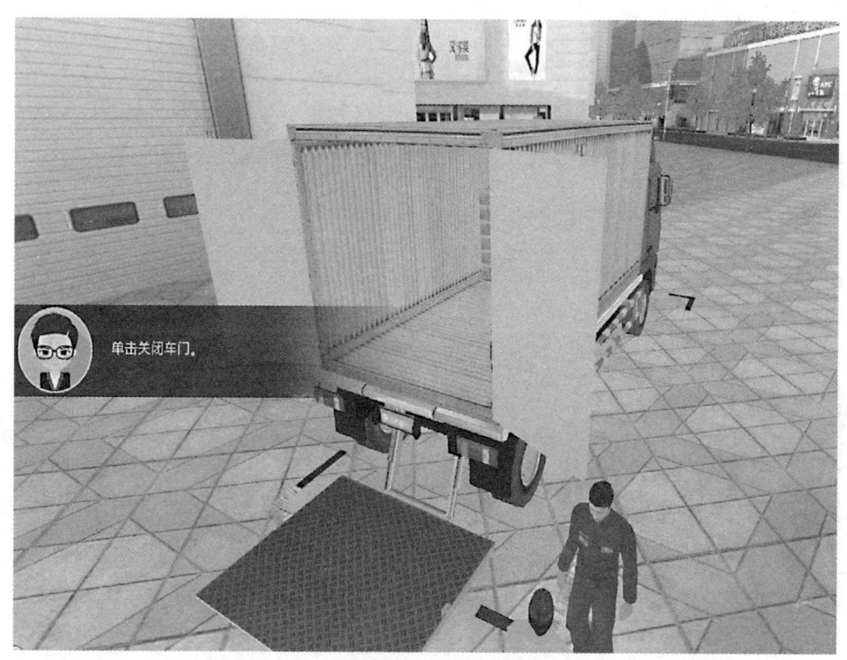

图 2－76 关闭车门界面

步骤 15：如图 2－77 所示，单击【上升】按钮，将尾板上升至与车厢平台平行位置处。

图 2－77　尾板上升界面

步骤 16：在图 2－78 中，单击【升起】按钮，将货车尾板收起。

图 2－78　尾板收起

步骤 17：货车尾板收起固定好之后，系统播放司机走进驾驶室驾驶车辆离开返回配送中心，收货员将货物拖到收货处，如图 2－79 所示。

图 2－79 车辆返回

步骤 18：系统弹出完成新手模块的提示，如果单击【重玩】按钮，则返回任务描述界面；如果单击【回到菜单】按钮，则返回登录界面，如图 2－80 所示。

图 2－80 完成新手模块提示界面

2.6 思考题

1. 简述物流配送需要经过哪些环节。
2. 通过对配送中心选址的学习，简述如何为配送中心进行合理选址规划。
3. 简述对仓库设施设备的认知。

本章小结

本章介绍了配送中心和仓库的相关背景知识，并设计了关于配送中心选址的实验，通过本章的学习，能够使学生直观地对配送中心和仓库的知识进行了解和认识。

3 设备介绍

3.1 背景介绍

在现代化物流配送中心中，各种物流设备是不可或缺的工具，是实现现代物流的基本手段和有机组成。在物流中心的规划设计阶段，有效地选用合适的物流设备将使物流配送中心的功效得到更大的发挥。

3.1.1 连续输送机械

1. 概念

连续输送机械，是沿给定线路连续输送散粒物料或成件物品的机械。连续输送机械分为有挠性牵引构件（如胶带、链条）和无挠性牵引构件两类。前者是将物品放在牵引构件上或承载构件内，利用牵引构件的连续运动使物品沿一定方向输送，如带式输送机、板式输送机、刮板输送机、埋刮板输送机、斗式提升机、摇架输送机、架空索道、自动扶梯及自动人行道等；后者利用工作构件的旋转或往复运动输送物料，如螺旋输送机、振动输送机、滚柱输送机等。此外，还有利用流体动力在管道内输送物料的流体输送装置，如气力输送装置、液力输送装置等。有的连续输送机械还可进行空间输送，或在输送过程中配合进行一定工艺操作，成为流水生产线中不可缺少的组成部分。连续输送机械可在运行中装卸载，输送速度高，生产能力大，结构简单，应用广泛。但通用性差，每种机型只适用于一定类型的货种。

2. 选型依据

选型的主要依据是：物品的种类和性质、生产能力、输送距离和方向、装卸载方法、生产过程的特点及现场条件件等。对于粉状物料必须在密封状态下输送，防止物料散失和污染环境。对于垂直和倾斜输送的输送机，必须装设安全装置（制动器、逆止器），以防偶然停电造成反向坠料。连续输送机的发展趋向是：进一步研制生产能力大的连续输送装卸设备；提高现有机种工作性能，并不断派生新机型；采用新材料（如聚合材料）和新技术（如气垫原理和自动化技术）。①

---

① 顾海红．港口输送机械与集装箱机械［M］. 2 版．北京：人民交通出版社，2010.

3.1.2 装卸搬运设备

装卸搬运设备是指用来搬移、升降、装卸和短距离输送物料或货物的机械。装卸搬运设备是实现装卸搬运作业机械化的基础，是物流设备中重要的机械设备。它不仅可用于完成船舶与车辆货物的装卸，而且还可用于完成库场货物的堆码、拆垛、运输以及舱内、车内、库内货物的起重输送和搬运。

1. 装卸搬运设备的特点

装卸搬运设备为了顺利完成装卸搬运任务，必须适应装卸搬运作业要求。装卸搬运作业要求装卸搬运设备结构简单牢固、作业稳定、造价低廉、易于维修保养、操作灵活方便、安全可靠，能最大程度地发挥其工作能力。装卸搬运的机械性能和作业效率对整个物流系统的作业效率影响很大，其主要工作特点如下：

（1）适应性强。

由于装卸搬运作业受货物品种、作业时间、作业环境等因素的影响较大，而装卸搬运活动又各具特点，因而，这就要求装卸搬运设备具有较强的适应性，能够在各种环境下正常工作。

（2）工作能力强。

装卸搬运设备起重能力大，起重范围广，生产作业效率高，具有很强的装卸搬运作业能力。

（3）机动性较差。

大部分装卸搬运设备都在设施内完成装卸搬运任务，只有个别装卸搬运设备可在设施外作业。

2. 装卸搬运设备的作用

大力推广和应用装卸搬运设备，不断更新装卸搬运设备和实现现代化管理，对于加快现代化物流业发展，促进国民经济发展，均有着十分重要的作用，主要表现在以下几个方面：

（1）提高装卸效率，节省劳动力，减轻装卸工人的劳动强度，改善劳动条件。

（2）缩短作业时间，加速车辆周转，加快货物的送达。

（3）提高装卸质量，保证货物的完整和运输安全。特别是体积大且笨重货物的装卸，依靠人力，一方面难以完成，另一方面保证不了装卸质量，容易发生货物损坏或偏载，甚至危及行车安全。采用机械作业，则可避免这种情况发生。

（4）降低装卸搬运作业成本。装卸搬运设备的应用，势必会提高装卸搬运作业效率，而效率的提高会使每吨货物分摊到的作业费用相应减少，从而使作业成本降低。

（5）充分利用货位，加速货位周转，减少货物堆码的场地面积。由于堆码可达到一定的高度，采用机械作业，加快了装卸搬运的速度，从而能够及时腾空货位，减少了场地面积。

随着物流现代化的不断发展，装卸搬运设备将会得到更为广泛的应用。从装卸搬运设备的发展趋势来看，发展多类型的、专用的装卸搬运设备来适应货物的装卸搬运作业要求，是今后装卸搬运设备的发展方向。

3. **装卸搬运设备的分类**

（1）按作业性质分类①。

按装卸及搬运两种作业性质不同可分成装卸机械、搬运机械及装卸搬运机械三类。在这个领域中，有些机械功能比较单一，只满足装卸或搬运这一个功能，这种单一作业功能的机械有很大优点，即机械结构较简单，多余功能较少，专业化作业能力强，因而作业效率高，作业成本较低，但使用上受局限。有时候，从这种机械的单独操作来看效率确实很高，但由于其功能单一，作业前后需要很烦琐的衔接，会降低大系统的效率。单一装卸功能的机械种类不多，手动葫芦最为典型，固定式吊车，如卡车吊、悬臂吊等吊车虽然也有一定的移动半径，也有一些搬运效果，但基本上还是被看成单一功能的装卸机具。单一功能的搬运机具种类较多，如各种搬运车、手推车及斗式输送机、刮板式输送机之外的各种输送机等。在物流领域很注重装卸、搬运两功能兼具的机具，这种机具可将两种作业操作合二为一，因而有较好的系统效果。属于这类机具的最主要的是叉车、港口中用的跨运车、车站用的龙门吊以及气力装卸输送设备等。

（2）按机具工作原理分类。

按装卸搬运机具的工作原理可将其分为叉车类、吊车类、输送机类、作业车类和管道输送设备类。

①叉车类，包括各种通用和专用叉车。

②吊车类，包括门式、桥式、履带式、汽车式、岸壁式、巷道式等各种吊车。

③输送机类，包括辊式、轮式、皮带式、链式、悬挂式等各种输送机。

④作业车类，包括手车、手推车、搬运车、无人搬运车、台车等各种作业车辆。

⑤管道输送设备类，包括液体、粉体的装卸搬运一体化的以油泵、管道为主体的一类设备。

（3）按有无动力分类。

装卸搬运设备按有无动力分类，可分为以下三类：

①重力式装卸输送机：辊式、滚轮式等输送机属于此类。

②动式装卸搬运机具：分为内燃式及电动式两种，大多数装卸搬运机具属于此类。

③人力式装卸搬运机具：用人力操作作业，主要是小型机具和手动叉车、手车、手推车、手动升降平台等。②

3.1.3 数据化拣货系统

数据化拣货系统（DPS）是一种电脑辅助的无纸化拣货系统，其原理是借助安装于货架上每一个货位的 LED（Light - Emitting Diode，发光二极管）电子标签取代拣货单，利用电脑的控制将订单信息传输到电子标签中，引导拣货人员正确、快速、轻松地完成拣货工作，拣货完成后单击【确认】按钮完成拣货工作。计算机监控整个过程，

---

① 霍红，马常红．物流管理学［M］．北京：中国物资出版社，2008.

② 罗毅，王清娟．物流装卸搬运设备与技术［M］．北京：机械工业出版社，2008.

并自动完成账目处理。

随着经济和生产的发展，流通趋于多品种、小批量，因此各物流配送中心配送货品的种类和数量将急剧增加，货物分拣任务十分艰苦，分拣作业已成为一项重要的工作环节。显然，随着分拣量的增加、分拣点的增加、配货响应时间的缩短和服务质量的提高，依靠普通的分拣方法，如“传票拣选”等，将无法满足大规模配货配送的要求。针对目前市场的需求，开发一种具有缓冲能力，可直接和上下游生产线对接，大幅度提高拣货速度，降低拣货错误率的堆积滚筒输送线电子标签辅助拣选系统非常紧迫。

1. 数据化拣货系统的特点

数据化拣货系统由流动货架、电子标签、堆积滚筒输送线、条码阅读器、管理与监控系统构成，具有如下系统特色：

（1）电子标签采用先进信号合成技术，通信信号搭载于电源波形上，利用不锈钢导轻传输电源及数据信号，配线只需两芯，所有电子标签均并联在一线，统一连接到接入盒中，降低了配线成本。

（2）系统的维护简单。在电子标签拣选系统中，安装了一个零地址电子标签，该标签可实时监视整个 DPS 的运行情况，当出现故障时，零地址电子标签立即显示出错误的电子标签的地址和故障原因，供操作人员参与，当需要更换故障的电子标签时，不必关闭电源，可直接进行热插拔操作。

（3）堆积滚筒输送线提供足够的缓冲能力，当某个料箱在某个拣选工作区被止挡器挡住移动时，其他部分依旧正常运行。可以方便地与生产线对接。

（4）多个拣选工作区并行作业。

（5）料箱进入输送线后，如果在某个工作区没有拣选任务，则信息自动向下一个工作区传递，以便拣货人员做好准备。

2. 数据化拣货系统的实施效益

实施数据化拣货系统对于提高拣货速度效率、提升出货配送效率、降低作业处理成本都具有重要的作用。

（1）提高拣货速度效率，降低误拣错率。电子标签借助于明显易辨的储位视觉引导，可简化拣货作业为“看、拣、按”三个单纯的动作。降低拣货人员思考及判断的时间，以降低拣错率并节省人员找寻货物存放位置所花的时间。

（2）提升出货配送效率。数据化拣选系统可以实现拣选流程的标准化应用，强化拣选各个环节执行规范化、标准化的流程，优化拣选进程的各个环节，从而让整个拣选工作进入有序、良性的可持续发展的道路上。

（3）降低作业处理成本。除了拣货效率提高之外，因拣货作业所需熟练程度降低，人员不需要特别培训，即能上岗工作。为此可以引进兼职人员，降低劳动力成本。

物流设备生产企业在技术上向国际标准看齐，密切跟踪世界最尖端的物流技术，分析市场需求，不断创新、开发新的产品，才能满足国内物流业发展的需要，产品和企业才会有活力。日东公司与韩国三星物流及日本的 AIOI 物流系统株式会社团组织进行全面的技术合作，吸收国际上先进的物流技术，综合国内物流发展特色，已研发出具备自主知识产权的自动化仓储系统和数码化拣货系统的物流设备系统。

3.1.4 自动分拣系统

自动分拣系统（Automatic sorting system）是先进配送中心所必需的设施条件之一。具有很高的分拣效率，通常每小时可分拣商品6000～12000箱，可以说，自动分拣机是提高物流配送效率的一项关键因素。它是第二次世界大战后在美国、日本的物流中心被广泛采用的一种自动分拣系统，该系统目前已经成为发达国家大中型物流中心不可缺少的一部分。

1. 自动分拣系统的总体构成

自动分拣系统一般由自动控制和计算机管理系统、自动识别装置、分类机构、主输送装置、前处理设备及分拣道口组成。

（1）自动控制和计算机管理系统是整个自动分拣的控制和指挥中心，分拣系统的各部分的一切动作均由控制系统决定。其作用是识别、接收和处理分拣信号，根据分拣信号指示分类机构按一定的规则（如品种、地点等）对产品进行自动分类，从而决定产品的流向。分拣信号的来源可通过条码扫描、色码扫描、键盘输入、质量检测、语音识别、高度检测及形状识别等方式获取，经信息处理后，转换成相应的拣货单、入库单或电子拣货信号，自动分拣作业。

（2）自动识别装置是物料能够实现自动分拣的基础系统。在物流配送中心，广泛采用的自动识别系统是条码系统和无线射频系统。条码自动识别系统的光电扫描安装在分拣机的不同位置，当物料在扫描器可见范围时，自动读取物料上的条码信息，经过条码软件翻译成条码所表示的物料信息，同时感知物料在分拣机上位置信息，这些信息自动传输到后台计算机管理系统。

（3）分类机构是指将自动识别后的物料引入分拣机主输送线，然后通过分类机构把物料分流到指定的位置。分类机构是分拣系统的核心设备。

（4）主输送装置的作用是将物料输送到相应的分拣道口，以便进行后续作业，主要由各类输送机械组成，又称主输送线。

（5）前处理设备是分拣系统向主输送装置输送分拣物料的进给台及其他辅助性的运输机和作业台等。进给台的功能有两个，一个是操作人员利用输入装置将各个分拣物料的目的地址输入分拣系统，作为物料的分拣作业指令；二是控制分拣物料进入主输送装置的时间和速度，保证分类机构能准确进行分拣。

（6）分拣道口也称分流输送线，是将物料脱离主输送线使之进入相应集货区的通道。一般由钢带、传送带、滚筒等组成滑道，使物料从输送装置滑入缓冲工作台，然后进行入库上架作业或配货工作。

2. 自动分拣机分类

（1）垂直式分拣机。

垂直分拣机进料通常从位于实际分拣机前面的积放式输送机——一种简单的输送带开始。操作人员可将货品手动输送到这个积放式输送机上——一种理想的高性价比、人体工学解决方案。

（2）交叉式分拣机。

交叉分拣机具有路线灵活、充分利用空间的特点，还可利用转弯输送机来上坡或下坡。并轨机和目的点均可采用各种方法配置并进行优化，以提高系统性能。利用适当的布局，只需一个系统即可建立多个分拣机区域。

（3）滑块式分拣机。

滑块式分拣机系统是将随机的，不同类别、不同去向的物品，按其要求进行分类（按产品类别或产品目的地不同分）的一种物料搬运系统。

3. 自动分类输送机的应用原理

自动分类输送机在批量拣货后，再进行第二次分类时，多采用自动分类输送机。在拣货中，有单品拣货和批量拣货两种方式，在拣货方法中，与单品拣货相比较，批量拣货的效率更高一些。因此，在决定使用批量拣货后，使用自动分类输送机最好。

拣货也可以称之为分类，一般认为如果采用自动分类输送机，就可以自动进行拣货或者分货。因此，不对单品拣货和批量拣货的方法进行研究，就直接采用自动分类输送机。采用自动分类输送是把它作为一种拣货的方法，在批量拣货后、二次分货时，才采用它。使用旋转货架、以用户为类别对货物进行分货时，它的前提也是批量拣货的效率要比单品拣货的效率高。①

3.1.5 流通加工设备

流通加工设备是指货物在物流中心根据需要进行包装、分割、计量分拣、添加标签条码、组装等作业时所需的设备。它可以弥补生产过程加工程度的不足，有效地满足用户多样化的需要，提高加工质量和效率以及设备的利用率，从而更好地为用户提供服务。

流通加工设备种类繁多，按照不同的标准，可分成不同的种类。

1. 按流通加工形式分类

（1）剪切加工设备。

剪切加工设备是进行下料加工或将大规格的钢板裁小或裁成毛坯的设备。例如，用剪板机进行下料加工，用切割设备将大规格的钢板裁小或裁成毛坯等。

（2）集中开木下料设备。

集中开木下料设备是在流通加工中将原木锯截成各种锯材，同时将碎木、碎屑集中起来加工成各种规格的板材，还可以进行打眼、凿孔等初级加工的设备。

（3）配煤加工设备。

配煤加工设备是将各种煤及一些其他发热物质，按不同的配方进行掺配加工，生产出各种不同发热量燃料的设备。例如，无锡燃料公司开展的动力配煤加工等。

（4）冷冻加工设备。

冷冻加工设备是为了解决鲜肉、鲜鱼或药品等在流通过程中保鲜及搬运装卸问题，

---

① 胡勇. 自动分拣系统一本通［M］. 北京：中国财富出版社，2011.

采用的低温冷冻的加工设备。

（5）分选加工设备。

分选加工设备是根据农副产品的规格、质量离散较大的情况，为了获得一定规格的产品而采取的分选加工设备。

（6）精制加工设备。

精制加工设备主要是用于农、牧、副、渔等产品的切分、洗净、分装等简单加工的设备。

（7）包装加工设备。

包装加工设备是为了便于销售，在销售地按照所要求的销售起点进行新包装、大包装改小包装、散装改小包装、运输包装改销售包装等加工的设备。

（8）组装加工设备。

组装加工设备是采用半成品包装出厂，在消费地由流通部门所设置的流通加工点进行拆箱组装的加工设备。

2. 按流通加工对象分类

根据加工对象的不同，流通加工设备可分为金属加工设备、水泥加工设备、玻璃加工设备、木材加工设备、煤炭加工设备、食品流通加工设备、组装产品的流通加工设备、生产延续的流通加工设备及通用加工设备等。

（1）金属加工设备。

某些金属材料的长度、规格不完全适用于用户，若采用单独剪板下料方式，设备闲置时间长、人力消耗大，而采用集中剪板、集中下料方式可以避免单独剪板下料的一些弱点，提高材料利用率。

在流通中进行加工的金属材料主要有钢铁、钢材、铝材、合金等。金属加工设备是对上述金属进行剪切、折弯、下料、切削加工的机械。它主要分为成型设备和切割加工设备等。其中，成型设备又包括锻压机械、液压机、冲压设备、剪折弯设备、专用设备；切割加工设备包括数控机床（加工中心、铣床、磨床、车床）、电火花成型机、线切割机床、激光成型机、雕刻机、钻床、锯床、剪板机、组台机床等。此外，用于金属流通加工的还有金属切削机床、金属焊接设备、机械手、工业机器人等。

随着金属成品、半成品迈入超精密加工时代，放电机床所扮演的角色更为重要，它成为各中小型金属加工厂不可或缺的金属加工设备。近年来，国际放电机床的功能不断推陈出新，朝着精密化、自动化方向发展，产品用在中小型金属零件的加工处理上更加省力。例如，放电机床应用在金属半成品加工的快走丝、慢走丝切割机领域，效果显著。

（2）水泥加工设备。

水泥加工设备主要包括混凝土搅拌机械、混凝土搅拌站、混凝土输送车、混凝土输送泵、车泵等。

混凝土搅拌机械是水泥加工中常用设备之一，它是制备混凝土，将水泥、骨料、砂和水均匀搅拌的专用机械。

混凝土搅拌机械改变了以粉状水泥供给用户、由用户在建筑工地现制现拌混凝土的方法，而将粉状水泥输送到使用地区的流通加工点（称作集中搅拌混凝土工厂或称商品混凝土工厂），在那里搅拌成商品混凝土，然后供给各个工地或小型构件厂使用，这是水泥流通加工的一种重要方式。

（3）玻璃加工设备。

在流通中，用于玻璃的加工设备主要是指对玻璃进行切割等加工的专用机械，包括各种各样的切割机。在流通中对玻璃进行精加工还需清洗机、磨边机、雕刻机、烤花机、钻花机、丝网印刷机、钢化和夹层装备、拉丝机、拉管机、分选机、堆垛机、瓶罐检验包装设备、玻璃技工工具和金刚石砂轮等。

平板玻璃的“集中套裁、开片供应”是重要的流通加工方式，这种方式是在城镇中设立若干个玻璃套裁中心，按用户提供的图纸统一套裁开片，向用户供应成品，用户可以将其直接安装到采光面上。在此基础上也可以逐渐形成从工厂到套裁中心的稳定、高效率、大规模的平板玻璃“干线输送”，以及从套裁中心到用户的小批量、多户头的“二次输送”的现代物资流通模式。

（4）木材加工设备。

木材是容重轻的物料，在运输时占有相当大的容积，往往使车船满装但不能满载，同时，装车、捆扎也比较困难，需要利用机械设备对木材进行磨制、压缩和锯裁等加工。这类设备主要有磨制、压缩木片机械和集中开木下料机械两类。

（5）煤炭加工设备。

煤炭加工机械是对煤炭进行加工的设备，主要包括除矸加工机械、管道输送煤浆加工机械和配煤加工机械等。

除矸是提高煤炭纯度的加工形式。煤炭中混入的矸石可以采用除矸的流通加工设备排除矸石，提高煤炭运输效益和经济效益，减少运输能力的浪费。

煤浆加工主要是便于运输，减少煤炭消耗，提高利用率。管道运输是近代才开始兴起的一种先进技术。这种方法是在流通的起始环节将煤炭磨成细粉，以使煤具备一定的流动性，再用水调和成浆状则更加具备了流动性，可以像其他液体一样进行管道输送。

配煤加工是在使用地区设置集中加工点，将各种煤及其他一些发热物质，按不同配方进行接配加工，生产出各种不同发热量的燃料。

（6）食品流通加工设备。

食品流通加工设备，依据流通加工项目可分为冷冻加工设备、分选加工设备、精制加工设备和分装加工设备。

冷冻加工设备是为了解决一些商品需要低温保质保鲜的问题，主要是生鲜食品，如鲜肉、鲜鱼等在流通中的保鲜及搬运装卸问题。

分选加工设备主要用于按照一定规格、质量标准对一些农副产品进行分选加工，如果类、瓜类、谷物、棉毛原料等产品。

精制加工设备主要用于去除食品无用部分后，再进行切分、洗净等加工。

分装加工设备主要用于将运输包装改为销售包装。许多生鲜食品零售起点较小，而为了保证高效运输出厂，包装体积则较大，也有一些是采用集装运输方式运达销售地区，为了销售更加便捷，在货物到达指定销售地区后对货物进行重新包装。

（7）组装产品的流通加工设备。

很多产品是不易进行包装的，即使采用防护包装，其成本也很高，故对一些组装技术不高的产品，如自行车之类的产品，其组装可以在流通加工中完成，以降低储运费用。

（8）生产延续的流通加工设备。

一些产品因其自身特性要求，需要较宽阔的仓储场地或设施，而在生产场地配备这些设施是不经济的，因此可将部分生产领域的作业延伸到仓储环节完成。这样做既提高了仓储面积、容积利用率，又节约了生产场地。例如，服装的检验、分类等作业，可以在服装仓库专用悬轨体系中完成相关作业，一举多得。

（9）通用加工设备。

通用加工设备主要包括：裹包集包设备，如裹包机、装盒机等；外包装配合设备，如钉箱机、裹包机和打带机；印贴条码标签设备，如网印设备、喷印设备和条码打印机；拆箱设备，如拆箱机和拆柜工具；称重设备，如称重设备、地磅等①。

3.1.6 装卸搬运作业选择原则

（1）根据作业性质和作业场合进行配置、选择②。

装卸搬运根据作业性质和作业场合不同，需配备不同的装卸搬运设备。根据作业是单纯的装卸或单纯的搬运，还是装卸、搬运兼顾，从而可选择更合适的装卸搬运设备；作业场合不同，也需配备不同的装卸搬运设备。

（2）根据作业运动形式进行配置、选择。

装卸搬运作业运动形式不同，需配备不同的装卸搬运设备。水平运动，可配备选用卡车、牵引车、小推车等装卸搬运设备；垂直运动，可配备选用提升机、起重机等装卸搬运设备；倾斜运动，可配备选用连续运输机、提升机等装卸搬运设备；垂直及水平运动，可配备选用叉车、起重机、升降机等装卸搬运设备；多平面式运动，可配备选用旋转起重机等装卸搬运设备。

（3）根据作业量进行配置、选择。

装卸搬运作业量大小关系到设备应具有的作业能力，从而影响到所需配备的设备类型和数量。作业量大时，应配备作业能力较高的大型专用设备；作业量小时，最好采用构造简单、造价低廉而又能保持相当生产能力的中小型通用设备。

（4）根据货物种类、性质进行配置、选择。

货物的物理性质、化学性质以及外部形状和包装千差万别，有大小、轻重之分，有固体、液体之分，有散装、成件之不同，所以对装卸搬运设备的要求也不尽相同。

---

① 张普礼．机械加工设备［M］．北京：机械工业出版社，2014.

② 王欣．物流设施设备［M］．北京：中国劳动社会保障出版社，2006.

（5）根据搬运距离进行配置、选择。

长距离搬运一般选用牵引车和挂车等装卸搬运设备，较短距离搬运可选用叉车、跨运车等装卸搬运设备，短距离搬运可选用手推车等装卸搬运设备。为了提高设备的利用率，应当结合设备种类和特点，使行车、货运、装卸、搬运等工作密切配合。

（6）装卸搬运设备的配套。

成套地配备装卸搬运设备，使前后作业相互衔接，相互协调，是保证装卸搬运工作持续进行的重要条件。因此，需要对装卸搬运设备在生产作业区、数量吨位、作业时间、场地条件、周边辅助设备上做适当协调。

3.2　实训目的与要求

①把物流装备虚拟呈现到学生面前，结合知识点、交互画面辅助用户学习。

②掌握设备的性能、使用环境及操作方法，达到游戏化教学的目的。

③全面掌握物流设备，最大程度地践行理论与实践一体化教学模式。

3.3　实训内容与步骤

3.3.1　运输设备展示

单击模块菜单界面的【运输设备】按钮进入运输设备展示的主界面，主界面如图 3－1 所示。

图 3－1　运输设备展示的主界面

3.3.2　实训操作

单击模块菜单界面的【实训操作】按钮进入实训操作的界面，主界面如图 3－2 所示。

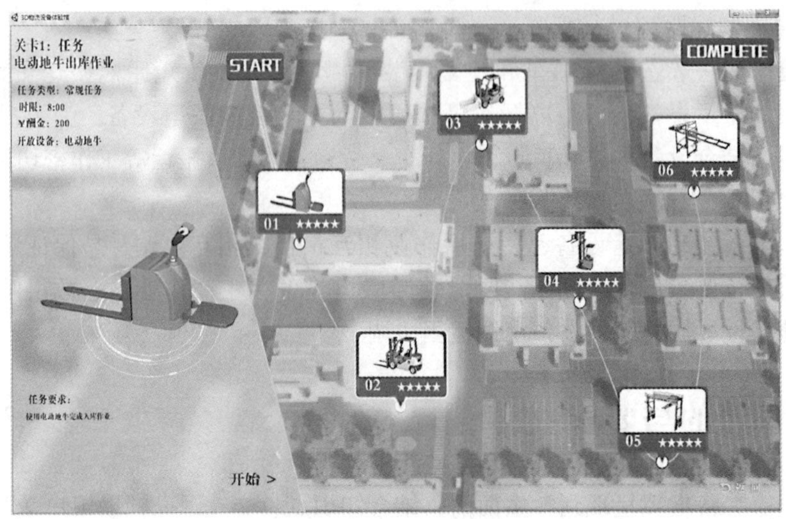

图 3-2　实训操作界面

实训操作界面分为左侧和右侧两个部分。

右侧是实训操作的六个关卡，刚开始 01 关卡默认开通，后面五个关卡默认关闭，只有前一个关卡顺利操作完成，才会开启下一个关卡。选择相应的关卡图标，单击左侧的【开始】按钮开始游戏，单击右下角的【返回】按钮返回到上一级界面。

左侧是对每个关卡的任务名称、任务类型、时限、酬金、用到的工具及人物要求等的具体说明。

1. **电动地牛出库作业**

操作按键说明：（数字键是主键盘上的，下文也是）数字 1：启动电动地牛；数字 2：关闭电动地牛；数字 3：升高叉子；数字 4：降低叉子；W：向前移动；S：向后移动；A：向左转弯；D：向右转弯。按下鼠标并且滑动可以转动视角，滚轮缩放视角距离。

首先是一个货物进入仓库门口的动画，如图 3-3 所示。

图 3-3　货物进入仓库门口

动画结束后有一个入库扫码的操作，如图 3 -4 所示。

图 3 -4　入库扫码操作界面

在手持扫描货物出现扫码成功的界面中，单击【查看】按钮查看界面，单击【关闭】按钮关闭手持操作界面，如图 3 -5 所示。

图 3 -5　扫码成功

摄像机切换到人的画面，沿着地上的图标显示的路径，电动地牛触碰到图标触发下一个路径图标，直到最后到货车车厢里面，如图 3 -6 所示。

图 3－6 电动地牛路径

出现需要搬运的货物，用电动地牛叉到箱子，再按下 3 键抬高叉子，沿着地上的路径走，直到最后出现绿色的区域就是箱子需要放置的区域，如图 3－7 所示，就是箱子要放置的正确位置。

图 3－7 放置箱子位置

将箱子放进正确的位置，绿色图标消失，出现路径点，去搬运第二个货物，操作方式相同，如图 3－8 所示。

图3-8 搬运货物1

图3-8的左上角显示的是经验值、金币和剩余的时间，右下角的图标显示的是时速和门角架高度，下面的四个按钮和第一个操作模块装卸设备展示的作用是相同的，第一个按钮是用来将设备恢复到原来的位置的。

如果在有限时间范围内未完成任务，时间到达后就会弹出失败界面，如图3-9所示。

图3-9 任务失败界面

单击【继续挑战此关卡】按钮就又重新开始关卡。

2. 平衡式叉车作业

操作按键说明：

数字1：升高叉子；数字2：降低叉子；数字3：门角架向后转动；数字4：门角架向前转动；W：叉车向前移动；S：叉车向后移动；A：叉车向左转动；D：叉车向右转

动。按下鼠标并且滑动可以转动视角，滚轮缩放视角距离。

首先是一个过场动画，如图 3－10 所示。

图 3－10　过场动画

过场动画之后，场景切换到叉车的操作界面，将叉车开到绿色箱子处，叉到箱子，如图 3－11 所示。

图 3－11　叉车操作界面

叉到货物之后，沿着路径点移动到指定位置，将货物搬运上去，如图 3－12 所示。

图 3－12 搬运货物 2

将货物放置到指定的绿色区域，如图 3－13 所示。

图 3－13 货物放置到指定区域 1

将货物放下之后沿着路径回去搬运第二个货物，如图 3－14 所示。

图 3－14　沿路径返回界面

第二次操作和第一次一样。

3. **夹抱式叉车作业**

操作按键说明：

数字 1：夹子向上移动；数字 2：夹子向下移动；数字 3：门角架向下转动；数字 4：门角架向上转动；数字 5：夹子向外张开；数字 6：夹子收缩；W：车子向前移动；S：车子向后移动；A：车子向左转动；D：车子向右转动。按下鼠标并且滑动可以转动视角，滚轮缩放视角距离。

如图 3－15 所示，到指定位置夹取绿色标记的货物。

图 3－15　夹取作业界面

夹住货物之后沿着路径点移动，如图 3－16 所示。

图 3－16　沿路径点搬运货物

当出现绿色的指定放置区域的时候，将货物放置到指定的区域中去，如图 3－17 所示。

图 3－17　货物放置到指定区域 2

松开夹子，到指定的位置去搬运下一个货物，操作与前面相同，如图 3－18 所示。

图 3－18　返回夹取第二个货物

4. **转叉式叉车作业**

操作按键说明：

数字 1：上升叉子；数字 2：下降叉子；数字 3：向左平移货叉；数字 4：向右平移货叉；数字 5：向右旋转货叉；数字 6：向左旋转货叉；W：向前移动；S：向后移动；A：向左移动；D：向右移动。按下鼠标并且滑动可以转动视角，滚轮缩放视角距离。

将叉车开到货物前面，叉取相应的货物，也就是绿色的区域的指定货物，如图 3－19 所示。

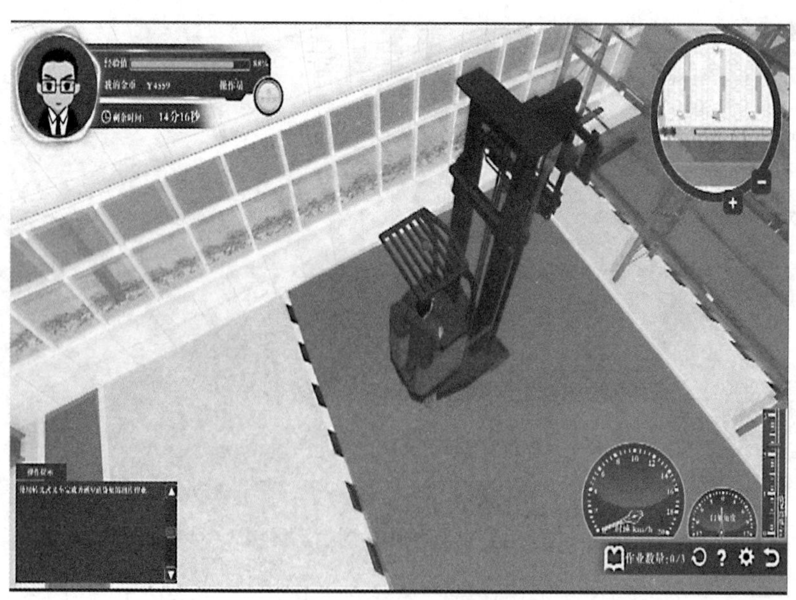

图 3－19　到达指定位置

当成功叉取到货物之后，沿着出现的路径，到指定的绿色区域，如图 3－20 所示。

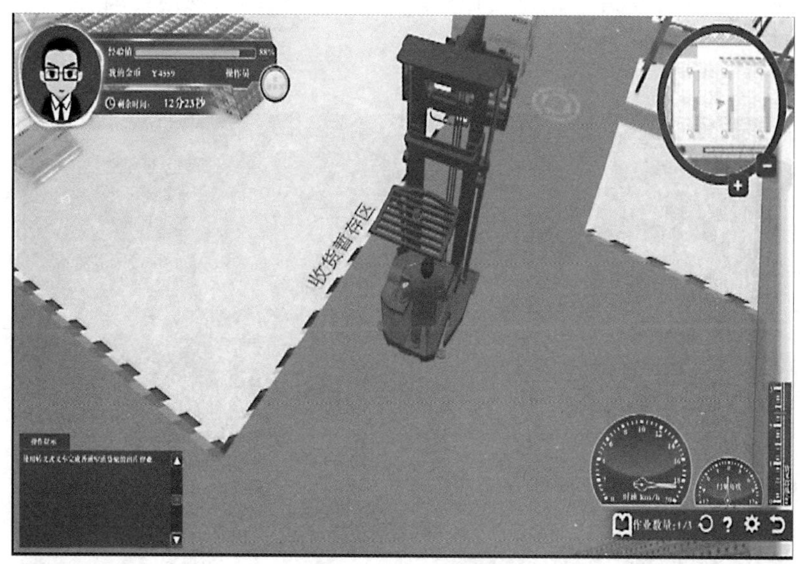

图 3－20 运送货物

将货物放置在指定的区域，如图 3－21 所示。

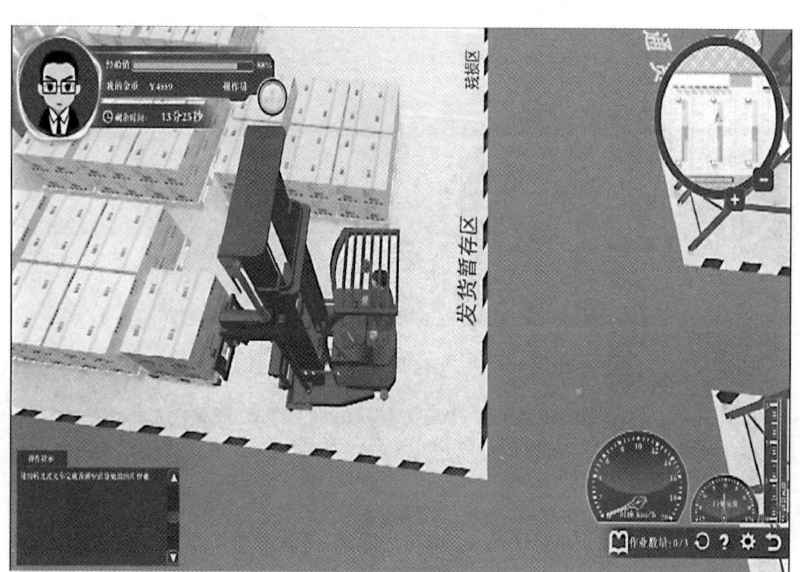

图 3－21 放置货物

成功放置之后，沿着路径去叉取下一个货物，操作方式与前面相同。

5. **龙门吊作业**

操作按键说明：

数字 1：第三人称视角；数字 2：龙门吊车子里面的视角；A，D：左右移动起重吊钩；W，S：上下移动起重吊钩；Z，X：前后移动龙门吊；Q：伸长起重吊钩的长度；

E：缩短起重吊钩的长度；空格：当起重吊机吻合货物的时候，按下空格吸附住货物，或者松开货物。按下鼠标并且滑动可以转动视角，滚轮缩放视角距离。

用龙门吊抓取货物，如图 3－22 所示。

图 3－22　龙门吊抓取货物

按下 2 键切换视角，如图 3－23 所示。

图 3－23　舱内视角 1

将货物放置到指定位置，也就是车子上，就能成功完成这次任务。

6. **桥吊作业**

操作按键说明：

数字 1：第三人称视角；数字 2：龙门吊车子里面的视角；A，D：左右移动起重吊钩；W，S：上下移动起重吊钩；Z，X：前后移动龙门吊；Q：伸长起重吊钩的长度；E：缩短起重吊钩的长度；空格键：当起重吊机吻合货物的时候，按下空格键吸附住货物，或者松开货物。按下鼠标并且滑动可以转动视角，滚轮缩放视角距离。

用起重吊机抓取在车子上的货物，将货物放置到指定位置，如图 3－24 所示。

图 3－24　货物放置到指定区域 3

按下 2 键切换视角，如图 3－25 所示。

图 3－25　舱内视角 2

当箱子放置到指定位置之后结束任务。

3.4 思考题

1. 物流运输主要应用哪些基本设备?
2. 简述电动地牛作业的基本环节有哪些。
3. 简述平衡式叉车作业的基本环节有哪些。

本章小结

本章介绍了物流运输设备的相关背景知识，着重介绍了物流运输设备中电动地牛、平衡式叉车、夹抱式叉车、转叉式叉车、龙门吊、桥吊等设备的业务流程并设计了模拟实验。通过本章的学习，学生能够加深理解和认识物流运输设备。

4 订单处理仿真模拟实训

4.1 背景介绍

订单处理是企业物流系统的重要环节，对于客户的订单在经过研究分析，产销协调后，须妥善处理。如果订单处理不当，轻者引起客户抱怨，降低企业形象，重者导致内部生产秩序混乱，甚至导致客户流失。

订单，即企业采购部门向供应商发出的订货凭据（包含成品、原材料、燃料、零部件、办公用品、服务等全部采购过程）。

由于订单类型可以指定处理规则和订单分录默认值，因此系统在输入订单和退货单时，会要求这些订单类型。将订单周期分配至每个订单类型，以控制订单处理并提供此订单类型的默认值。

为订单类型定义的值可默认为分配订单类型时的订单，这取决于定义标准值规则集的方式。您可以将标准值规则集附加至订单类型。

4.1.1 订单管理①

订单管理是客户关系管理的有效延伸，能更好地把个性化、差异化服务有机地融入客户管理中去，能推动经济效益和客户满意度的提升。订单供货的目的，是品牌能让客户自由选择，货源安排做到公开透明，产品能更加适应和满足消费者的需要。其业务流程的变化首先体现在企业客户经理的工作上。客户经理对辖区内客户需求预测和具体订单是否准确，不但关系到工业企业和零售户对公司的满意度，更关系到按客户订单组织货源这项工作能否顺利开展。

订单管理是一个常见的管理问题，包含在公司的客户订单处理流程中。由于客户下订单的方式多种多样、订单执行路径千变万化、产品和服务不断变化、发票开具难以协调，这些情况使得订单管理变得十分复杂。订单管理可用来发掘潜在的客户和现有客户的潜在商业机会。订单取决于需求，订单管理就是处理订单。

1. 订单管理种类

为了提高订单管理的效率和协同工作，订单管理的信息化已经成为一种趋势，ERP（企业资源计划）和 CRM（客户关系管理）软件都会涉及订单管理。

---

① 吕春华. 商业企业如何做好订单管理工作［J/OL］.［2006－4－13］. http：//www. etmoc. com/market/look/ist. asp？ id＝4351.

需要管理的订单主要有：销售订单管理，采购订单管理，样品单的管理。

由于涉及的财务处理方式的不同和物流的方向不同，订单管理的重视程度也不同。

2. **渠道管理**

订单管理可以说是渠道管理中的核心内容，是供应链管理中信息流体现最为明显的环节，牛鞭效应的影响程度与订单管理的能力有紧密的关系，通过层层环节的销售预测之后，企业得到的订单信息会逐渐放大，进而形成牛鞭效应，负面影响在流通渠道中会积存大量的产品，造成更大的风险。

在产品订购、产品询报价、销售退货等管理流程中，供应链管理的思想会把这些业务内容考虑得更为周全，解决多个层次之间的价格信息沟通、利润、利润分配、预测评估等方面可能出现的问题，为企业间的合作建立好决策和谈判模型，在特定的供应链体系中的企业关系，应该能够从这些信息中，找到好的合作模式来提升企业的竞争力。

供应链管理体系中，对于市场需求计划有更全面的数据基础，能够有效地对存在于销售渠道中的订单情况进行综合平衡管理，调节市场反应。市场需求计划的数据基础不再只是存在于相邻企业之间，可以包括整个供应节点，形成综合的预测分析计划。

整体的订单管理体系，也能更好地预测到利润情况，在适当的时机采取有利于整体发展的结算体系，及时安排促销手段来平衡企业间的供应关系，变被动为主动。

3. **电子商务**

随着电子商务的发展，针对电商的订单管理软件受到越来越多的重视。e 商在线、淘管、网店管家、e 店宝是业内应用最广泛的几大电子商务后台系统。这些系统一般以订单处理为主线，进销存为核心，涵盖了 CRM、WMS（仓储管理系统）、SCM（软件配置管理）、办公 OA（自动化）、售后服务等业务模块。系统可以无缝接入淘宝、拍拍等主流电子商务平台，日处理能力 10 万单以上。

4. **订单流程**

订单流程主要体现在以下五个环节：

（1）用户下单环节。

用户下单环节，是指前台顾客即会员浏览商城网站进行商品的挑选并提交订单。系统提供在一定的时间范围内即在会员订单提交至后台管理员还未对订单进行确认操作这段时间内，允许会员自行修改、取消自己的订单等订单管理相关操作。

（2）确认订单环节。

会员订单提交到商城系统后，商城系统管理员对订单的数据信息进行确认，确认的方式通过电话联系会员进行。确认的内容主要包括会员填写的收货地址是否真实有效、商品配送等相关情况。系统提供管理员对订单进行确认有效与无效的操作处理，无效的订单管理员可以直接取消。会员订单如果已经进行确认，将不能再进行修改。

（3）分配订单环节。

订单进行确认有效后，商城管理员将分配订单到物流配送部门或人员进行备货、出货的处理。订单的配送是通过线下进行的。商城管理员根据线下的配送情况修改商城网上订单的配送状态进行标识。

（4）订单收款环节。

订单的收款环节，主要是根据货到付款、款到发货两种类型进行处理。

收款的情况一般是通过财务人员对确认有效的订单进行货款情况确认，如果是货到付款的订单，财务人员将根据配送人员的反馈进行修改订单的收款状态，如果是款到发货的订单，财务人员可以通过邮局的汇款情况、银行账号到账情况进行确认订单的收款状态。

订单收款的环节在整个订单处理流程中是一个独立的环节，它不依赖于其他任何环节，只要是确认有效的订单，财务人员即可对其收款情况进行跟踪处理。

（5）发运订单环节。

发运订单是真正的配送订单过程。系统提供商城管理员进行网上会员订单出货情况的标识修改，在商城系统可以将订单的处理过程视为完成阶段。

4.1.2 销售订单管理

销售订单不仅是销售业务的业务处理源，更是工业系统整体的起源单据和最终目标，可以实现以销订产、以销售订计划、以销订购等多种业务模式，因而在整个系统中处于核心地位。

销售订单管理主要是订单执行的管理，即对订单情况的记录、跟踪和控制，包括针对销售合同的执行；控制订货价格、数量和客户、业务员信用管理；随时对订单完成情况的跟踪、控制订单的实际执行；根据实际补货情况实现追加执行订单；进行比较并显示订单执行差异，并通过业务和分析报表进行订单执行情况的反映。如果企业有集团内部的购销业务，还要包括集团内部销货或调拨订单的执行情况。

4.1.3 采购订单

采购订单是企业根据产品的用料计划和实际能力以及相关的因素，所制订的切实可行的采购订单计划，并下达至供应商执行，在执行的过程中要注意对订单进行跟踪，以使企业能从采购环节中购买到企业所需的商品，为生产部门和需求部门输送合格的原材料和配件。

采购业务的目标，一是满足对物料的需求，二是降低成本，三是满足质量，质量是采购业务能够发生的前提条件。在采购管理中还有一个重要管理内容，那就是如何做内控，因为采购往往是企业花钱最多的部门，内控做得不好，最终影响产品成本和质量。

订单分配是采购管理的一个核心问题，也是一个难题，因为分单需要综合平衡内外各种关系以实现采购业务目标，同时还要加强内控。假设采购一种物料 N 吨，有三个供应商 A、B、C，如何给三个供应商分配采购量。以下做法值得参考借鉴。

（1）80/20 方法。绝大部分给 A 企业（例如 80%），另外小部分给 B 企业，或者 B、C 企业；这样做的好处是绝大部分订单量给 A，可以获得批量经济折扣，获得更低成本。B、C 作为培养关系的供应商，在 A 出问题时可以快速补充，相当于备份的大供应商，可以避免供应中断。

这种操作方式存在一种内控上的难题，最大的采购量到底给哪一家？面向各个供应商采购不同的量，采购价格如何确定？供应商可以通过向采购决策人公关以获取最大的采购量，而供应量小的供应商也可以公关获得好的采购价格，因为量不一样，价格和采购量大的不能完全比较。实际上大小供应商都有发挥空间。

解决的方法：通过供应商评估确定优先供应商、备份供应商，明确优先供应商和备份供应商的量的分配比例原则，减少了第一层次的内控（不过，这需要定期评估，以评估小组操作）；第二层次的内控，那只有参考市场价格了，很难内控；或许可以通过对采购人员整体部门 KPI 的相关考核来加强内控，比如考核年采购成本降低金额等。

（2）平分方法。一些企业的分单策略是平分：采购订单在三个供应商之间平分，这是一个非常简单的处理原则，很容易操作，很容易检查。

操作过程：采购量在三个供应商之间平分。在了解市场价格基础上，和三个供应商谈判价格，取三个供应商价格最低者，要求另外两家也达到最低价格（因为别的供应商能够达到，要求你达到这个价格是合理要求）。在谈判中的策略是："A 供应商已经做到 10 元了，B 供应商也应该可以做到 10 元。"在和 B 谈判妥当的时候，三家供应商一起签订合同，和三家供应商价格大家都能够看到，有一定的透明性，证明不是压价策略。这种谈判最多做一轮，不会重复要求供应商压价。出价高的供应商晚获得订单，如果不降价，失去订单也是可能的。

策略分析：这样做的原因是为了加强内控。采购内控主要有两点：一是决定哪个供应商可以入围成为合格供应商，另外一个是分单多少。入围合格供应商是产品开发部门确定的，一次性的；分单是经常性的，是内控重点。采取平分原则，则使得分单透明化，供应商不用公关，可以减少公关成本，消除一个在订单数量分配上的内控问题。其次三个供应商均要求实现最低价，消除在价格上的内控问题。如果供应商在数量和价格上均是凭实力，不需要公关，那么成为企业的合格供应商也需要凭实力，即使不能完全消除第一个方面内控问题（成为合格供应商）也关系不大，毕竟只是一次性的事情。

看来，这种貌似不好的分单策略（不能获得规模效益），还有深刻的内控优势，也是一个不错的策略。当然，应用这个策略的企业还未规范开展供应商管理，假如有规范的供应商管理，这是否是为一种好的策略，值得探讨。①

4.1.4 样品订单

样品订单（Sample Orders）客户希望相关企业能做出以前从未做过的东西，向相关企业发出样品订单，选择满意的企业，其中根据协商，样品订单分为收费的和不收费的，大部分是需要收费的。相对一般订单来说，对样品形状、重量、BOM（Bill Of Material，物料清单）结构等有严格要求。

样品订单销售，即卖家通过"出售样品，提供低价购物体验"的方式，以接近成本的样品价格单件促销，实现低价购物体验，买家通过完成一张满意的样品订单，从而促进以后重复大量购买的行为。为保障产品质量、降低交易风险，通过样品订单，帮助买家找到最可靠货源。

---

① 种美香. 采购与供应管理实务［M］. 北京：清华大学出版社，2012.

随着国际市场细分，满足客户多种需求显得尤为重要。越来越多的客户对产品及服务质量非常重视，批发带来的另外一个制约就是对起订量的要求，并不是所有的客户都能在第一次下单的时候就批量采购（传统贸易中，确认样品是整个订单产生关键的步骤）。因此，对一些质量比较轻，价格比较低的产品，我们可以提供一种更为人性化的服务：第一个订单，或者称之为样品订单，数量较小时，利用类似于 HK Post（香港邮政小包）这种低廉的物流方式，做到样品的价格与批发的价格相差无几，从而大大提高客户的购买比例。新卖家在没有经验及好评的情况下，采用样品订单的销售模式，能迅速脱颖而出。

4.1.5 订单管理系统

接受客户订单信息，以及仓储管理系统发来的库存信息，然后按客户和紧要程度给订单归类，对不同仓储地点的库存进行配置，并确定交付日期，这样的一个系统称为订单管理系统。

1. 系统概述

订单管理系统（OMS）是物流管理系统的一部分，通过对客户下达的订单进行管理及跟踪，动态掌握订单的进展和完成情况，提升物流过程中的作业效率，从而节省运作时间和作业成本，提高物流企业的市场竞争力。

订单管理系统的主要功能是通过统一订单提供用户整合的一站式供应链服务，订单管理以及订单跟踪管理能够使用户的物流服务得到全程的满足。订单管理系统是物流管理链条中不可或缺的部分，通过对订单的管理和分配，使仓储管理和运输管理有机的结合，稳定有效地实现物流管理中各个环节发挥的作用，使仓储、运输、订单成为一个有机整体，满足物流系统信息化的需求。

订单管理是对商户下达的各种指令进行管理、查询、修改、打印等功能，同时将业务部门处理信息反馈至商户。订单管理系统一般包括：订单处理、订单确认、订单状态管理（包括取消、付款、发货等多种状态，以及订单出库和订单查询）等。

2. 基本功能

（1）订单管理。

系统可实现单次及批量订单，订单管理与库存管理相连接，并且在下订单时有库存预警及提示功能，订单管理同时与客户管理相连接，可查询历史订单情况以及订单的执行情况。

（2）经销商管理。

系统以企业的销售渠道建设为重点，对供应链中的信息流、物流和资金流进行系统规划，全面实施过程监控，加强企业与销售商之间业务的紧密合作，通过规范经销商内部的业务流程提高其资源管理方面的能力，同时向客户提供全方位的销售体验和服务。

（3）仓管管理。

仓库管理以条码为数据源，使用数据采集终端扫描条码标识，进行数据采集。系统从级别、类别、货位、批次、单件等不同角度来管理库存物品的数量，以便企业可以及时了解和控制库存业务各方面的准确情况，有效地进行产品物流监控。

（4）销售费用管理。

销售费用都花到哪里去了？不少企业的市场负责人都在为这个问题而苦恼，甚至投入了大量经费用于渠道和终端建设，但是收效却微乎其微。销售费用管理可以为企业建立一套完善的销售费用管理体系，帮助企业把费用控制到合理范围内。

（5）费用预算及考核。

企业财务预算的监控就是在财务预算执行过程中对预算执行情况所进行的日常监督和控制。通过预算监控发现预算执行的偏差，对企业各责任中心预算执行结果的考核，是保证财务预算管理体制发挥作用的重要手段和环节。

（6）直供客户结算。

统计报表和直供客户的对账单都可以自动生成 Excel 电子表格文件，避免了大量烦琐的计算和文件格式转换。对账单能够明确地反映每个直供客户的款项明细。

3. 订单管理系统的优点

企业的订单管理是涉及企业生产、企业资金流和企业经营风险的关键环节。订单管理是企业管理中的源头管理。实施了订单管理信息系统后，企业的管理将迈上一个新的台阶。主要的优点如下：

（1）该系统投资少，数据和系统安全性好，准确、及时、便利，减少了大量的简单重复劳动，节约了纸张、人力、通信费用和时间。

（2）该系统是根据订单批准量决定出库量。出库量“不允许大于订单的批准量”，通过严格的流程和额度控制，可较好地规避企业经营风险；减少应收账款的额度，减少企业的资金压力。

（3）通过客户的信息表和绩效信息表，各级管理者可随时掌握全国客户的情况。避免业务人员的“暗箱操作”以及由于业务人员的流失造成公司客户流失现象的发生。

（4）货款得到了有效控制。通过及时核对客户和公司间的货款，维护客户和公司利益，避免虚报业绩、截留货款现象的发生。

（5）通过各品种的订货量、出库量和返货量的对比，进一步分析产生差异的原因，分析经营中的问题。可及时调整经营策略，减少可控的损失。

4.2 实训目的与要求

学生能学会正确填写订单、依次确认货物数量、送货日期、客户信用、订单形态，建立客户档案以及订单状态的跟踪。

4.3 实训内容与步骤

4.3.1 任务背景

北京京客隆商业集团股份有限公司（以下简称“京客隆”）以经营日用消费品零

售及批发业务为主，集社区购物中心、大卖场、综合超市、便利店四种零售经营业态为一体。京客隆拥有280家零售网点，营业面积30余万平方米，遍及北京市16个区县及河北廊坊地区。自建常温和生鲜两个现代化配送中心，有效支撑零售业务的拓展。

本系统的配送中心选自位于朝阳区双桥中路的常温配送中心，选取北京市东城区、西城区、朝阳区、石景山区、丰台区、通州区和海淀区这七大区域中的50个卖场和20种商品作为系统案例数据源。教师通过教师端下达一个随机生成的简单模式下的配送订单，生成实训任务，用户需要切换角色完成整个实训任务。

2016年×月×日8：00京客隆配送中心客服人员接到一个或多个分店的需求订单，订单信息如表4－1所示，要求今天必须送达。配送中心的相关人员处理该分店的订单，按时将正确数量、正确品类的货物送达分店收货人手中。

表4－1　　京客隆××店订单详情

客户名称	地址	所属区域	订单详情			收货人	联系方式	收货人账号
			货物名称	数量（箱）	重量（kg）			

说明：除订单处理外，实训任务线路规划与车辆调度、模拟配载、拣货装车、车辆监控等同样以此为背景，后续将不再说明。

4.3.2　任务实训

京客隆各分店的采购员在早上8:00打电话、发邮件向配送中心下达订单，要求当天将货物送到。客服人员接到相应订单后，要对其进行记录并录入配送运输管理系统。

步骤1：在角色选择界面，根据配送流程图选择第一个流程的操作员——客服，单击【确认选择】按钮即可进入下一步，如图4－1所示。

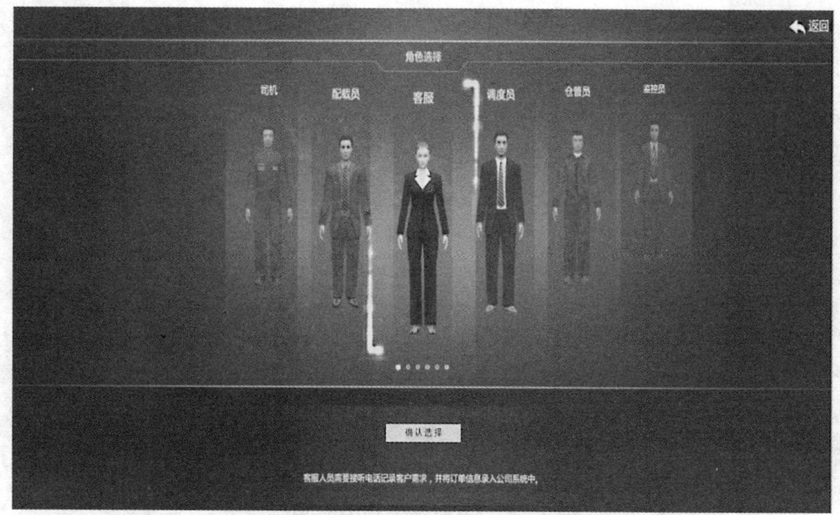

图4－1　选择【客服】界面

步骤2：界面弹出任务背景描述，如图4－2所示，单击【查看流程图】按钮即可弹出配送流程图界面。

图4－2　“任务背景”描述界面

步骤3：在图4－3所示的配送流程图界面，单击【下一步】按钮即可弹出进入配送中心界面。

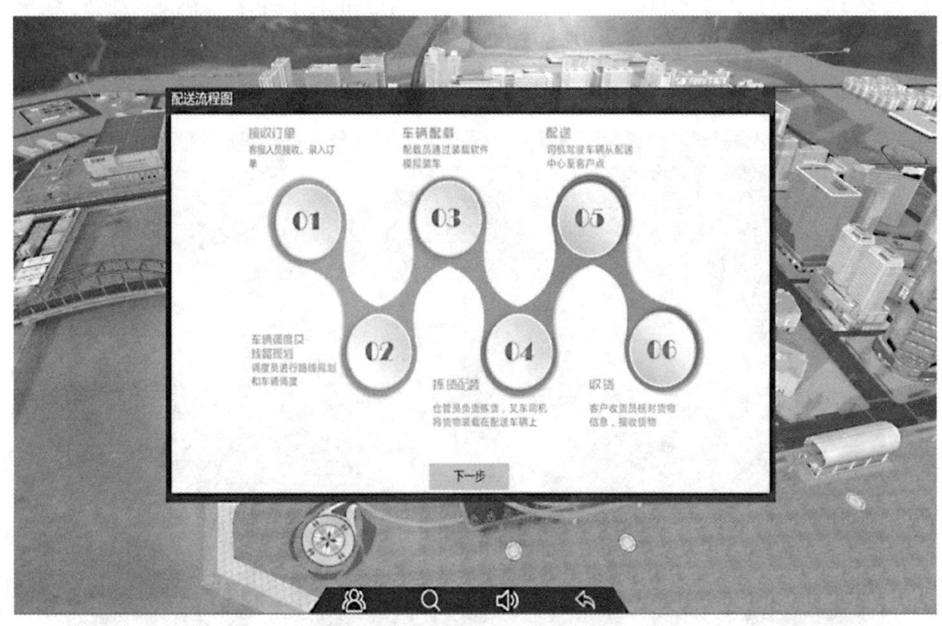

图4－3　“配送流程图”界面

步骤4：根据操作提示，单击【配送中心】链接即可进入下一步，如图4-4所示。

图4-4　进入配送中心

步骤5：根据操作提示，单击【办公室】链接即可进入下一步，如图4-5所示。

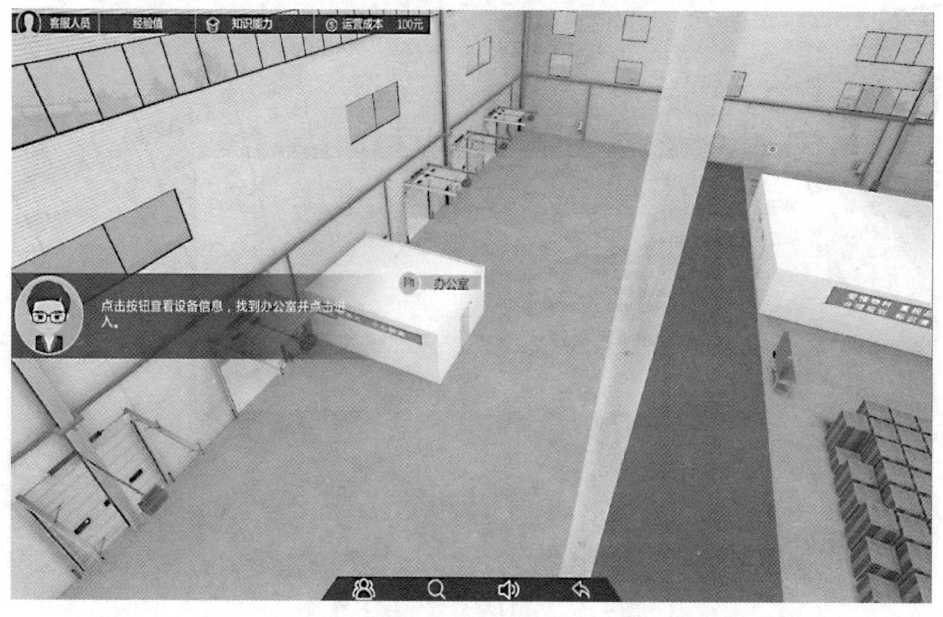

图4-5　进入办公室

步骤6：根据系统提示，单击文件框中的书本（见图4-6）即可进入知识点学习界面。

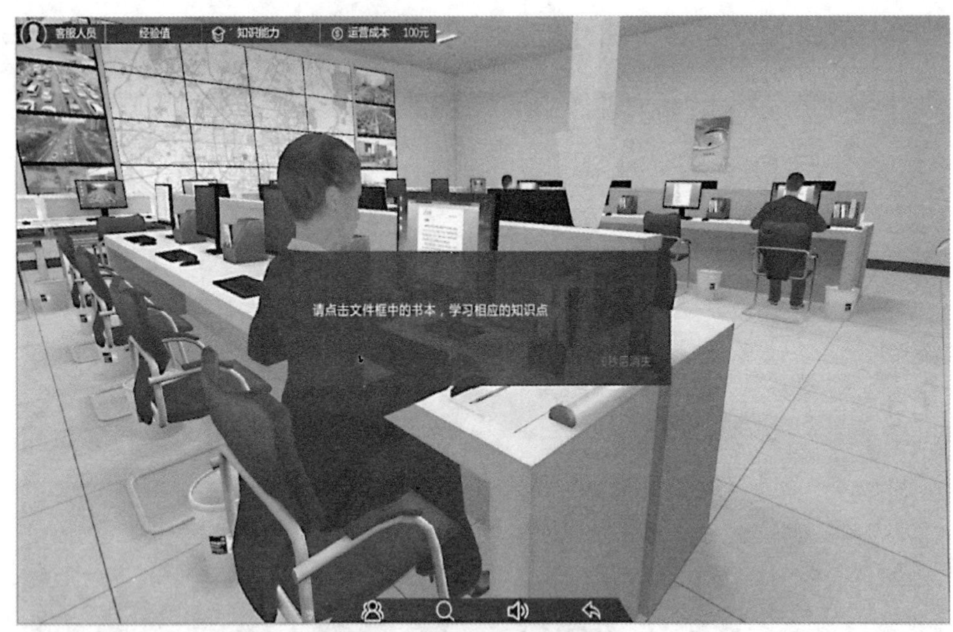

图 4 -6　客服人员办公场景 1

步骤7：在订单管理学习界面，可以通过右侧的滚动条学习整个知识点，如图4 -7所示，单击【下一步】按钮即可进入考核题界面。

图 4 -7　“订单处理”学习界面

步骤8：在考核题界面，选择C后单击【提交】按钮，(备注：如果选择正确，系统则弹出“恭喜你，回答正确”；如果选择错误，系统则弹出“回答错误，请重新作答”，直至回答正确且系统提示消失后才可回答下一个考核题。）如图4－8所示。

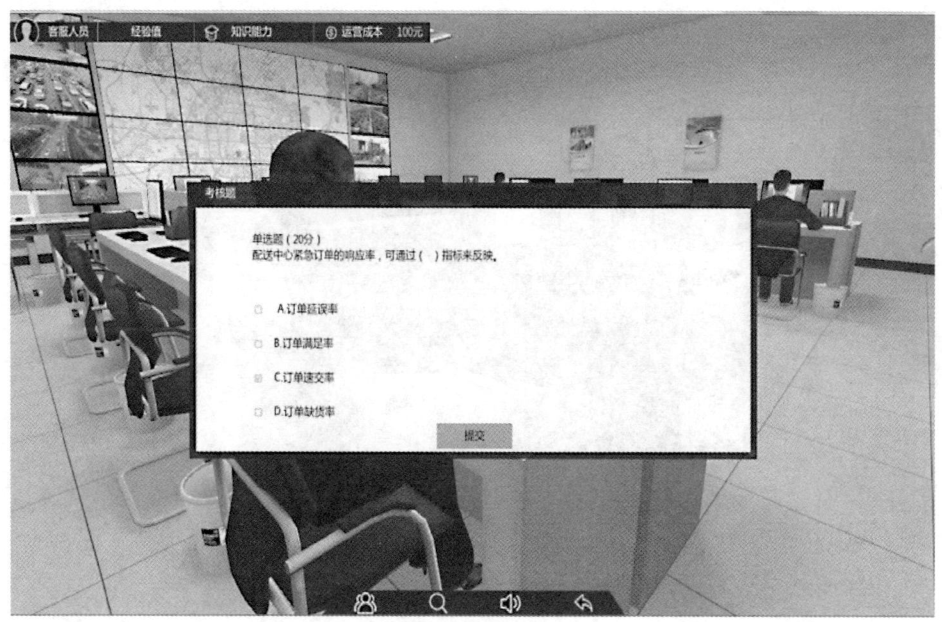

图4－8　选择题考核

步骤9：在弹出的判断题界面中，选择错误，单击【提交】按钮，如图4－9所示，系统弹出正误提示，提示消失后，进入下一步操作。

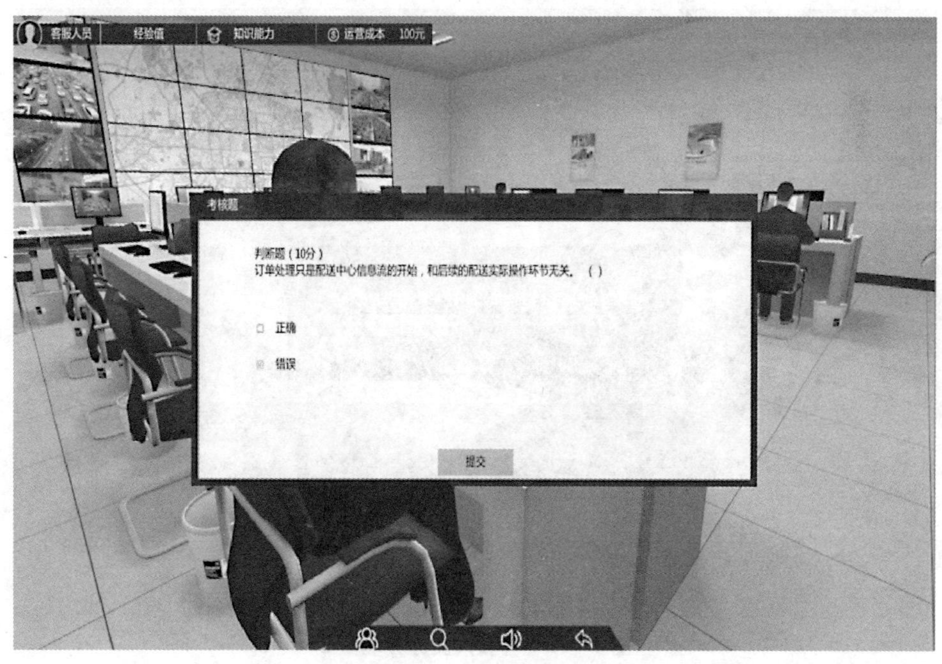

图4－9　判断题考核

步骤10：系统弹出流程提示，待提示消失后即可进入下一步，如图4－10所示。

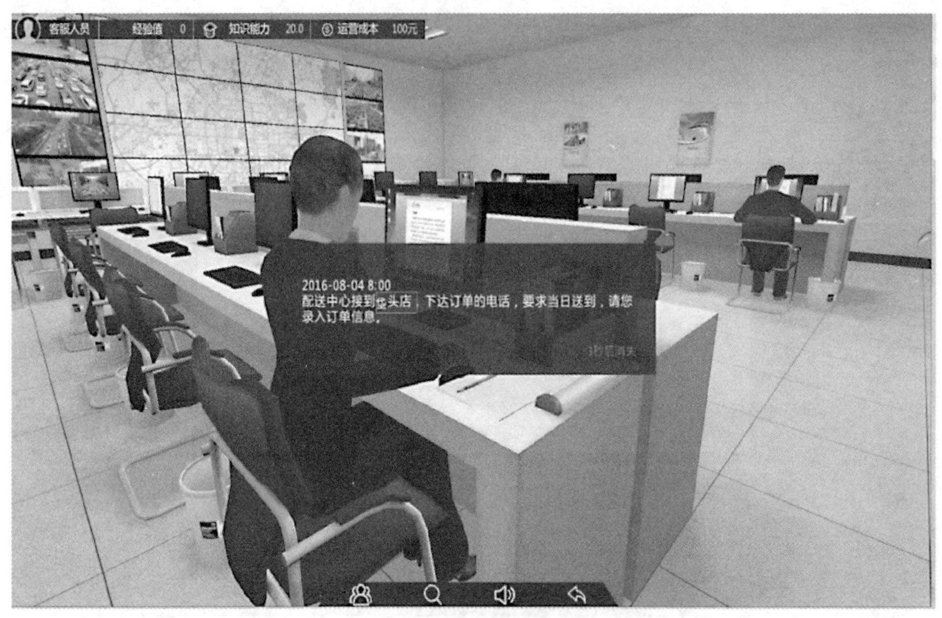
客服人员
经验值 0
知识能力 20.0
运营成本 100元
2016-08-04 8:00
配送中心接到华头店，下达订单的电话，要求当日送到，请您录入订单信息。

图4－10　流程提示界面

步骤11：根据系统弹出的流程提示，单击【确定】按钮后，单击绿色箭头处的电脑即可进入客服电脑主界面，如图4－11所示。

客服人员
经验值 0
知识能力 20.0
运营成本 100元
点击电脑，根据刚才学到的知识和日常积累，完成您的任务
确定

图4－11　客服人员办公场景2

步骤12：单击电脑屏幕上的【配送运输管理系统】图标，即可进入系统主界面，

如图 4 – 12 所示。

图 4 – 12 【配送运输管理系统】图标

步骤 13：单击【订单管理】下的【配送订单】选项，即可进入配送订单界面。在弹出的配送订单界面上出现“客户需求”对话框（单击☒按钮可关闭该对话框），如图 4 – 13、图 4 – 14 所示，单击界面中的【新增】按钮即可进入输入界面。

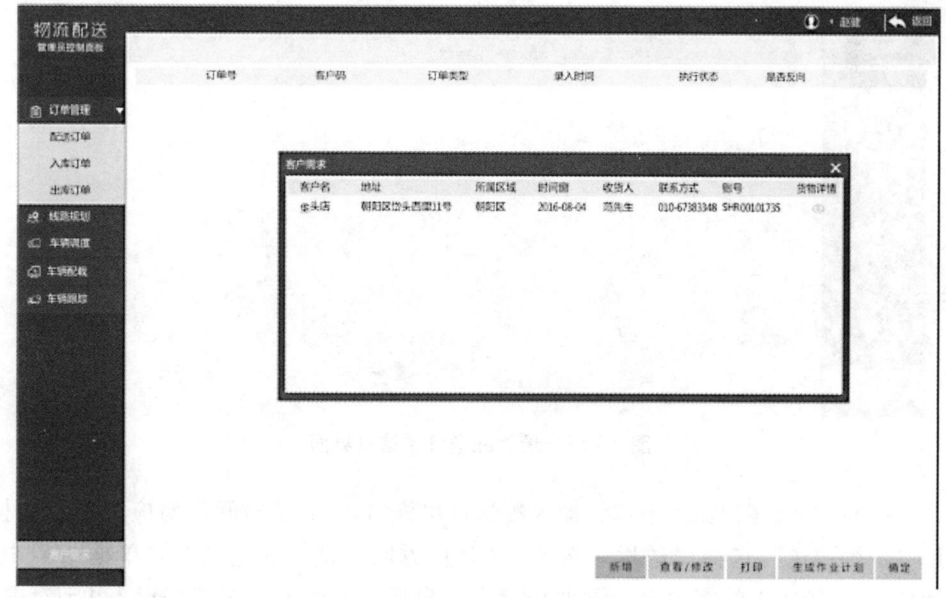

图 4 – 13 “客户需求”对话框

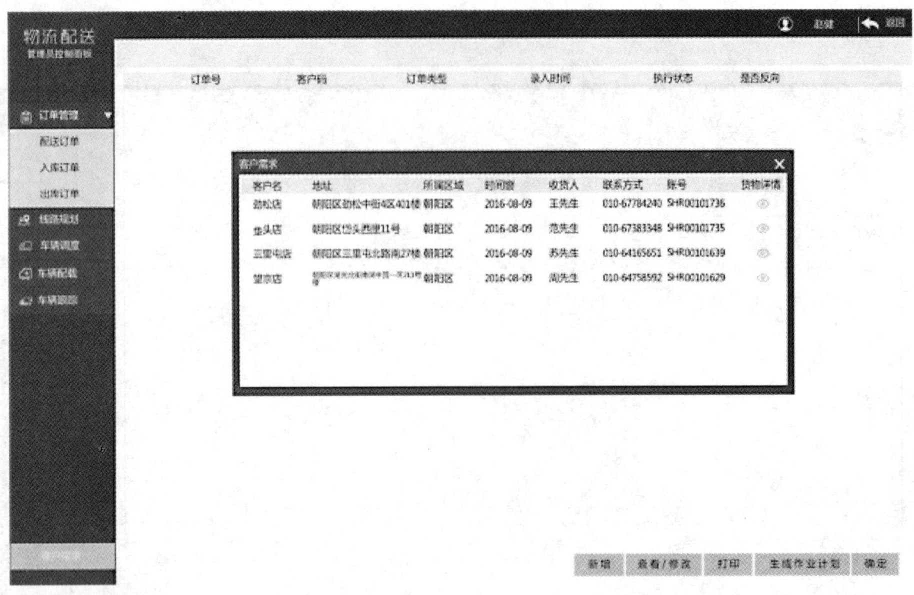

图 4 – 14　多个客户需求对话框

步骤 14：界面中标 * 的为必填项，要求用户根据客户需求录入配送订单，如图 4 – 15 所示。

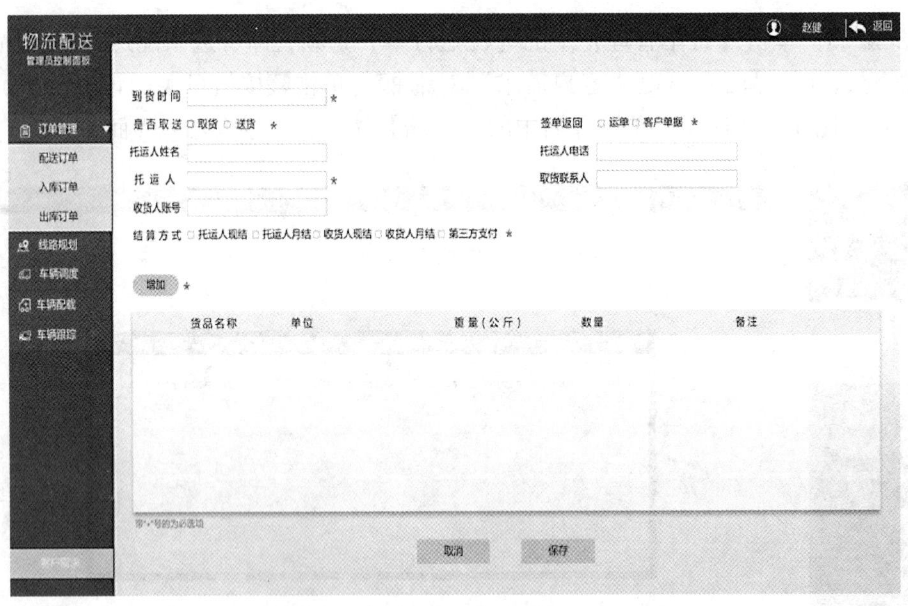

图 4 – 15　录入配送订单信息界面

步骤 15：根据客户需求清单，输入配送订单详情。“到货时间”对应客户需求上的时间，“是否取送”选择“送货”选项，“运单返回”选择的是“客户单据”，“托运人”对应客户需求上的客户名，添加托运人信息后，托运人姓名、托运人电话、取货联系人、收货人账号均自动弹出，“结算方式”是“托运人月结”，如图 4 – 16 所示。

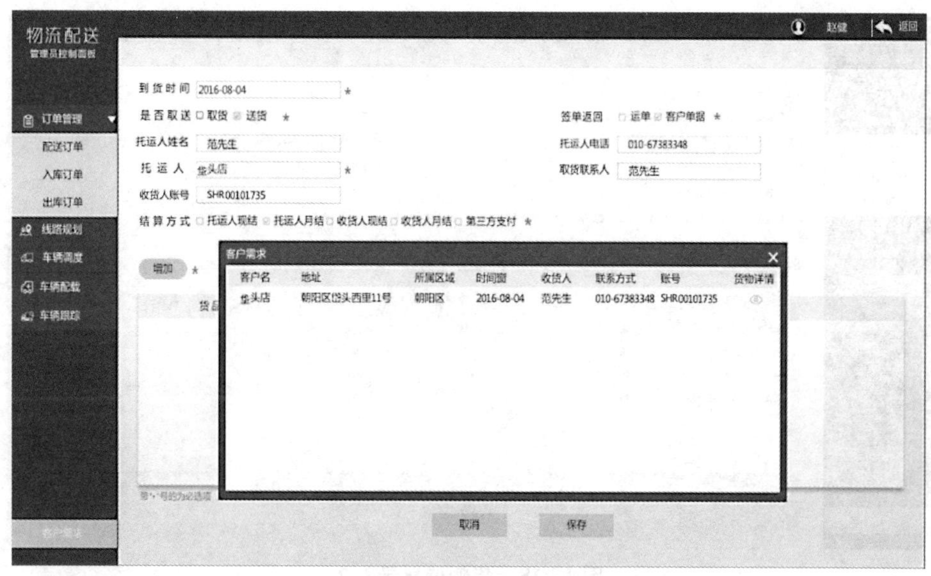

图 4－16 信息录入

步骤 16：订单的下方是订单货物信息，单击【增加】按钮即可弹出一行货品信息，单击客户需求上货物详情即可显示该订单上所有货物信息，将其逐一输入进去即可，全部填写完成后，单击【保存】按钮即可完成一个分店配送订单的输入。如果有多个分店的订单，即可继续单击【增加】按钮，直至所有配送订单录入完成，即可进入下一步，如图 4－17、图 4－18 所示。

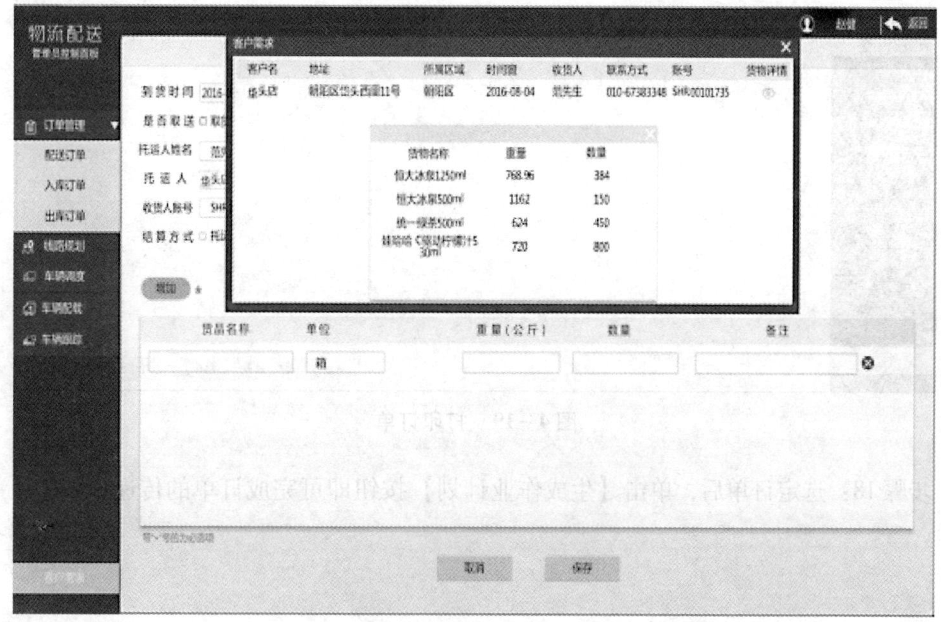

图 4－17 货物信息录入 1

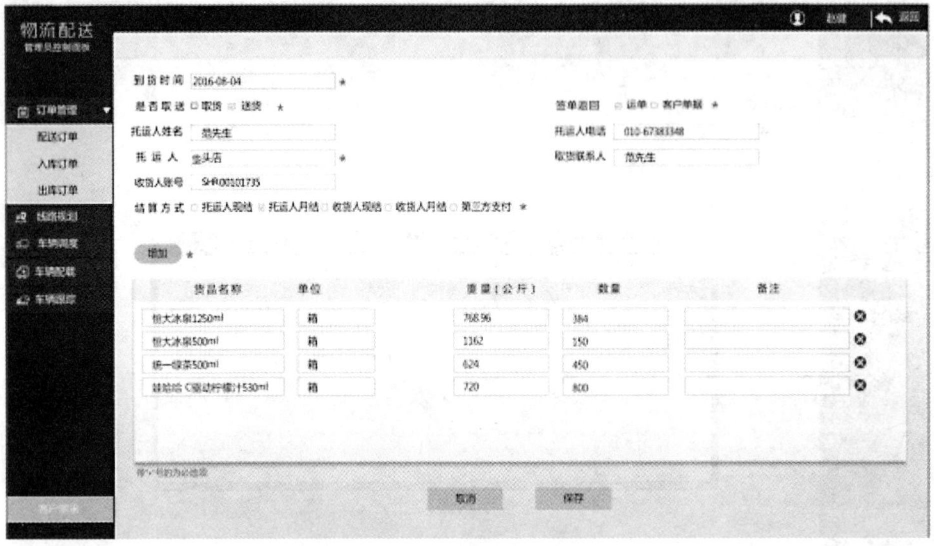

图 4－18　货物信息录入 2

步骤 17：单击订单号前面的复选框，再单击【打印】按钮即可完成打印订单。如果有多个订单需要一个一个处理，如图 4－19 所示。

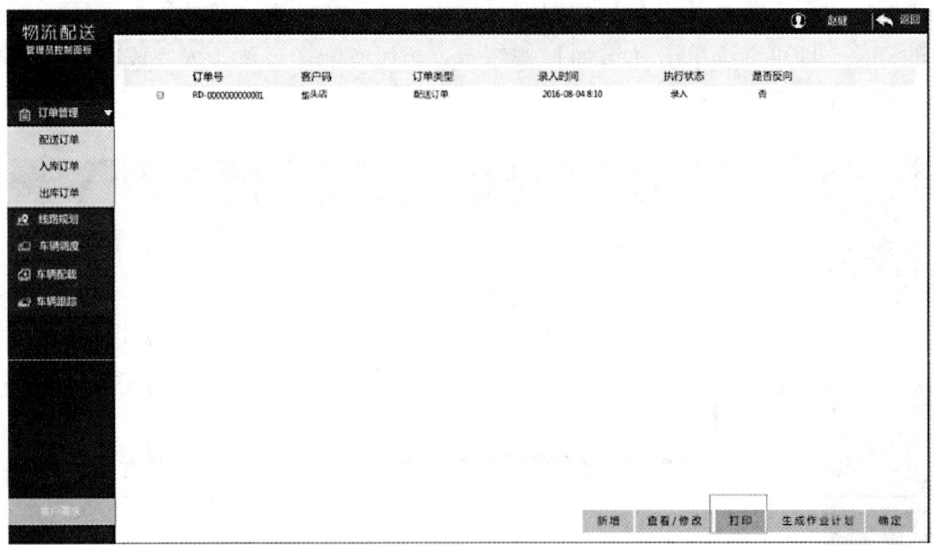

图 4－19　打印订单

步骤 18：选定订单后，单击【生成作业计划】按钮即可完成订单的传递，如图 4－20 所示。

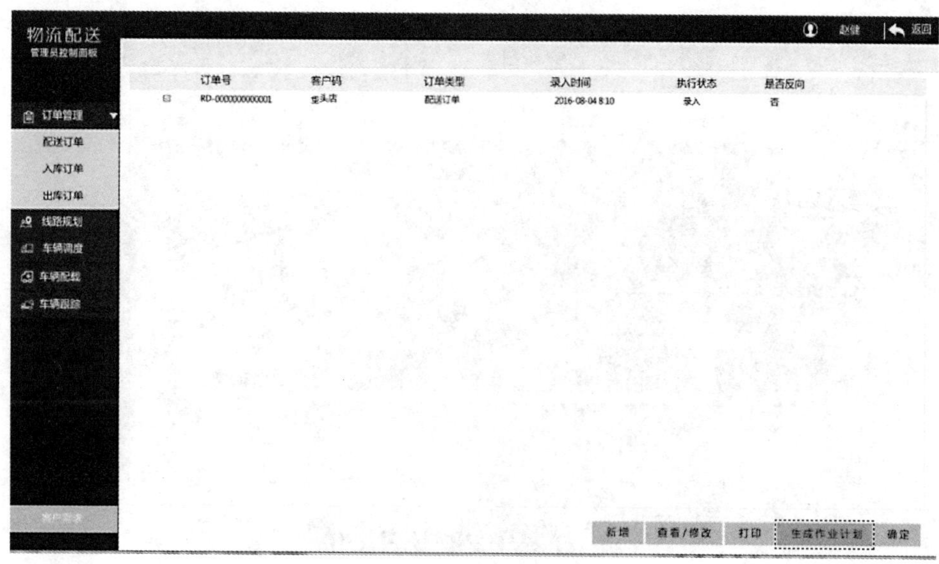

图 4－20　完成订单传递

步骤 19：生成作业计划后，配送订单录入界面上该条记录消失，单击【确定】按钮后，界面上弹出系统提示，提示消失后，即可进入下一步，如图 4－21 所示。

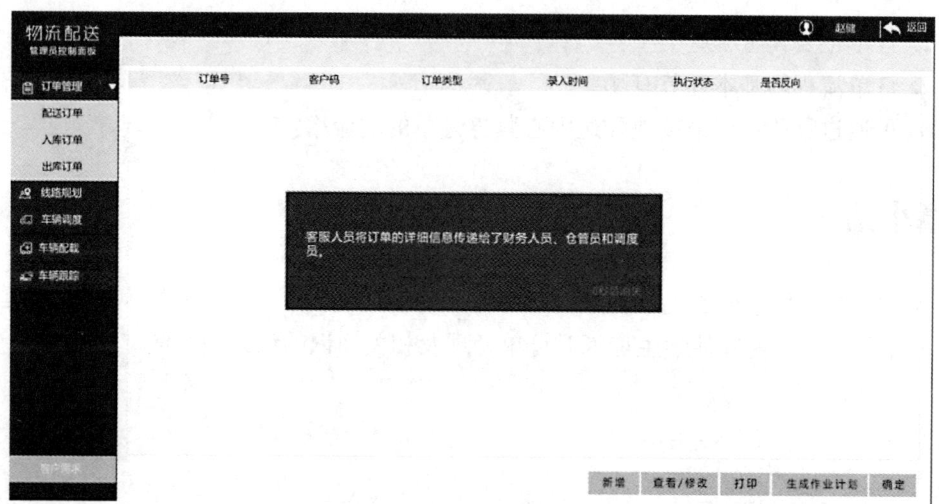

图 4－21　系统提示信息界面

步骤 20：界面中出现阶段任务完成的提示，同时左上角的角色技能也发生相应变化，如图 4－22 所示，单击【切换角色】按钮即可跳转至角色切换界面。

图 4－22　切换角色界面

4.4　思考题

1. 订单主要具有哪些类型?
2. 订单流程的基本环节有哪些?
3. 可通过哪些指标来反映配送中心紧急订单的响应率?

本章小结

本章介绍了订单处理的相关背景知识，并设计了关于订单处理的模拟仿真实验。通过本章的学习，能够使学生加深对订单处理及相关知识的认识与了解。

5 线路规划与车辆调度仿真模拟实训

5.1 背景介绍

5.1.1 配送路线的概念

配送路线是指各配送车辆向各个用户送货时所要经过的路线。配送路线优化是整个配送网络优化的关键环节。合理规划配送路线对配送成本的影响要比一般运输大得多，所以必须在全面计划的基础上，制订高效的运输路线，选择合理的运输方式和运输工具。

5.1.2 确定路线

配送路线合理与否对配送速度、车辆的合理利用和配送费用都有直接影响，因此配送线路的优化问题是配送工作的主要问题之一。采用科学合理的方法来确定配送路线是配送活动中非常重要的一项工作。①

（1）确定目标。

目标的选择是根据配送的具体要求、配送中心的实力及客观条件来确定的。配送线路规划的目标可以有多种选择。

①以效益最高为目标，指计算时以利润最大化为目标。

②以成本最低为目标，实际上也是选择了以效益为目标。

③以路程最短为目标，如果成本与路程相关性较强，可以选它作为目标。

④以吨千米数最小为目标，在“节约里程法”的计算中，采用这一目标。

⑤以准确性最高为目标，它是配送中心重要的服务指标。当然还可以选择运力利用最合理、劳动消耗最低作为目标。

（2）确定配送路线的约束条件。

一般配送的约束条件有以下几项：

①满足所有收货人对货物品种、规格、数量的要求。

②满足收货人对货物送达时间范围的要求。

③在允许通行的时间段进行配送。

---

① 吴健．现代物流学［M］．北京：北京大学出版社，2010.

④各配送路线的货物量不得超过车辆容积和载重量的限制。

⑤在配送中心现有运力允许的范围内。

5.1.3 确定方法

选择配送路线的方法有许多种，以下是几种常见的选择方法。①

1. 经验判断法

经验判断法是指利用行车人员的经验来选择配送路线的一种主观判断方法。一般是以司机习惯行驶路线和道路行驶规定等为基本标准，拟订出几个不同的方案，通过倾听有经验的司机和送货人员的意见，或者直接由配送管理人员凭经验做出判断。这种方法的质量取决于决策者对运输车辆、用户的地理位置和交通线路情况掌握的程度，以及决策者的分析判断能力与经验。这种方法尽管缺乏科学性，易受掌握信息详尽程度的限制，但运作方式简单、快速、方便。这种方法通常在配送路线的影响因素较多，难以用某种确定的数学关系表达，或难以以某种单项依据评定时采用。

2. 综合评价法

综合评价法即能够拟订出多种配送路线方案，并且评价指标明确，只是部分指标难以量化，或对某一项指标有突出的强调与要求，而采用加权评分的方式来确定配送路线。

综合评价法的步骤为：①拟订配送路线方案；②确定评价指标；③对方案进行综合评分。

5.1.4 影响因素

1. 客观因素

（1）各个路段允许通行的时间限制。

在某些路段的固定时间段内，不允许某些类型的配送车辆通行，因此，设计配送路线时应当考虑到各个路段允许通行的时间限制。②

（2）运输工具载重能力的限制。

车、船、飞机都具有一定的额定载重量，超重会影响运输安全，所以设计配送路线时必须保证所承载的货物总重不超过运输工具的载重能力。

（3）积载能力的限制。

积载能力因素是指受产品具体尺寸、形状以及运输工具空间利用程度的影响。如某些物品由于尺寸、密度、形状等方面比较特殊以及超重、超长等特性，使运输工具不能很好地积载，浪费了运输工具的空间，提高了配送成本。积载能力因素与装运规模有关，如大批量装运往往能够相互嵌套，有利于积载；小批量装运相互嵌套的机会较少，可能难以积载。

---

① 胡国良．仓储与配送管理实务［M］．北京：清华大学出版社，2008.

② 李岩．运输与配送管理［M］．北京：科学出版社，2010.

（4）自然因素的限制。

自然因素主要包括气象条件和地形条件，尽管现代运输手段越来越发达，受自然因素的影响相对减少，但是自然因素仍是不可忽视的影响因素之一。例如，采用航空运输方式进行物流配送时，必须考虑到起运地、到货地以及配送路线沿途各地是否存在恶劣的气候条件，如果存在这样的情况，就要考虑重新调整配送路线。

（5）其他不可抗力因素的限制。

不可抗力事件的范围较广，一般分为两种情况：一种是由于自然力量引起的事件，如水灾、旱灾、冰灾、雪灾、雷电、火灾、暴风雨、地震、海啸等；另一种是由于政治或社会原因引起的事件，如政府颁布禁令、调整政策制度、罢工、暴动、骚乱、战争等。这些因素有时会产生严重的后果，为了规避风险，应当对此进行充分估计并对配送路线做出相应的改进。

2. 主观因素

（1）收货人对货物的要求。

收货人对于货物的品种、规格、数量都有一定的具体要求，配送中心应综合考虑如何配装，才能使同一条配送路线上所配送的货物均符合用户的要求。

（2）收货人对货物送达时间的要求。

在零库存的运行机制中，收货人对货物送达时间的要求已经显得越来越重要，"即时配送"已经成为越来越多用户的普遍要求。送货是从客户订货至交货过程中的最后阶段，也是最容易发生时间延误的环节。因此，配送中心为了保证服务质量，在设计配送路线时必须充分满足收货人对货物送达时间的要求。

（3）收货人对地点的要求。

供应链一体化要求每个组织都成为供应链上的一个环节，任何一个环节的失误都会造成供应链的断裂，对于配送可达性的要求很高，因此，收货人对送货地点的要求直接影响到配送路线的选择。

5.1.5 物流线路优化算法

关于物流配送优化问题的方法很多，可以分为精确算法和启发式算法两大类。精确算法是指可求出其最优解的算法，其主要有割平面法、分支定界法、动态规划法等。由于精确算法的计算量一般会跟随问题规模的增大呈指数增长，在实际中其应用范围很有限。为此，专家们把精力主要用在了构造高质量的启发式算法上。① 启发式算法主要有以下几类：

1. 禁忌搜索算法

禁忌搜索算法（Tabu Search，TS）是 Fred Glover 于 1986 年提出的，它是对局部领域搜索的一种扩展，是一种全局逐步寻优法，是对人类智力过程的一种模拟。禁忌搜索技术是一种亚启发式搜索技术，所谓禁忌就是禁止重复前面的工作。为了回避局部

① 马辉民，李晓艳．电子商务中的物流优化［J］．科技进步与对策，2000（12）：114－116.

邻域搜索陷入局部最优的主要不足，禁忌搜索算法用一个禁忌表记录下已经到达过的局部最优点，在下一次的搜索中，利用禁忌表中的信息不再搜索这些点，以此来跳出局部最优点。就好比人的短时记忆，走过的路不再重复或有选择地重复；同时“遗忘”又使得这些禁止是弱禁止，即在一定的时间之后这些禁止将失效，最终达到全局优化的目的。TS 在组合优化、生产调度、机器学习、电路设计和神经网络等领域取得了很大的成功，又在函数全局优化方面得到很多的研究，并有较大的发展。

禁忌搜索算法的主要演算流程：可分为起始解的求取、邻域的定义、禁忌名单的设计、移动后的评估。首先以起始解作为搜寻的起点，接着进行搜寻的程序。在搜寻的过程中，为避免产生循环的现象，故建立禁忌名单（Tabu List）来记载搜寻的过程。禁忌名单的结构特性及其长度，可避免在求解的过程中陷于区域解的现象。但禁忌名单可能会限制求解的范围，所以必须运用免禁准则来加以克服。其中禁忌对象、禁忌长度、邻域结构、评价函数和候选集以及特赦准则的确定是禁忌搜索算法设计的核心，此外还包括特赦规则和终止规则的确定。

缺点：禁忌搜索算法对初始解的依赖性强，如果初始解较差，会使禁忌搜索算法的收敛速度下降，另外由于迭代搜索过程是串行的，仅是单一状态的移动，不是并行搜索，因此会影响优化效率。

2. 模拟退火算法

模拟退火算法（Simulated Annealing，SA）：是由 Metropolis 等人提出的，直到 20 世纪 80 年代才逐渐为人们所重视，并得到了广泛的应用，是一种启发式随机优化方法，而且是启发式优化方法中比较成熟的一种通用的优化方法。模拟退火算法其实是对局部搜索算法的扩展。其区别在于：它是以一定的概率选择邻域中目标函数值差的状态。退火是一种物理过程，一种金属物体在加热至一定的温度后，它的所有分子在其状态空间中自由运动。随着温度的下降，这些分子逐渐停留在不同的状态。在温度最低时，分子重新以一定的结构排列。统计力学的研究表明，在同一个温度，分子停留在能量小的状态的概率比停留在能量大的状态的概率要大。当温度相当高时，每个状态的概率基本相同，都接近平均值。当温度趋向 0℃时，分子停留在最低能量状态的概率趋向于 1。

模拟退火算法是一种基于上述退火原理建立的随机搜索算法。组合优化问题与金属物体的退火过程可进行如下类比：组合优化问题的解类似于金属物体的状态；组合优化问题的最优解类似于金属物体的能量最低的状态；组合优化问题的费用函数类似于金属物体的能量。

为了克服局部搜索算法极易陷入局部最优解的缺点，模拟退火算法使用基于概率的双方向随机搜索技术：当基于邻域的一次操作使当前解的质量提高时，模拟退火算法接受这个被改进的解作为新的当前解；在相反的情况下，算法以一定的概率 exp（$\Delta c/T$）接受相对于当前解来说质量较差的解作为新的当前解，其中 Δc 为邻域操作前后解的评价值的差，T 为退火过程的控制参数（即温度）。模拟退火算法已在理论上被证明是一种以概率 1 收敛于全局最优解的全局优化算法。

模拟退火算法存在的主要缺点：为了获得全局最优解，要求较高的初始温度，要求退火的速度足够慢，要求较低的终止温度和各种温度下足够多次的抽样，这就使得优化过程长，特别是对于规模大的实际问题。因此，优化效率不高是标准模拟退火算法的主要缺点。其次优化的质量对初始温度很敏感；参数的选择也是应用该算法的难题之一。

3. 遗传算法

1975 年 J. Holland 受生物进化论的启示提出了遗传算法（Genetic Algorithms，GA）。GA 是借鉴达尔文的“适者生存”理论，将优化问题的求解表示成“染色体”，通过“染色体”群的一代代复制、交叉、变异的进化，最终得到最适应环境的个体，从而得到了问题的最优解或满意解。这是一种高度并行、随机和自适应的通用的优化算法。遗传算法的一系列优点使它越来越受到重视，在解决众多领域的机器学习、模式识别、优化控制、组合优化等优化问题中得到了广泛的应用。

缺点：GA 中算法的参数选择比较困难，在避免“早熟”收敛方面和提高收敛速度方面没有通用的好方法，只能针对具体问题进行具体设计。

4. 蚁群算法

蚁群算法（ACA）是一种模拟蚂蚁觅食行为的启发式搜索算法，由意大利学者 M. Dorigo 提出，其主要特点是：正反馈、并行式搜索，尤其适用于处理传统搜索方法难于解决的复杂和非线性问题，可广泛用于机器学习、组合优化、规划设计、自适应控制和人工生命等领域，是 21 世纪有关计算智能中的关键技术之一。①

对蚁群算法的研究，可以从算法和应用两方面进行研究。有学者不断提出对蚁群算法进行改进：有的将蚁群算法同遗传算法相结合，有的给蚁群系统加入变异特征，还有的提出所谓最大最小蚁群算法（MMAS）。应当指出，现阶段对蚁群算法的研究还只是停留在仿真阶段，还未能提出一个完善的理论分析，对它的有效性也没有给出严格的数学解释。

蚁群算法本身就是一个寻找最短路径的模型，因此它在路径优化方面有着天然的优势，已经有不少蚁群算法在 TSP（Travelling Salesman Problem，旅行推销员问题）问题中成功运用的例子。物流配送路径优化问题和 TSP 问题相比有共同点——都是寻找遍历所有客户点的最短路径的问题，也有其特性——有更多更复杂的约束条件和优化目标。本文就是要研究一种基于蚁群算法的优化路径算法，使得其在物流配送路径优化问题中有较好的实际效果。

5.1.6 车辆调度的概念

车辆调度是指制订行车路线，使车辆在满足一定的约束条件下，有序地通过一系列装货点和卸货点，达到诸如路程最短、费用最小、耗时最少等目标。物流配送车辆调度问题是把一系列的装货点和（或）卸货点有机地组织起来，形成一系列行车线路，

① 姜启跃．基于改进蚁群算法的考虑车辆行程约束的逆向物流车辆路径问题研究［J］．物流技术，2014（19）：318－320.

使待调度车辆能够高效、节能且有序地通过这些点。当然，这种组织方式是应该在满足一定的约束条件（例如：用户对货物的需求量、一次性发货量、应交发货时间、单个车场的车辆容量限制、路程约束、时间限制等），最终达到缩短里程、减少开支费用、缩短运输时间、使用车辆数尽量少的优化目标。

1. 车辆调度的原则

（1）按制度调度：坚持按制度办事，按车辆使用的范围和对象派车。

（2）科学合理调度：所谓科学性，就是要掌握单位车辆使用的特点和规律。调度合理就是要按照现有车的行驶方向，选择最佳行车路线，不跑弯路和绕道行驶；在一条线路上重复派车；在一般情况下，车辆不能一次派完，要留备用车辆，以应急需。

（3）灵活机动：对于制度没有明确规定而确定需要用车的、紧急的，要从实际出发，灵活机动，恰当处理，不能误时误事。

2. 车辆调度的程序

（1）做好用车预约。应坚持做到：当班用车一小时前预约，下午用车上午预约，次日用车当日预约，夜间用车下班前预约，集体活动用车两天（三天）前预约，长途用车三天或一周前预约等。调度对每日用车要心中有数，做好预约登记工作。

（2）做好派车计划。调度根据掌握的用车时间、等车地点、乘车人单位和姓名、乘车人数、行车路线等情况，做计划安排，并将执行任务的司机姓名、车号、出车地点等在调度办公室公布或口头通知司机本人。

（3）做好解释工作。对未能安排上车辆，或变更出车时间的人员，要及时说明情况，做好解释工作，以减少误会，或造成误事。

调度工作应做到原则性强，坚持按制度办事，不徇私情；要有科学性，即掌握单位车辆使用的特点和规律；还要加强预见性，做好车辆强度的准备工作。

3. 车辆调度的要求

（1）车辆调度的总体要求：各级调度应在上级领导下，进行运力和运量的平衡，合理安排运输，直接组织车辆运行并随时进行监督和检查，保证月度生产计划的实现。

①根据运输任务和运输生产计划，编制车辆运行作业计划，并通过作业运行计划组织企业内部的各个生产环节，使其形成一个有机的整体，进行有计划的生产，最大限度地发挥汽车运输潜力。

②掌握货物流量、流向、季节性变化，全面细致地安排运输生产，并针对运输工作中存在的主要问题，及时反映，并向有关部门提出要求，采取措施，保证运输计划的完成。

③加强现场管理和运行车辆的调度指挥，根据调运情况，组织合理运输，不断研究和改进运输调度工作，以最少的人力、物力完成最多的运输任务。

④认真贯彻汽车预防保养制度，保证运行车辆能按时调回进行保养，严禁超载，维护车辆技术状况完好。

（2）车辆调度人员的责任：为了做好各项工作，一般调度部门设置计划调度员、值班调度员、综合调度员和调度长。

①计划调度员责任。编制、审核车辆平衡方案和车辆运行作业计划，并在工作中贯彻执行，检查总结。掌握运输计划及重点物资完成情况，及时进行分析研究，提出措施和意见。

②值班调度员责任。正确执行车辆运行计划，发布调度命令，及时处理日常生产中发生的问题，保证上下级调度机构之间的联系；随时了解运输计划和重点任务完成进度，听取各方面反映，做好调度记录，发现有关情况及时向领导指示、汇报；随时掌握车况、货况、路况，加强与有关单位的联系，保证单位内外协作；签发行车路单，详细交代任务和注意事项；做好车辆动态登记工作，收集行车路单及有关业务单据。

③综合调度员责任。及时统计运力及其分布、增减情况和运行效率指标；统计安全运输情况；统计运输生产计划和重点运输完成进度；统计车辆运行作业计划的完成情况及保养对号率；及时绘制有关资料的汇总和保管。

④调度长责任。全面领导和安排工作，在调度工作中正确贯彻执行有关政策法令，充分发挥全组人员的积极性，确保运输任务的完成。

（3）调度工作的“三熟悉、三掌握、两了解”。

调度人员通过调查研究，对客观情况必须做到“三熟悉、三掌握、两了解”。

①三熟悉。熟悉各种车辆的一般技术性能和技术状况、车型、技种、吨位容积、车身高度、自重、使用性能、拖挂能力、技术设备、修保计划、自编号与牌照号，驾驶员姓名；熟悉汽车运输的各项规章制度、安全工作条例、交通规则、监理制度的基本内容；熟悉营运指标完成情况。

②三掌握。掌握运输路线、站点分布、装卸现场的条件及能力等情况并加强与有关部门的联系；掌握货物流量、流向、货种性能、包装规定，不断地分析研究货源物资的分布情况，并能加强有关部门的联系；掌握天气变化情况。

③两了解。了解驾驶员技术水平和思想情况、个性、特长、主要爱好、身体健康情况、家庭情况等；了解各种营运单据的处理程序。

（4）车队的工作要求。车队在生产上的工作应围绕和服务于汽车运行，为使运行安排和调度命令能够顺利实施，应做好如下工作：

①加强对驾驶人员服从调度指挥的教育，对不服从调度指挥的驾驶员应进行帮助教育。

②车队应经常和调度室取得联系，及时将车队的车辆技术状况，驾驶员身体情况和完成任务等情况告诉调度室，并出席有关业务会议。

③驾修合一，车队应按计划保修车辆，提高修保质量，为运输生产提供安全、质好、量大的运车。

④及时收集和反映对调度工作的意见，帮助改进调度工作。

⑤车队应主动配合调度部门的工作，不要干预车辆运行。驾驶人员应服从调度指挥，严禁无调度行车，对调度如有意见应向车队和调度室反映，在调度未做更改以前

仍不得拒绝执行。

调度部门编制好车辆运行计划，仅仅是调度工作的开始，更主要的是要保证车辆运行计划的全面实施。在运输生产过程中，调度员既是运输生产的参谋，又是车辆运行的指挥员；既是工人、驾驶员的勤务员，又是宣传员。驾驶员必须听从调度员的指挥。

在行车作业中，驾驶员遇到各种障碍，调度员可以从组织上、技术上给予帮助，消除障碍。凡是作业计划打乱，不能及时完成，调度员可以适当采取措施，调剂运力，恢复正常运行；如果车辆发生故障，也可与调度员联系派车修理。调度员还可以将各种道路、货源、现场、装卸等变化及时通知驾驶员，以免造成不必要的损失。驾驶员在行车中必须听从调度员的指挥，驾驶员还应将行车中发生的千变万化的情况，及时反映给调度部门，以进一步完善货运计划。

4. 车辆调度的制度和方法

工厂企业，特别是冶金、有色金属企业内部的汽车运输工作，具有货源充分、运量大、运距短、货物单一、作业地点相对稳定等特点。因此，调度工作制度除了要符合专业运输规定以外，也要符合工矿运输生产的特殊情况和要求。一般要建立以下两种制度：调度岗位责任制和调度室交接班制。各种制度，都必须有利于调度工作的进行和确保调度的权威，以保证调度员顺利执行其职责。

（1）车辆调度员的岗位责任制。

这项制度规定了调度员的工作责任、工作范围及工作权利，以保证调度工作正常进行。其具体内容如下：

①调度员的工作责任。调度员是生产的直接指挥者，必须对完成生产作业计划负责。他不但应组织好当班生产，而且应为下一班作业创造有利条件，以实现全面均衡地完成计划。具体来说，调度员的责任有以下几个方面：对劳务的质量和工作质量负责；对出现不及格的工作质量负监督的责任，并做好善后处理；对生产中出现的技术问题、生产问题、设备问题等，负组织解决的责任，并向企业领导和上级报告；对生产中的安全事故，负组织抢救、保护现场、向上级和有关上级部门报告的责任；负责填写当班的记录与记事，对调度日报，台账的准确性、真实性负责。

②工作范围。如货运作业计划由企业总调度室进行货源平衡后，应会同各分公司调度室共同研究编制。总调度室的工作应侧重于作业计划编制的合理性和监督，以及执行中发生问题时的补救方法；分公司（或车队）的调度则主要是作业计划的平衡和实施，以及监督作业的质量。

③工作权利。调度员是企业经营者在当班时的全权代表。他有权向生产部门或个人发布调度命令；有权根据现场实际情况调配车辆和其他设备；有权根据生产需要或上级指示，调整汽车的工作循环，以及调动人员和车辆设备去突击生产。调度员应准确掌握生产和管理信息，做到充分了解生产现场的确切情况，并使生产、管理信息及时反馈给有关业务部门和有关领导。各业务部门的指导性工作指令，则通过调度员及时下达到各生产部门，起着联络和纽带作用。调度员应经常深入现场，了解生产实际，与生产保持密切联系。调度室所使用的设备、工具、通信设施或电子计算机等，调度

员负责使用和保管，并保持其完好、可靠。主持调度会，掌握生产进度。

（2）调度室的交接班制度。

企业的生产是连续性的，其运输部门也实行两班或三班连续作业，因此调度工作也必须有相应的工作时间制。为确保调度员有条不紊地进行工作，必须有一个严格、责任分明的交接班制度，使调度员之间能相互协调，使每个调度员对企业生产情况都有基本的了解，并养成通盘考虑工作的习惯。交接班制度应包括以下内容：

①对上级指示或领导的有关布置，以及经营管理方针，要向接班人员详细交代有无需跟踪或注意的事项，并做好记录。

②对调度室使用的设备、用具、通信设施的使用和运行情况，要向下班交代。对损坏的用具、设备，要做详细说明和记录，并汇报领导处理。

③对生产、质量、车辆、设备、安全情况等进行交接。将当班情况介绍给下班，如出现了哪些问题，解决的程度及效果如何等。对无解决条件的要详细交代，并应提出如何解决、组织哪些部门解决的建议，还要做好记录。

（3）车辆调度的工作方法。

调度是运输生产的直接指挥者，担负着组织指挥、管理生产的任务，涉及生产、质量、技术、车辆、设备、安全、检修等部门。因此，调度部门必然要与有关业务部门发生密切的联系，才能做到互通情报，及时解决生产问题。

①与车辆设备管理部门联系。企业的生产机械化程度比较高，机械、电气设备也不断增加，自动化水平也不断提高。这些设备，不但需要检修、维护，还需要具备完善的管理制度。调度对生产中的设备状况、检修、维护状况，要有充分了解，才能保证生产指挥的准确无误。同时，调度要密切与车辆及设备管理部门联系，因为车辆及设备的检修计划是由车辆及设备管理部门通知调度部门来安排实现的，所以调度对车辆及设备发生的问题，应反馈给车辆及设备管理科室。

②与计划部门联系。在工厂企业，计划部门是生产的主管部门。调度部门在指挥、组织生产时，必须以计划部门提出的月度、年度计划为依据来组织和指挥生产，并根据现场客观情况制定保证计划完成的有效措施（如作业场地的条件准备、足够的货运量、卸货场地的设置与管理等），然后由调度具体制订运输方案。因此，两者必须紧密配合，才能切实保证生产的正常进行。

③与技术部门联系。技术科室具体负责生产中的技术工作，如提出技术要求，监督执行情况，贯彻规范作业等。通过调度，将其贯彻到生产实践中去，为生产创造条件，并及时将生产中技术难题的解决情况，技术要求贯彻的情况反馈给技术部门。对技术性较强的问题，应协同技术部门到现场了解情况，及时解决问题。

5.2 实训目的与要求

①对运输与配送过程的基本概念和知识的了解。

②对车辆调度、路径规划等问题和基本算法的了解。

③掌握车辆调度的工作内容、特点及工作原则，能够进行车辆调度作业。

④理解最短路径法的基本思想及其应用。

⑤理解节约里程法的基本思想及其应用。

⑥理解带时间窗的线路优化问题的数学模型。

⑦理解车辆配载的原则与注意事项，完成货物配载作业环节。

⑧重点理解拣货策略和配装的方法，完成特定货物的拣选及配装作业。

⑨了解送货的服务程序，完成货物的顺利交接。

5.3 实训内容与步骤

5.3.1 线路规划

1. 简单模式

客服人员处理完垈头店的订单详情，信息传递到调度人员，他需要先学习最短路径法的求解方法，之后规划从配送中心到垈头店的最短路径。

步骤1：单击角色选择界面中的【调度员】，如图5-1所示，单击【确认选择】按钮即可跳转至物流城市界面。

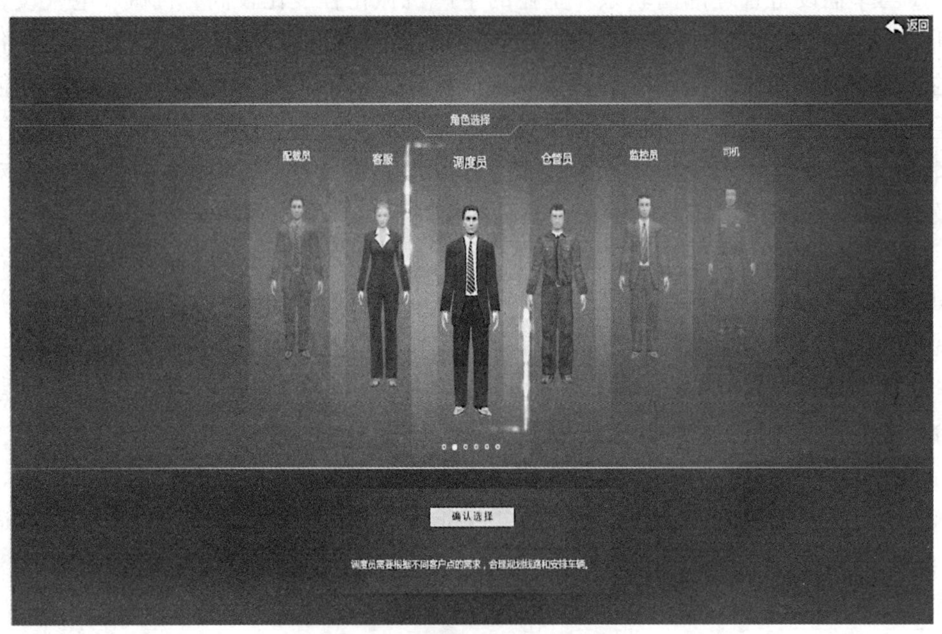

图5-1 选择【调度员】界面1

步骤2：单击物流城市中的【配送中心】链接即可进入配送中心仓储内部，如图5-2所示。

图5-2 【配送中心】链接1

步骤3：单击配送中心的【办公室】链接即可进入调度员的办公区域，如图5-3所示。

图5-3 【办公室】链接1

步骤4：单击绿色箭头指示的书，系统播放打开书本的动画后即可进入知识点学习界面，如图5-4所示。

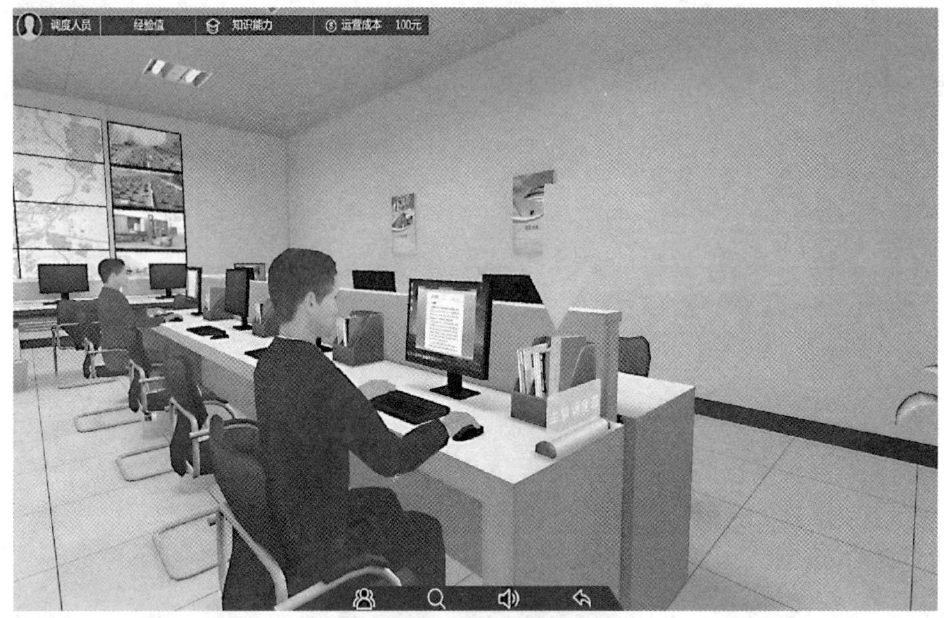

图 5－4　调度员办公场景 1

步骤 5：弹出最短路径的知识点学习，单击【例题】按钮即可进入最短路径例题的学习，如图 5－5 所示。

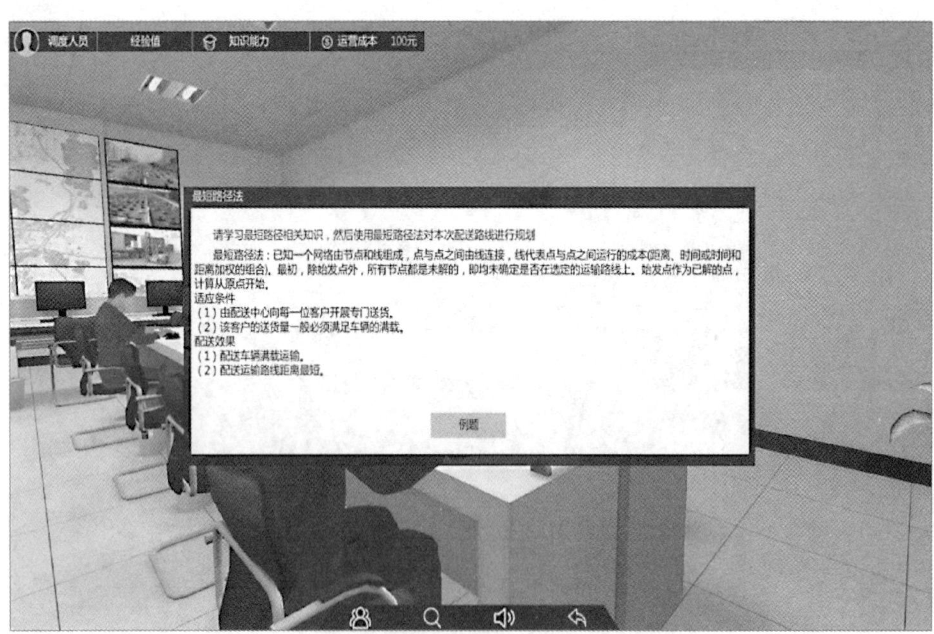

图 5－5　“最短路径法”知识点学习

步骤 6：界面弹出一个最短路径的例题，单击【开始解题】按钮即可学习最短路径的解法，如图 5－6 所示。

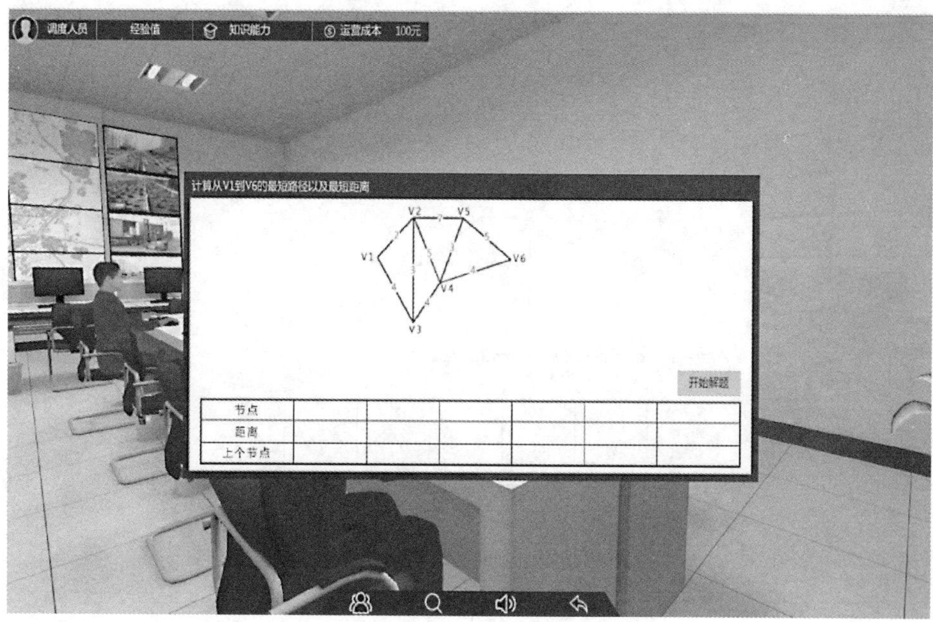

图 5－6　开始解题

步骤 7：根据界面中输入各个节点到节点行中，单击【下一步】按钮即可，如图 5－7 所示。

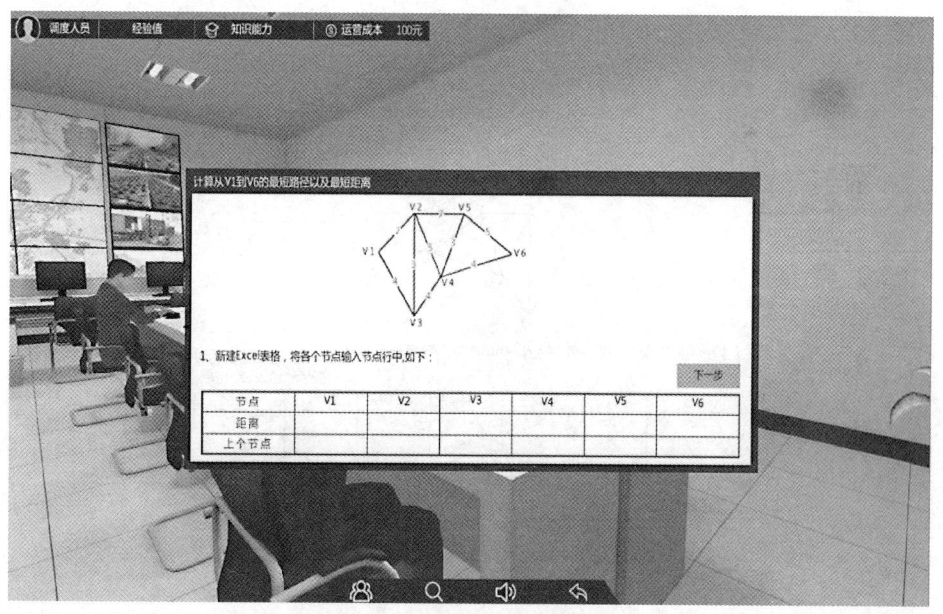

图 5－7　最短路径法操作步骤 1

步骤 8：界面中计算出 V1 到 V1 的距离，单击【下一步】按钮，如图 5－8 所示。

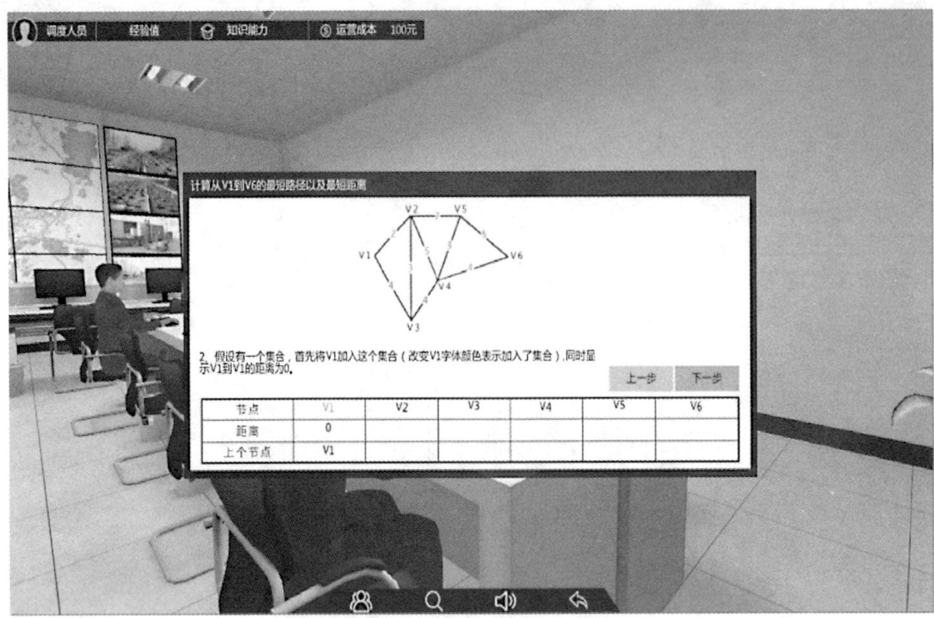

图 5-8　最短路径法操作步骤 2

步骤 9：在该界面找到 V2、V3-5，V1 的距离值单击【下一步】按钮，如图 5-9 所示。

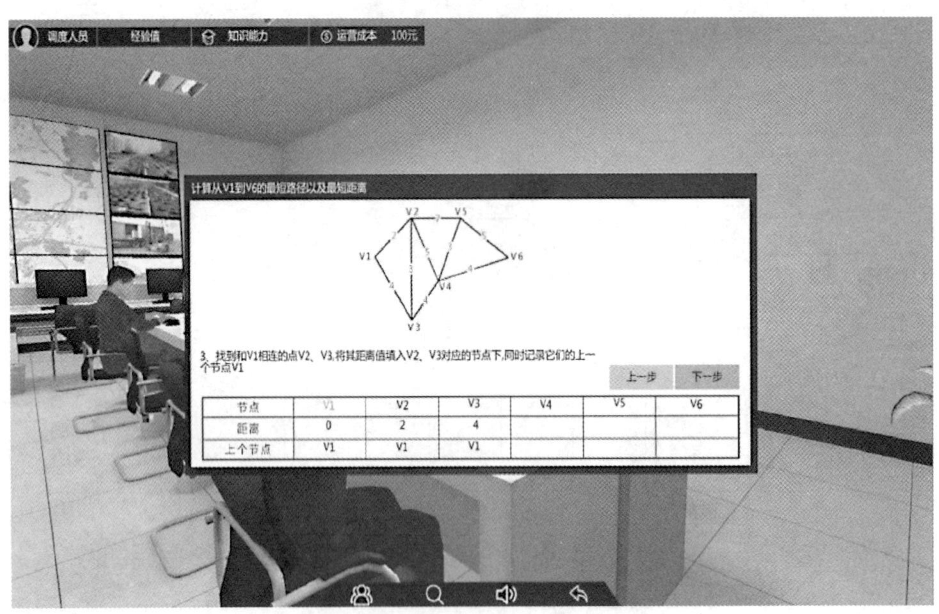

图 5-9　最短路径法操作步骤 3

步骤 10：在该界面中显示 V2、V3 距离值最小为 V2，V2 加入集合，单击【下一步】按钮，则进入下一步的操作描述，如图 5-10 所示。

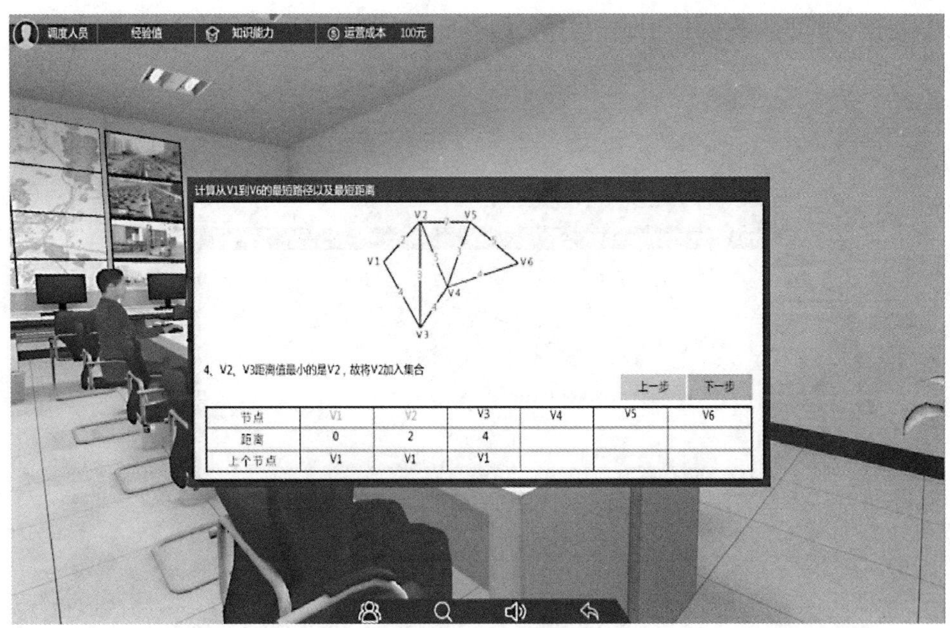

图 5－10　最短路径法操作步骤 4

步骤 11：在该界面分别找到和 V2 相连的 V1、V3、V4、V5，填入 V2 到 V4 和 V5 的距离值，并做好记录单击【下一步】按钮，则进入下一步的操作描述，如图 5－11 所示。

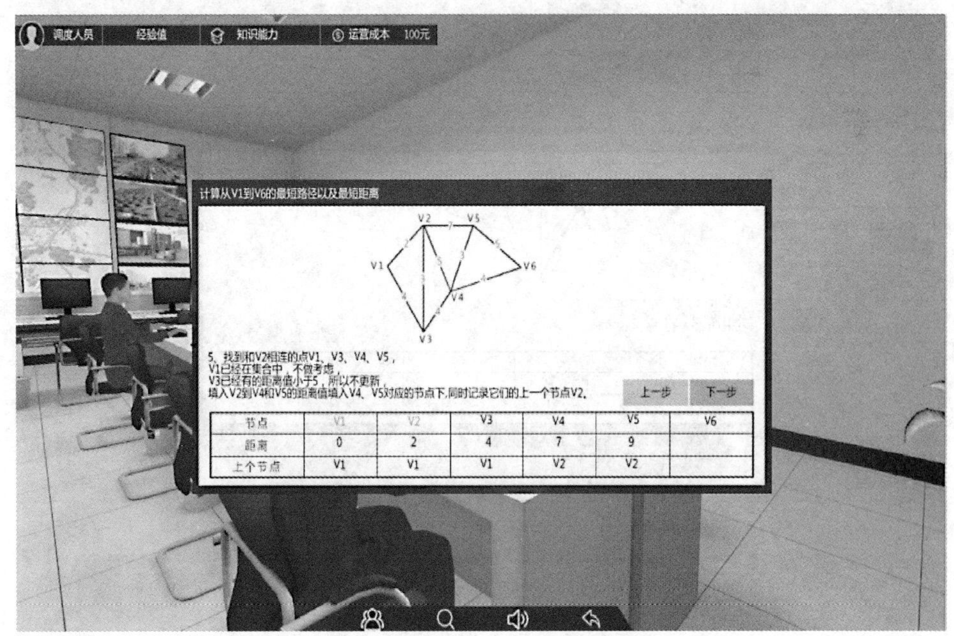

图 5－11　最短路径法操作步骤 5

步骤 12：在该界面中显示 V3、V4、V5 距离值最小为 V3，V3 加入集合，单击【下一步】按钮，则进入下一步的操作描述，如图 5－12 所示。

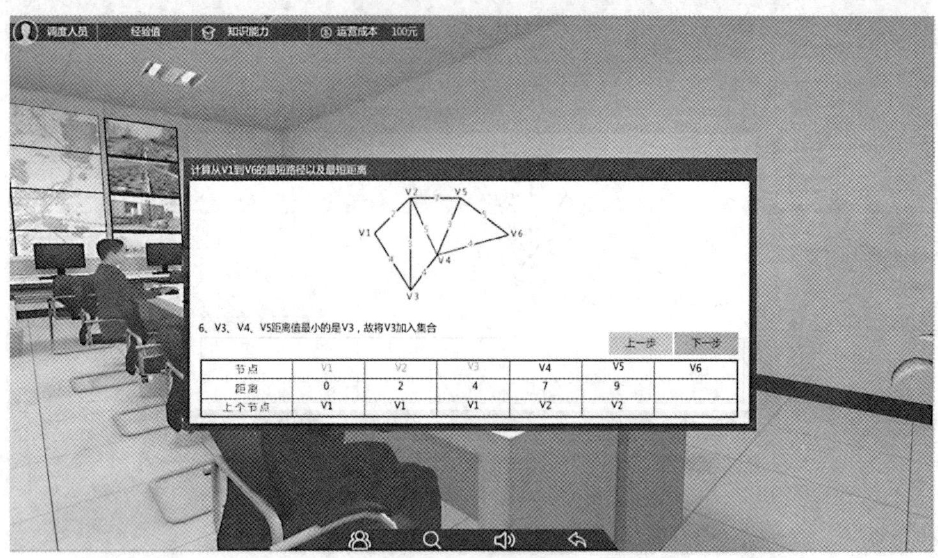

图 5－12　最短路径法操作步骤 6

步骤 13：在该界面显示 V2 在集合中，V4 已有距离值小于 8，不更新，单击【下一步】按钮，则进入下一步的操作描述，如图 5－13 所示。

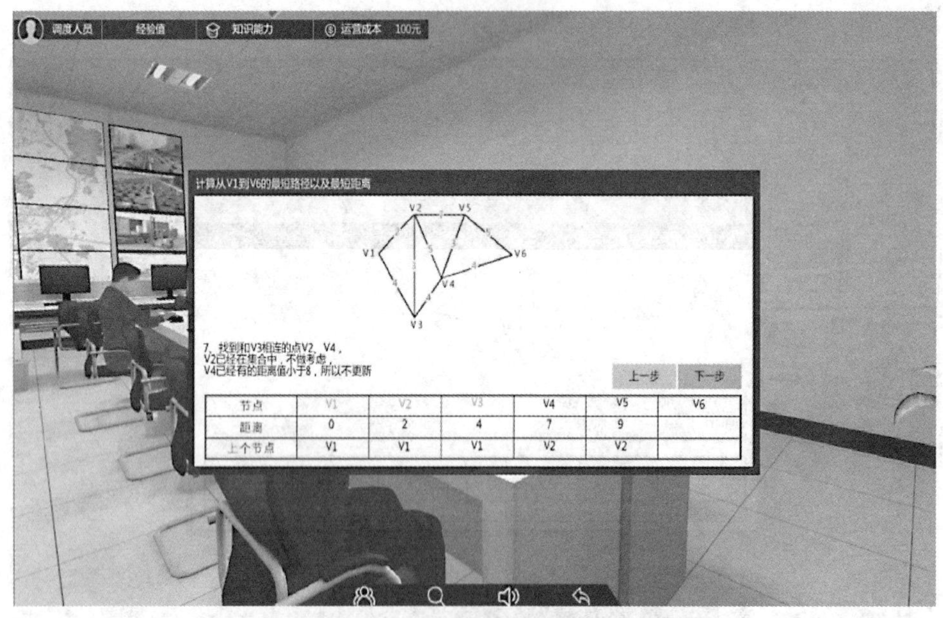

图 5－13　最短路径法操作步骤 7

步骤 14：在该界面显示 V4、V5 距离值最小的为 V4，V4 加入集合，单击【下一步】按钮，则进入下一步的操作描述，如图 5－14 所示。

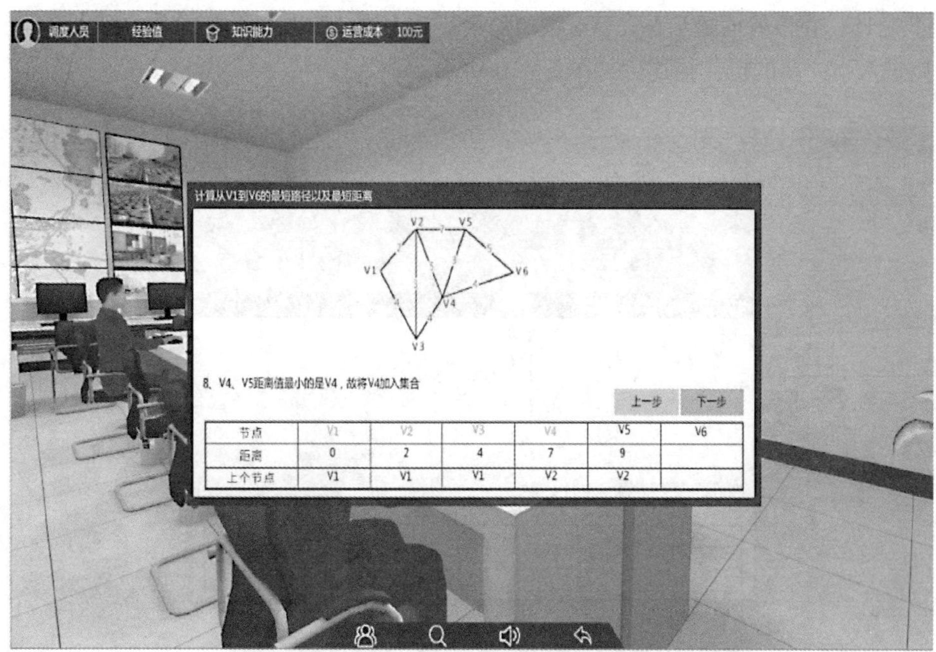

图 5－14　最短路径法操作步骤 8

步骤 15：在该界面显示 V4 到 V6 的距离值，并填入到 V6 对应节点下，单击【下一步】按钮，则进入下一步的操作描述，如图 5－15 所示。

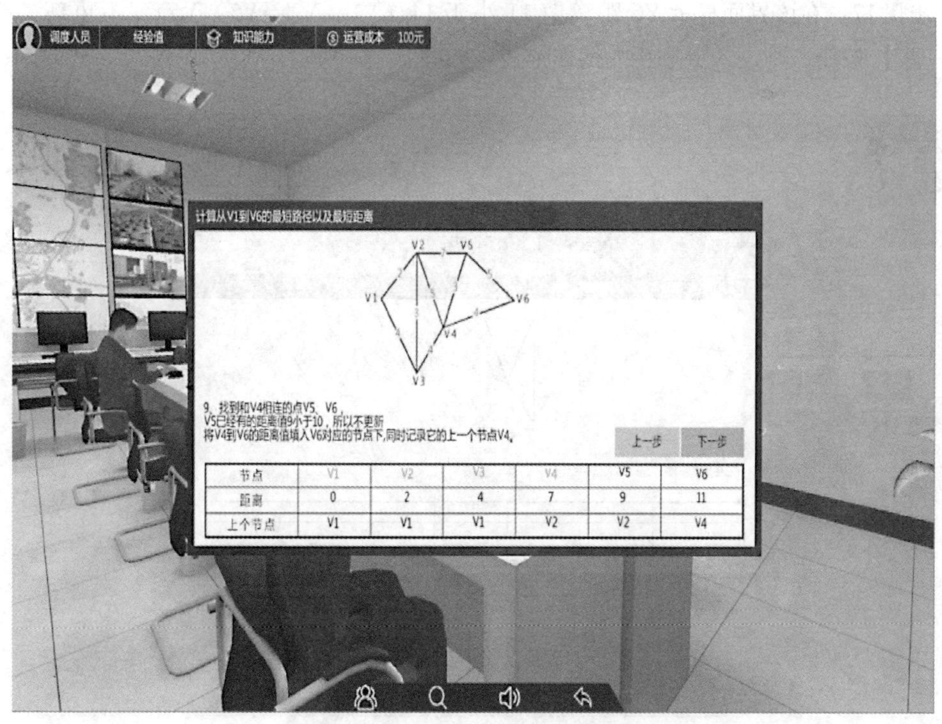

图 5－15　最短路径法操作步骤 9

步骤 16：在该界面显示 V5、V6 距离值最小为 V5，V5 加入集合，单击【下一步】按钮，则进入下一步的操作描述，如图 5－16 所示。

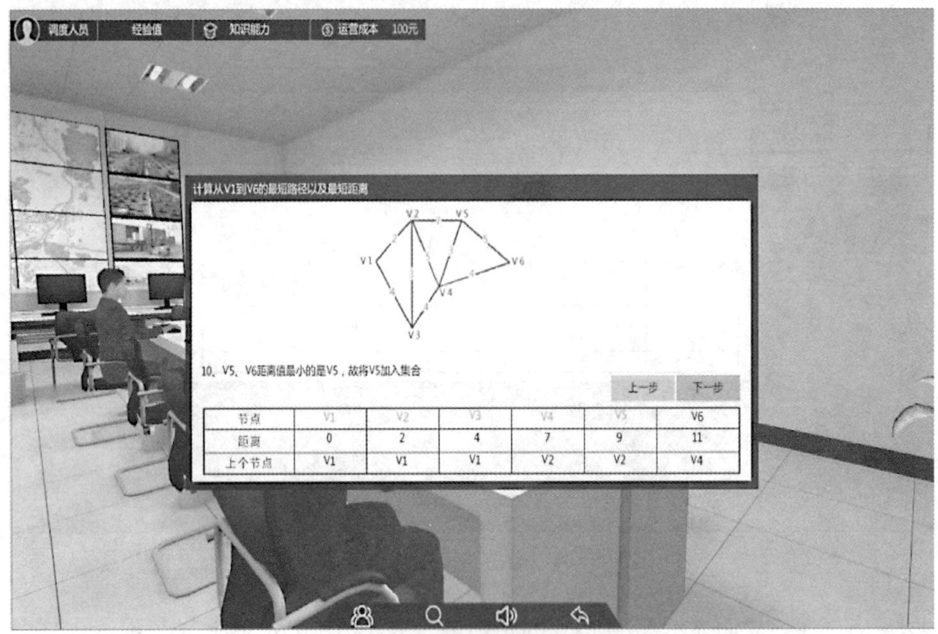

图 5－16 最短路径法操作步骤 10

步骤 17：在该界面显示 V6 距离值 11 小于 14（V1→V2→V5→V6），不更新，单击【下一步】按钮，则进入下一步的操作描述，如图 5－17 所示。

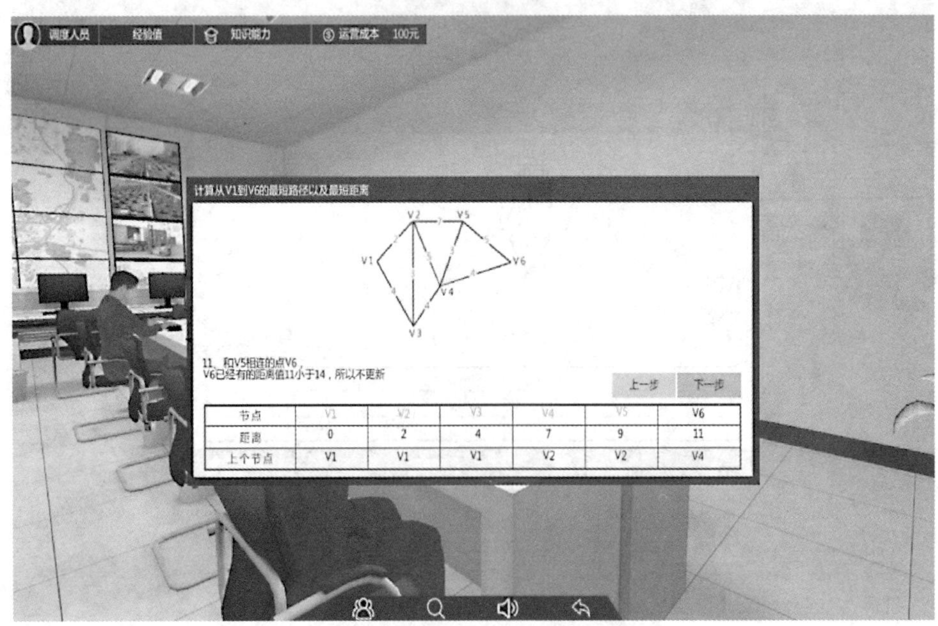

图 5－17 最短路径法操作步骤 11

步骤 18：在该界面显示 V6 加入到集合，单击【下一步】按钮，则进入下一步的操作描述，如图 5－18 所示。

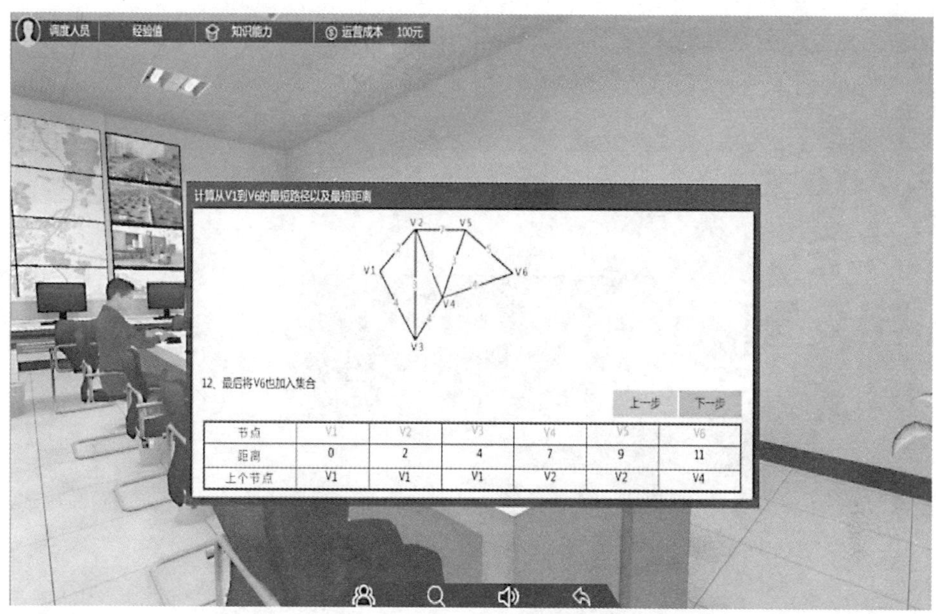

图 5－18　最短路径法操作步骤 12

步骤 19：在该界面显示 V1 到 V6 的最短路径为 V1→V2→V4→V6，最短距离值为 11，单击【学习完毕】按钮，则最短路径法的学习到此结束，如图 5－19 所示。

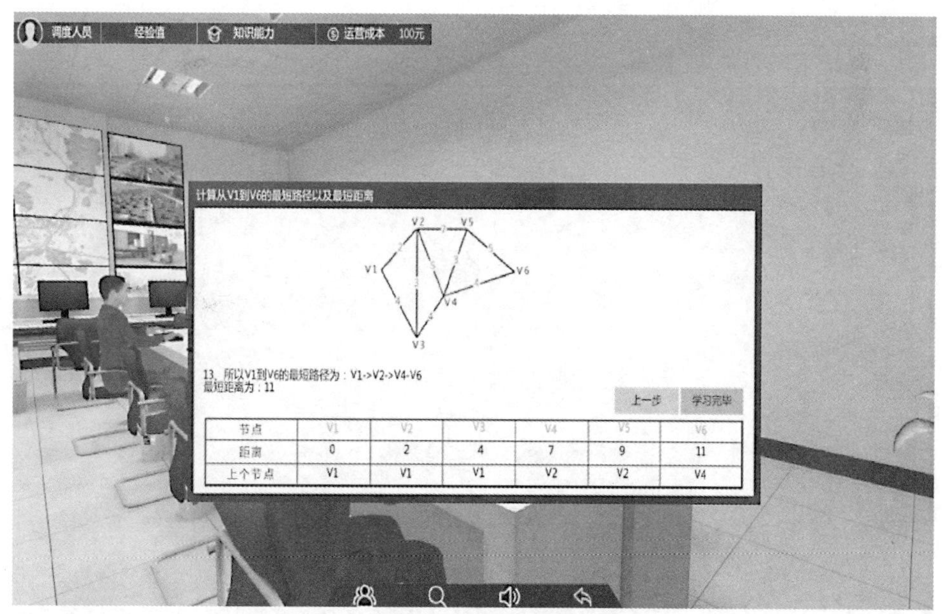

图 5－19　结束学习

步骤 20：最短路径法学习完场景成后，弹出的系统提示消失之后，单击绿色箭头指示的电脑即可进入调度员办公场景，如图 5 – 20 所示。

图 5 – 20　调度员办公场景 2

步骤 21：单击桌面上的【配送运输管理系统】图标即可进入其主界面，如图 5 – 21 所示。

图 5 – 21　进入配送运输管理系统主界面 1

步骤22：单击界面中的【线路规划】选项即可进入线路规划界面，如图5－22所示。

图5－22　线路规划界面1

步骤23：进入线路规划主界面，单击【规划指南】按钮可弹出简单模式下线路规划说明，如图5－23所示，在系统中界面左侧从配送中心开始单击黄色线路，一旦选定该线路，线路的颜色变为绿色。选择线路时，系统给出相应的提示，如图5－24所示。

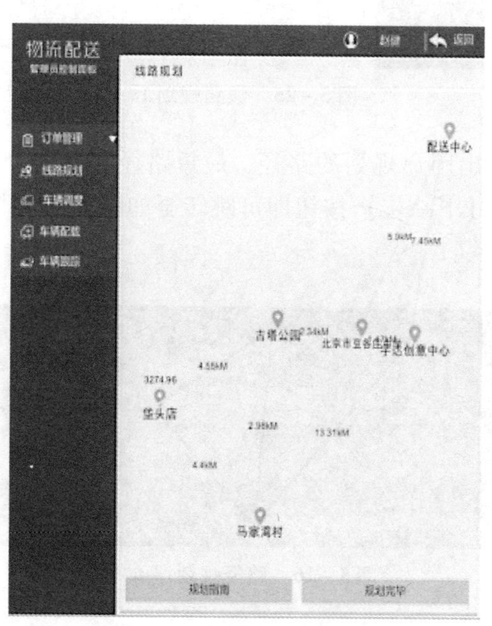

图5－23　线路规划主界面1

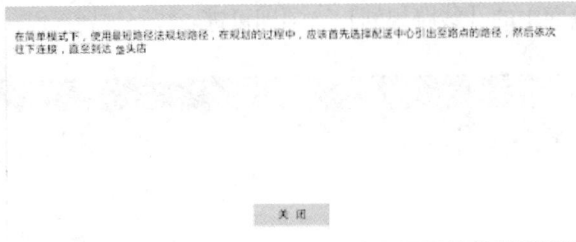

在简单模式下，使用最短路径法规划路径，在规划的过程中，应该首先选择配送中心引出至路点的路径，然后依次往下连接，直至到达 垡头店

关 闭

图 5－24　线路规划指南 1

步骤 24：线路从配送中心到目的分店（教程中以垡头店为目的分店），单击【规划完毕】按钮即可进入系统自动判定界面，如图 5－25 所示。

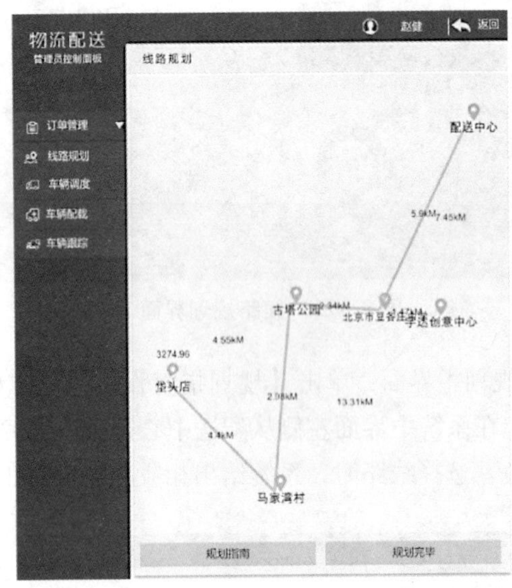

图 5－25　线路规划 1

步骤 25：系统会弹出用户规划的路径、最短路径以及评价是否选择了最短路径，如图 5－26 所示。单击【下一步】按钮即可跳转至如图 5－21 所示的配送运输管理系统主界面。

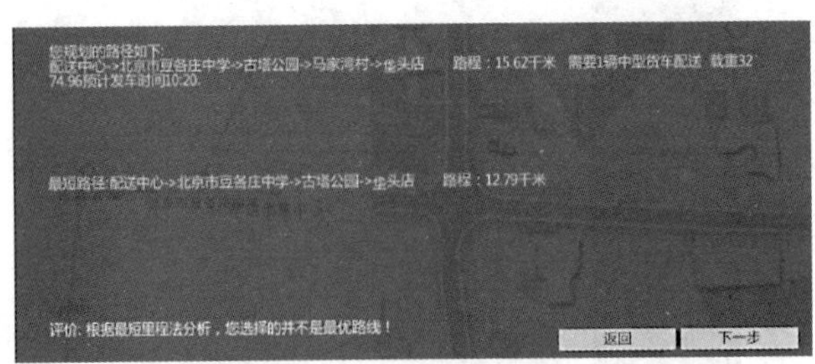

图 5－26　路径规划评价 1

2. 中等模式

客服人员处理完各个分店的订单详情后，信息传递到调度员，他需要先学习节约里程法的求解方法，之后规划从配送中心到各分店的最优路径。

步骤1：单击角色选择界面中的调度员，如图5－27所示，单击【确认选择】按钮即可跳转至物流城市界面。

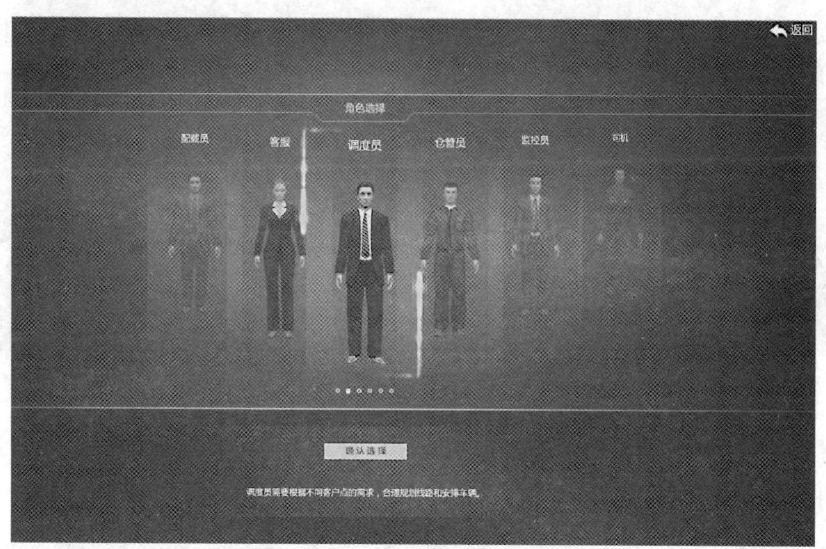

图5－27　选择【调度员】界面2

步骤2：单击物流城市中的【配送中心】链接即可进入配送中心仓储内部，如图5－28所示。

图5－28　【配送中心】链接2

步骤3：单击物流城市中的配送中心的【办公室】链接即可进入调度员的办公区域，如图5－29所示。

图 5-29 【办公室】链接 2

步骤 4：单击绿色箭头指示的书，系统播放打开书本的动画后即可进入知识点学习界面，如图 5-30 所示。

图 5-30 调度员办公场景 3

步骤 5：界面弹出知识点——节约里程法的学习，如图 5-31 所示，学习完成后，单击【例题】按钮即可进入节约里程法的实际应用界面。

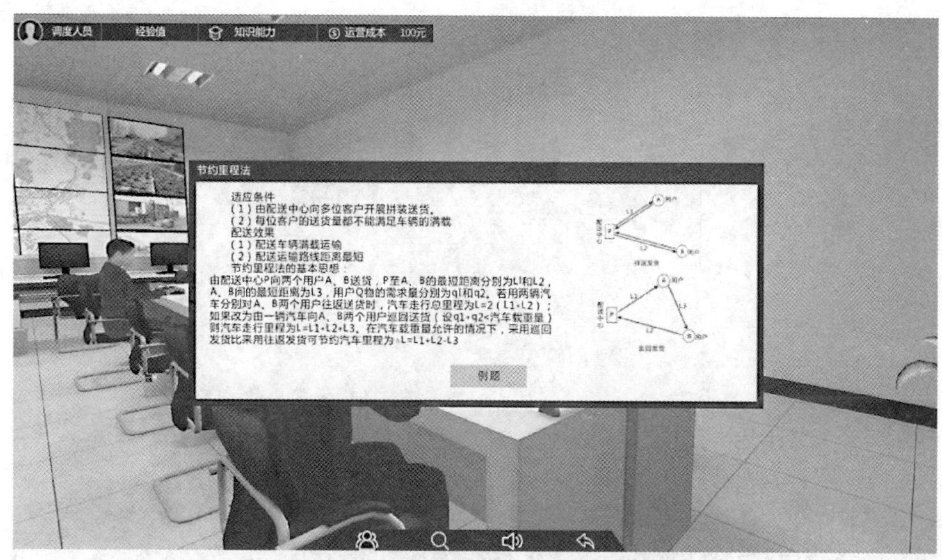

图 5-31　“节约里程法”知识点学习

步骤6：界面下方有该例题的描述，左上侧是相对位置，右上侧是节点之间的距离及需求量表，单击【计算节约里程】按钮即可进入下一界面，如图5-32所示。

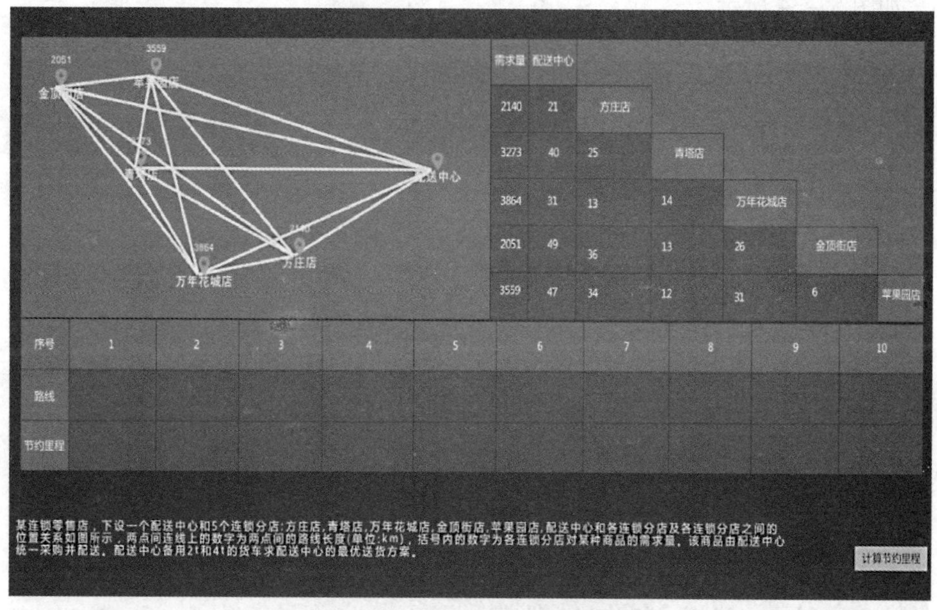

图 5-32　节约里程法操作步骤1

步骤7：根据节约里程量的计算方法，将计算结果填入相应的绿色框中，计算结束后，单击【计算完毕】按钮，如果填写错误则显示为深色直至填写正确，如果填写正确跳转至下一个界面，如图5-33所示。

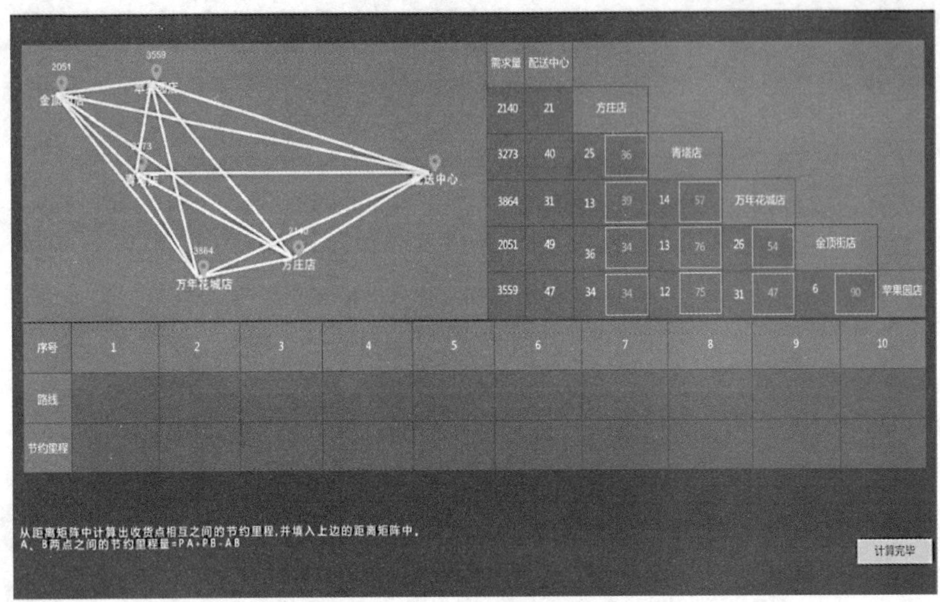

图 5－33　节约里程法操作步骤 2

步骤 8：节约里程量均填写正确后，单击【节约里程排序】按钮即可跳转至下一界面，如图 5－34 所示。

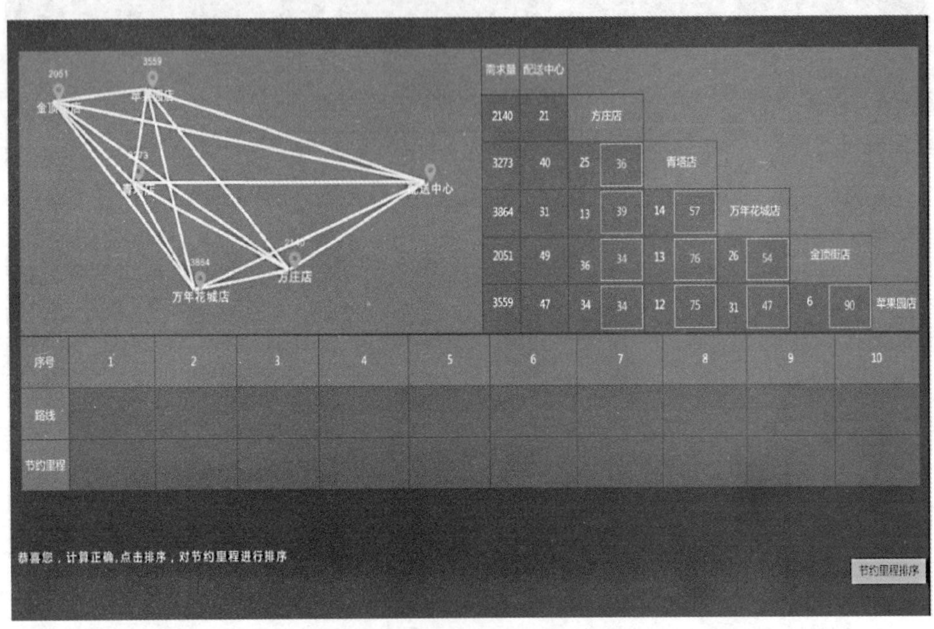

图 5－34　节约里程法操作步骤 3

步骤 9：系统自动弹出节约里程量的排序表，如图 5－35 所示。单击【开始规划】按钮则开始线路选择。

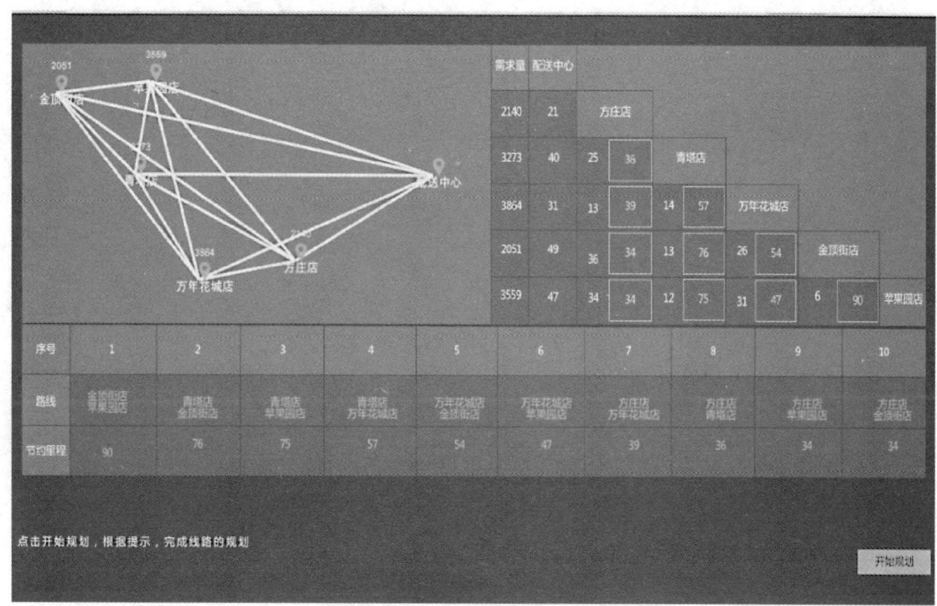

图 5－35　节约里程法操作步骤 4

步骤 10：根据界面下方的提示，连接节约里程量最大的金顶街店—苹果园店，两者超载，因而选择次最大的节约里程量：青塔店—金顶街店，如图 5－36 所示。

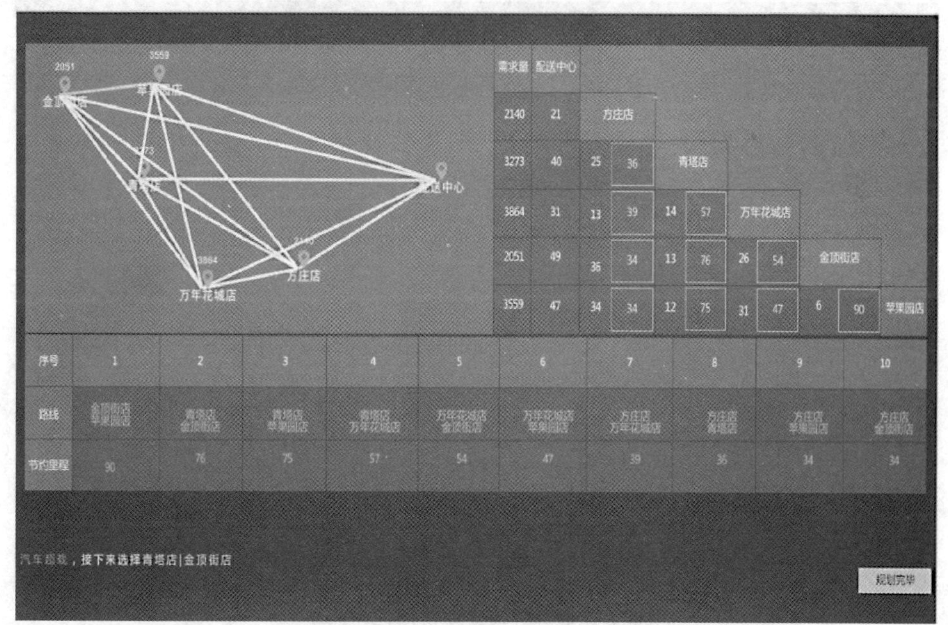

图 5－36　节约里程法操作步骤 5

步骤 11：青塔店和金顶街店的需求量之和大于中型货车的载重量，因而不能连接，继续查找余下的节约里程量最大的线路青塔店—苹果园店，如图 5－37 所示。

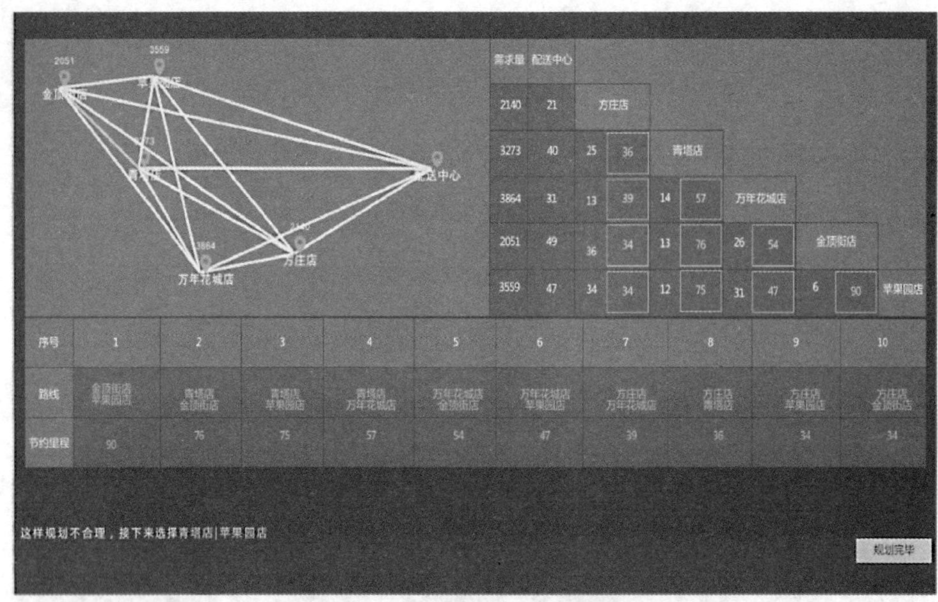

图 5－37　节约里程法操作步骤 6

步骤 12：两者之间的需求量超过货车的最大载重量，因而不能连接，继续查找余下的节约里程量最大的线路青塔店—万年花城店，如图 5－38 所示。

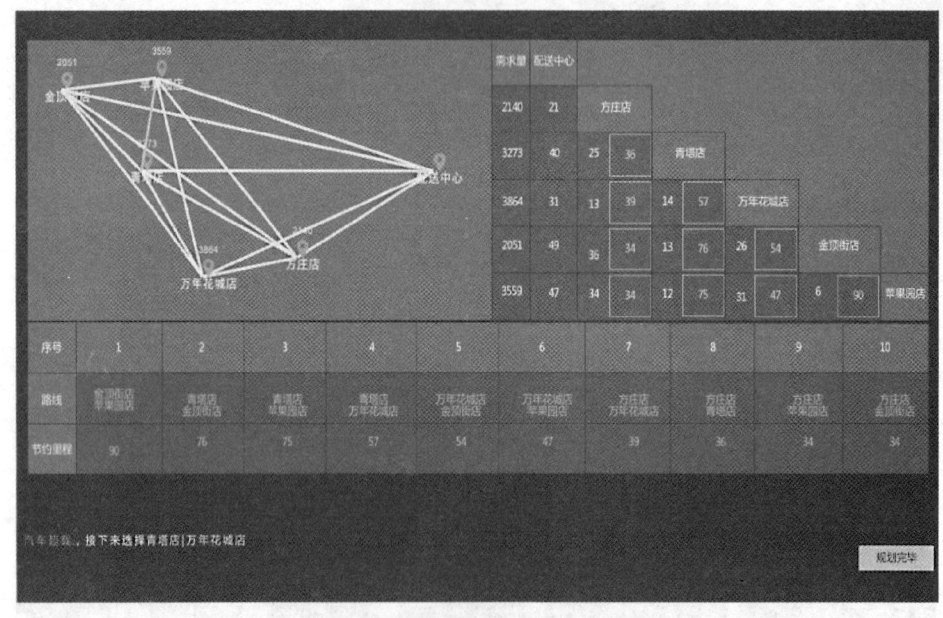

图 5－38　节约里程法操作步骤 7

步骤 13：两者之间的需求量超过货车的最大载重量，因而不能连接，继续查找余下的节约里程量最大的线路万年花城店—金顶街店，如图 5－39 所示。

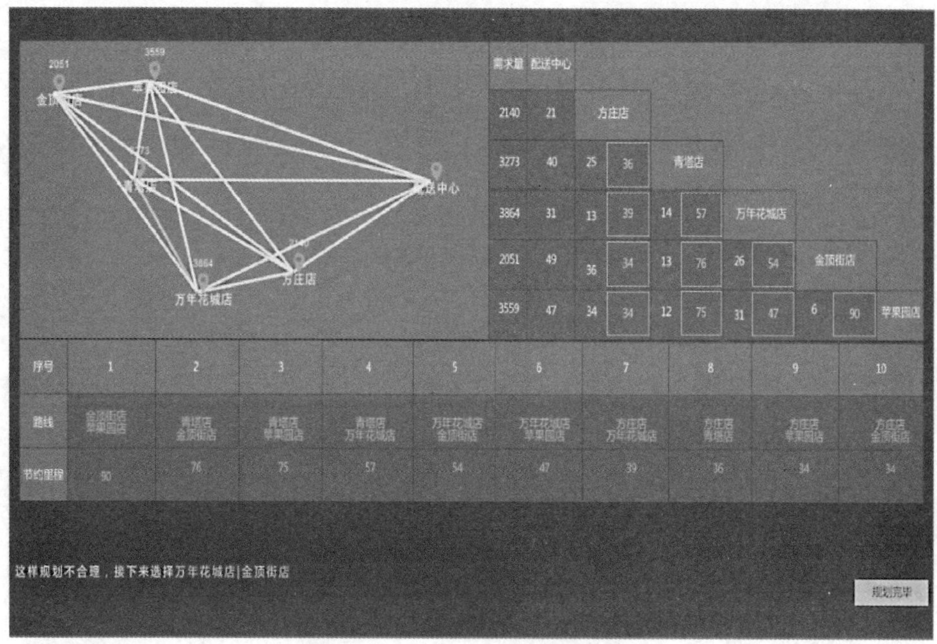

图 5－39 节约里程法操作步骤 8

步骤 14：两者之间的需求量超过货车的最大载重量，因而不能连接，继续查找余下的节约里程量最大的线路万年花城店—苹果园店，如图 5－40 所示。

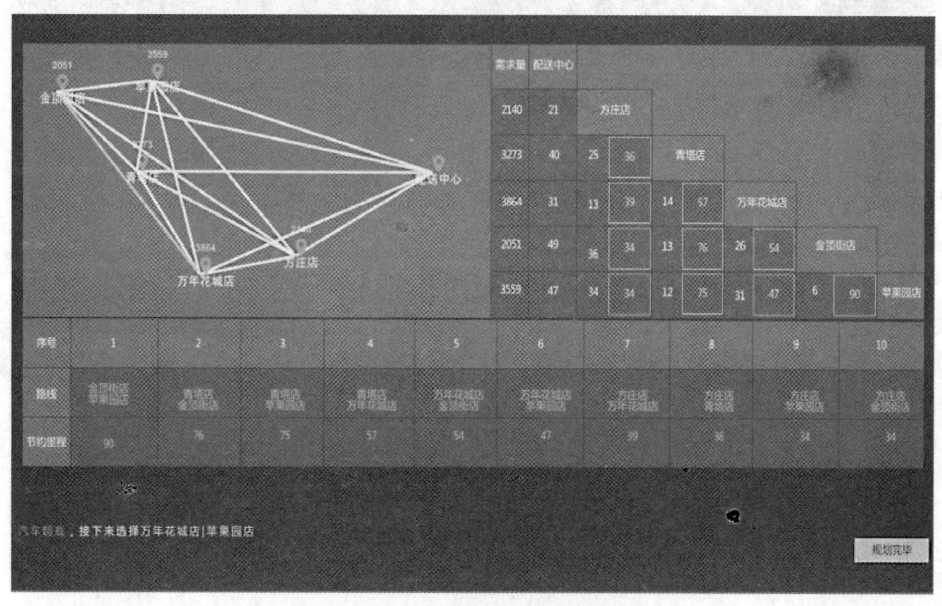

图 5－40 节约里程法操作步骤 9

步骤 15：两者之间的需求量超过货车的最大载重量，因而不能连接，继续查找余下的节约里程量最大的线路方庄店—万年花城店，如图 5－41 所示。

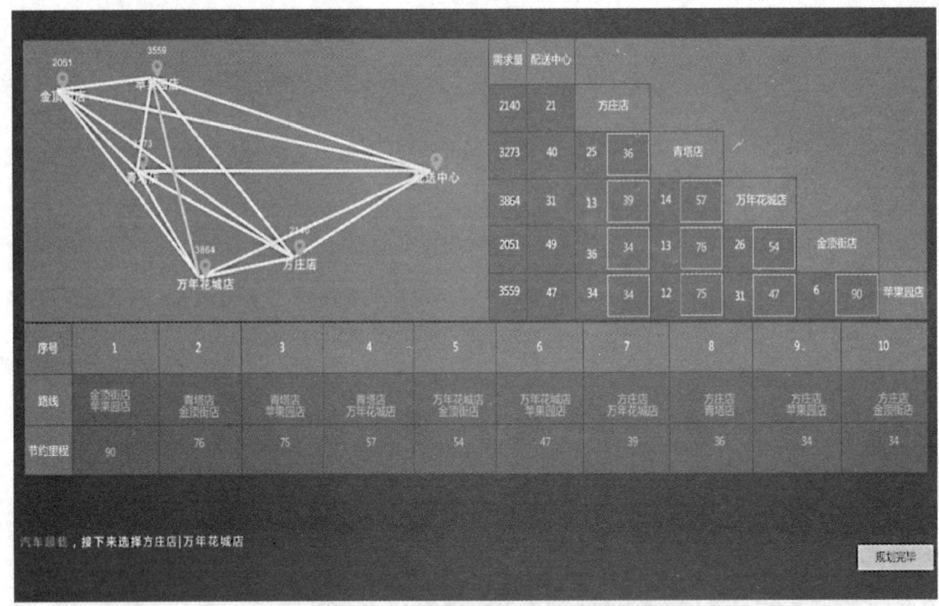

图 5-41　节约里程法操作步骤 10

步骤 16：方庄店和万年花城店的载重量之和超过货车载重量，因而不能连接，继续查找余下的节约里程量最大的线路方庄店—青塔店，如图 5-42 所示。

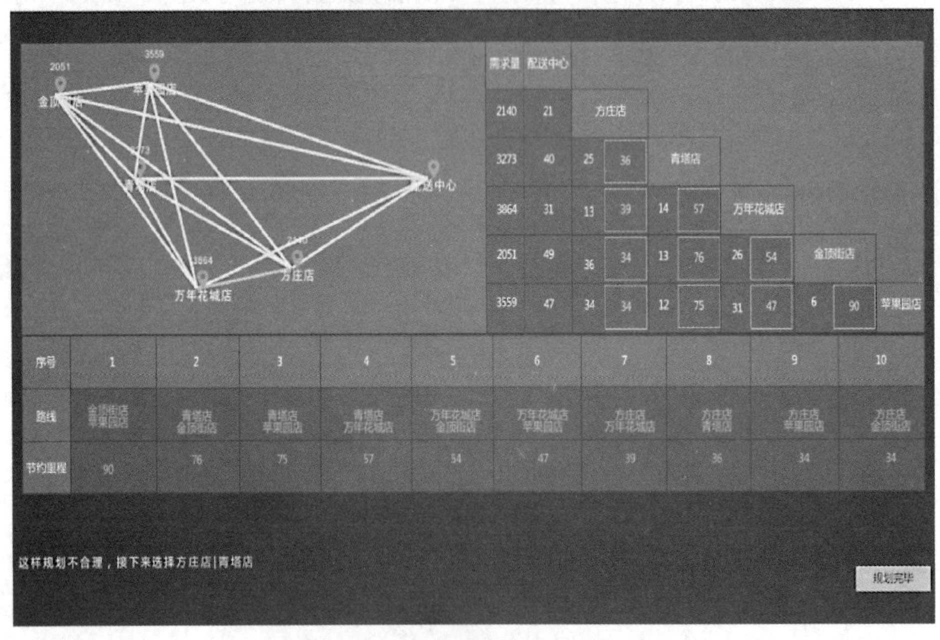

图 5-42　节约里程法操作步骤 11

步骤 17：方庄店和青塔店的载重量之和超过货车载重量，因而不能连接，继续查找余下的节约里程量最大的线路方庄店—苹果园店，如图 5-43 所示。

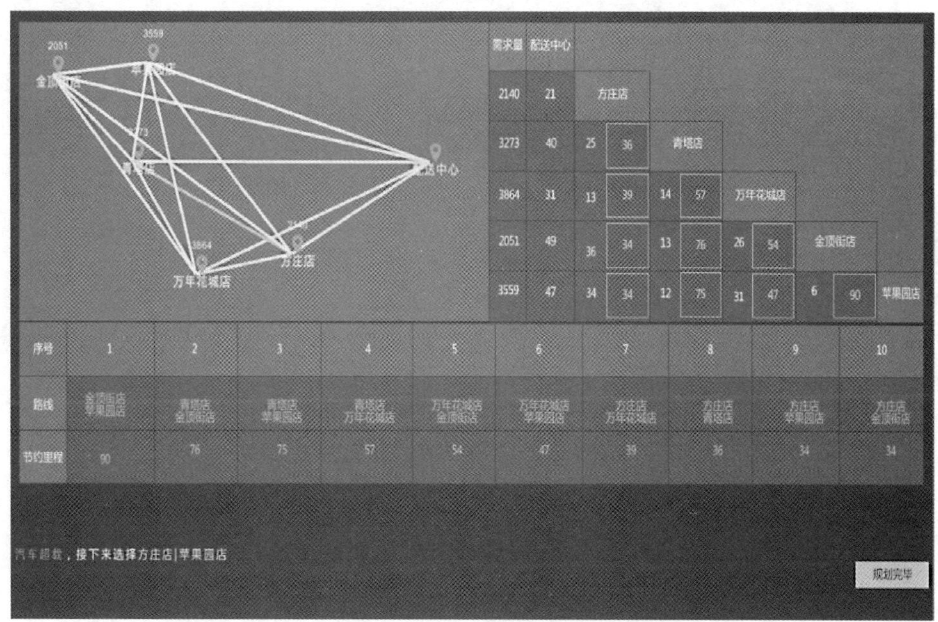

图 5－43 节约里程法操作步骤 12

步骤 18：方庄店和苹果园店的载重量之和超过货车载重量，因而不能连接，继续查找余下的节约里程量最大的线路方庄店—金顶街店，如图 5－44 所示。

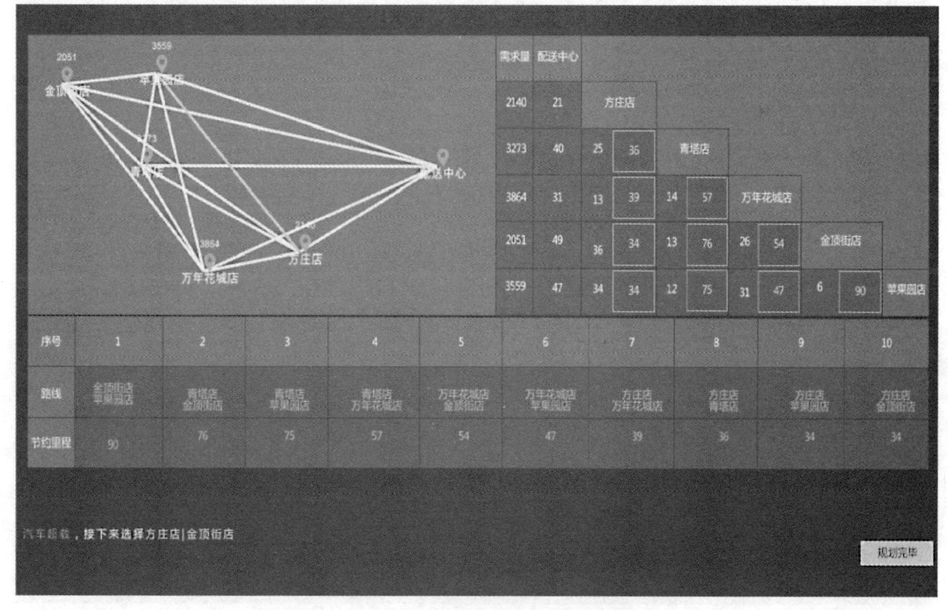

图 5－44 节约里程法操作步骤 13

步骤 19：方庄店和金顶街店的载重量之和未超过货车载重量，因而可以连接，其余的分店均不可加入该条线路。因此，配送线路到此规划完毕。单击【规划完毕】按钮即可跳转至下一界面，如图 5－45 所示。

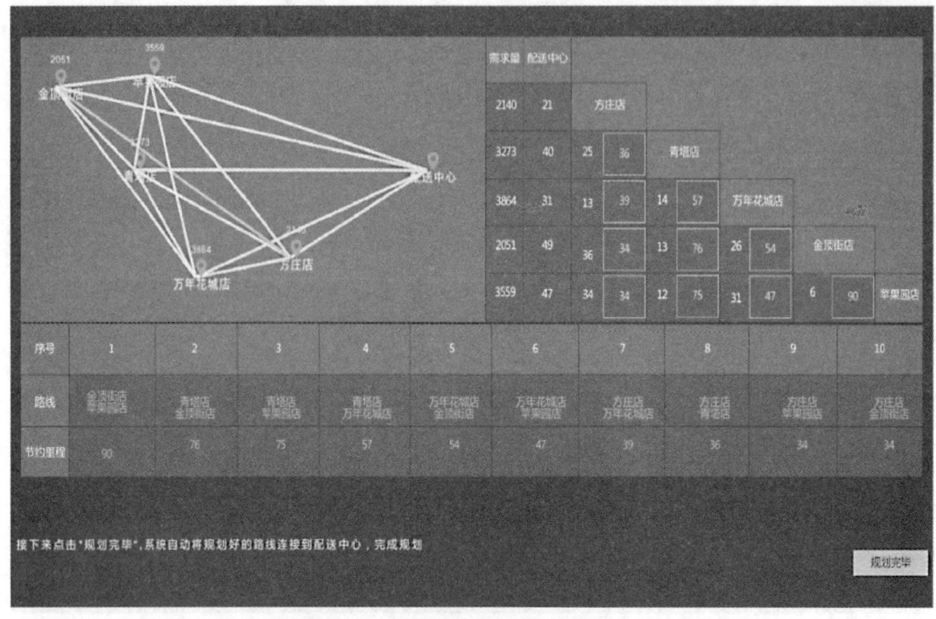

图 5－45　节约里程法操作步骤 14

步骤 20：系统自动显示出规划好的路线图，界面下方也会显示出具体的说明，如图 5－46 所示，单击【学习完毕】按钮即可跳转至下一界面。

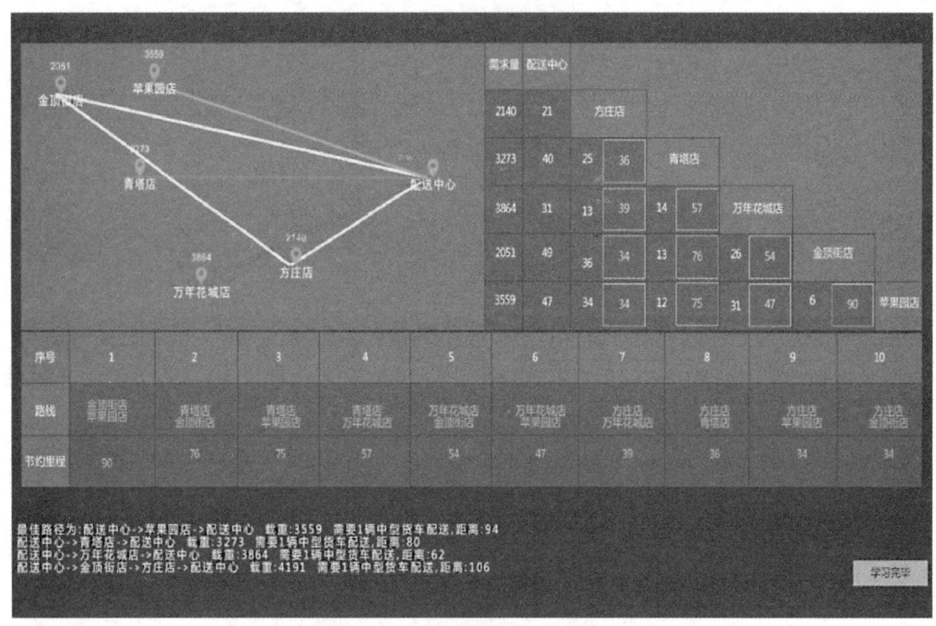

图 5－46　节约里程法操作步骤 15

步骤 21：系统界面弹出提示后，单击绿色箭头指示的电脑即可进入调度员的电脑主屏幕，如图 5－47 所示。

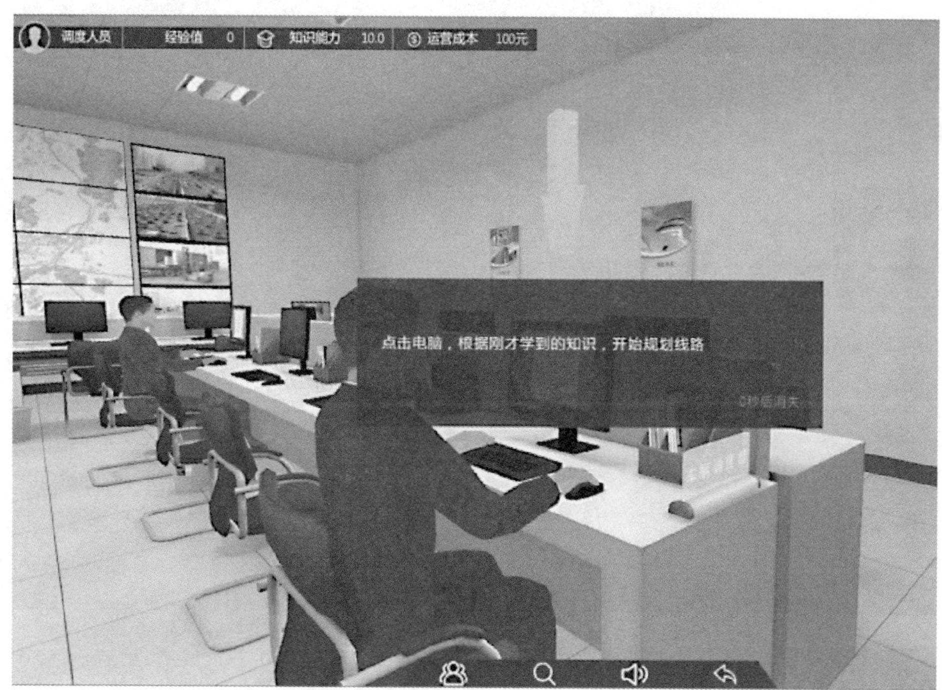

图5-47 调度员办公场景4

步骤22：单击桌面上【配送运输管理系统】图标进入其主界面，如图5-48所示。

图5-48 进入配送运输管理系统主界面2

步骤23：单击主界面上的【线路规划】选项即可进入线路规划界面，如图5-49所示。

图 5 – 49 线路规划界面 2

步骤 24：进入线路规划主界面后，单击【规划指南】按钮即可弹出相应说明，如图 5 – 50 所示。

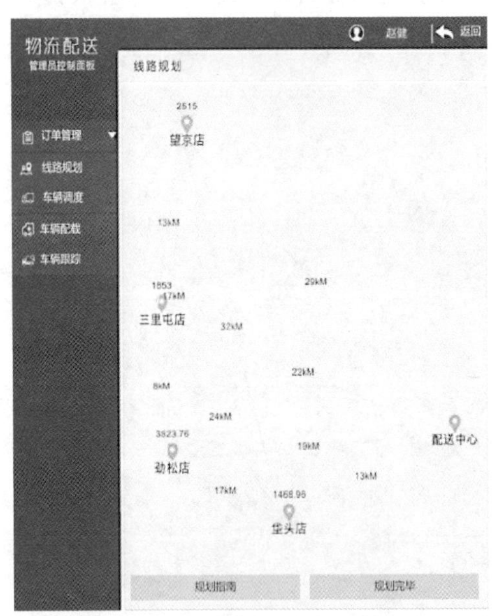

图 5 – 50 线路规划主界面 2

步骤 25：单击规划指南界面中的【关闭】按钮即可开始规划线路，如图 5 – 51 所示。

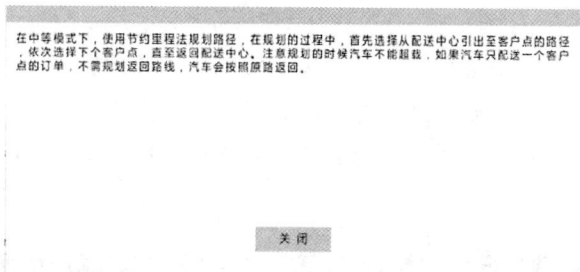

在中等模式下，使用节约里程法规划路径，在规划的过程中，首先选择从配送中心引出至客户点的路径，依次选择下个客户点，直至返回配送中心。注意规划的时候汽车不能超载，如果汽车只配送一个客户点的订单，不需规划返回路线，汽车会按照原路返回。

关 闭

图 5－51　路线规划指南 2

步骤 26：在界面的左侧开始进行线路规划，规划完成后，单击【规划完毕】按钮即可跳转至下一个界面，如图 5－52 所示。

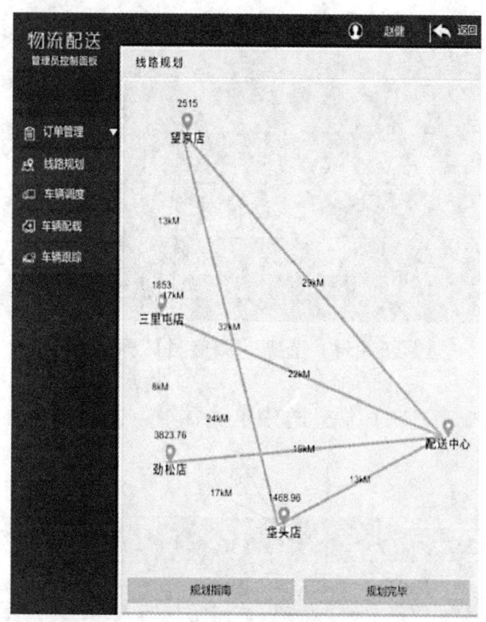

图 5－52　线路规划 2

步骤 27：规划完成后，界面会弹出用户的规划结果及最优路线，并给出评判结果，单击【下一步】按钮即可跳转至下一实训任务——车辆调度，如图 5－53 所示。

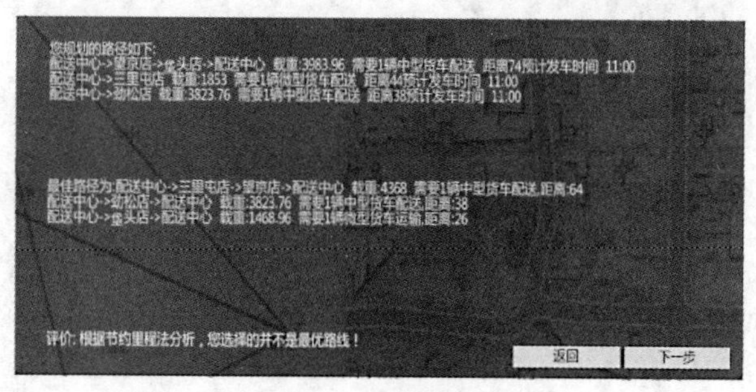

图 5－53　路径规划评价 2

3. **复杂模式**

客服人员处理完各个分店的订单详情后，信息传递给调度人员，他需要先学习节约里程法的求解方法，之后规划从配送中心到各分店的最优路径。

步骤1：单击角色选择界面中的调度员，如图5－54所示，单击【确认选择】按钮即可跳转至物流城市界面。

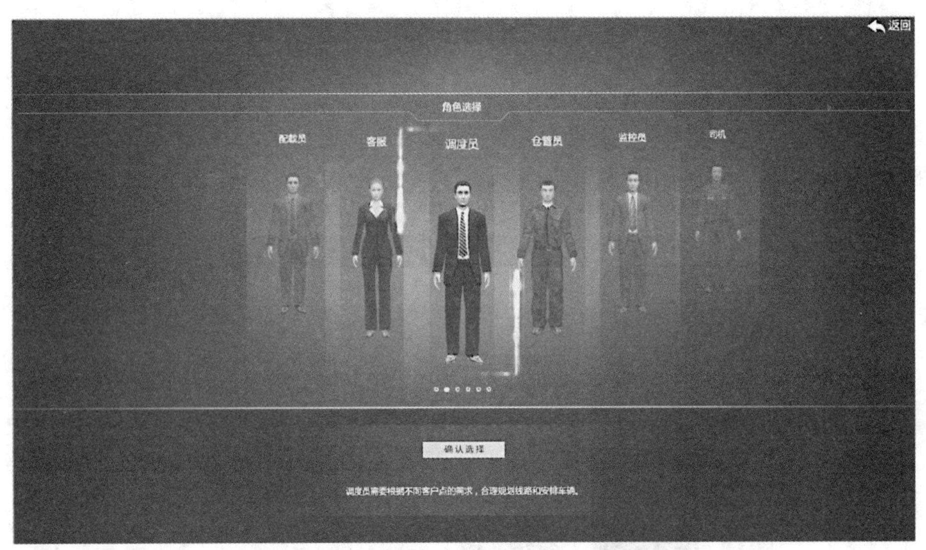

图5－54 选择【调度员】界面3

步骤2：单击物流城市中的【配送中心】链接即可进入配送中心仓储内部，如图5－55所示。

图5－55 【配送中心】链接3

步骤3：单击配送中心的【办公室】链接即可进入调度员的办公区域，如图5－56所示。

图5－56 【办公室】链接3

步骤4：单击绿色箭头指示的书，系统播放打开书本的动画后即可进入知识点学习界面，如图5－57所示。

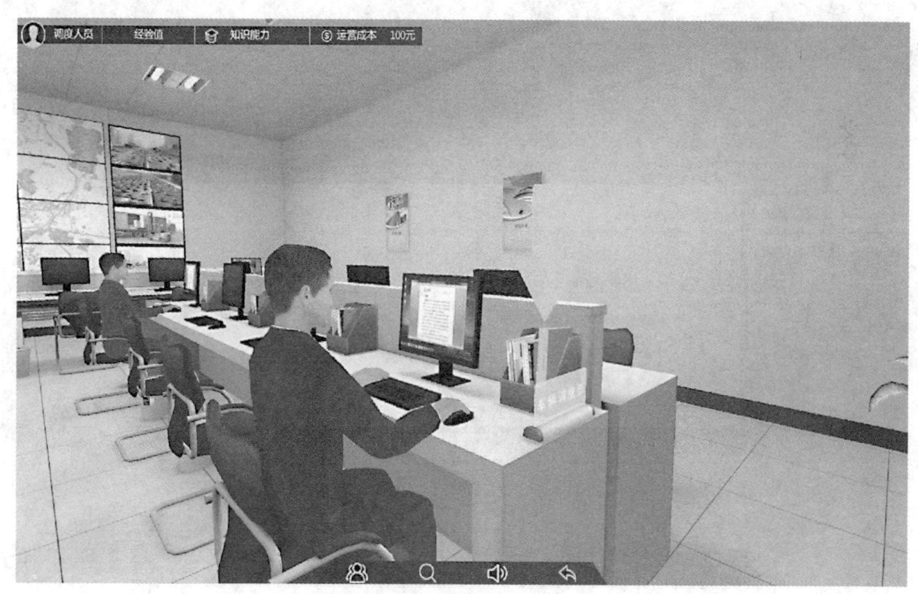

图5－57 调度员办公场景5

步骤5：界面弹出带时间窗的车辆路径问题知识点，通过界面右侧的滚动条可以学习完整个知识点，学习完成后，单击【下一步】按钮即可跳转至单选题，如图5－58所示。

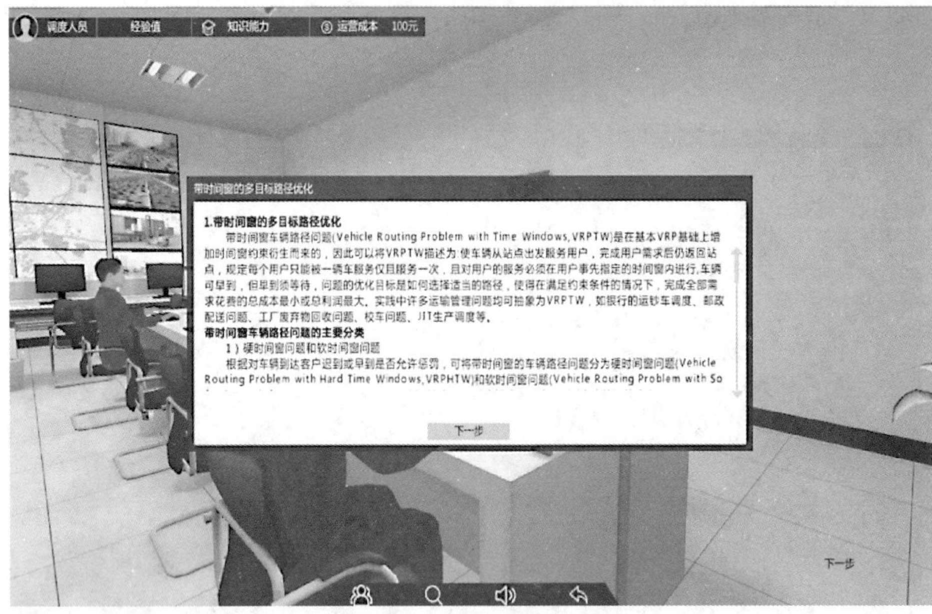

图 5－58　车辆路径知识点

步骤6：单选题选择 A，单击【提交】按钮即可弹出系统对该考核题的判断：如果选择错误，用户需要重新选择，直至选择正确；如果选择正确，系统弹出相应提示，提示消失后即可进行下一个考核题，如图5－59 所示。

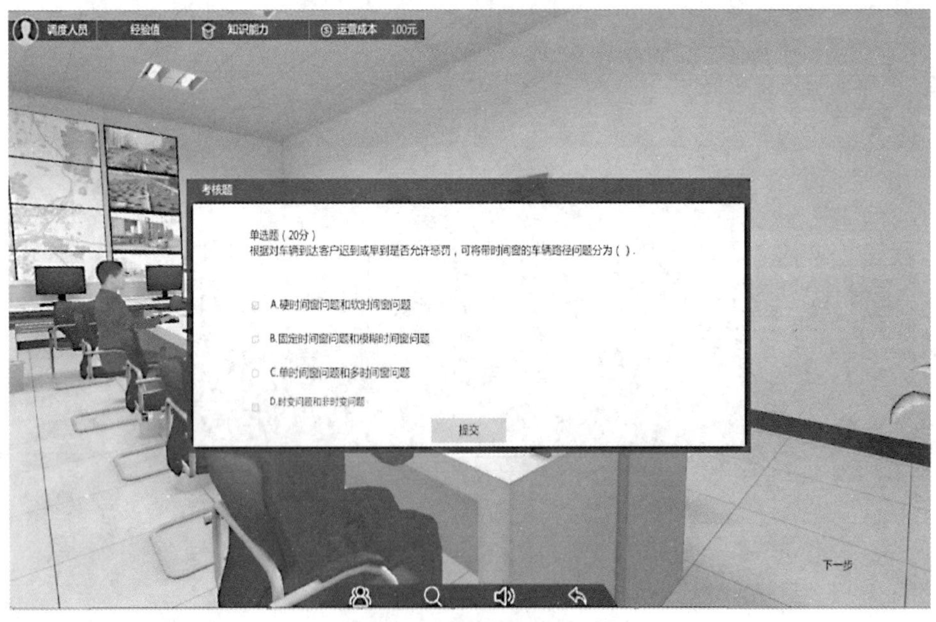

图 5－59　单选题考核

步骤7：多选题选择 ABD，单击【提交】按钮，选择正确后，即可跳转至下一界面，如图5－60 所示。

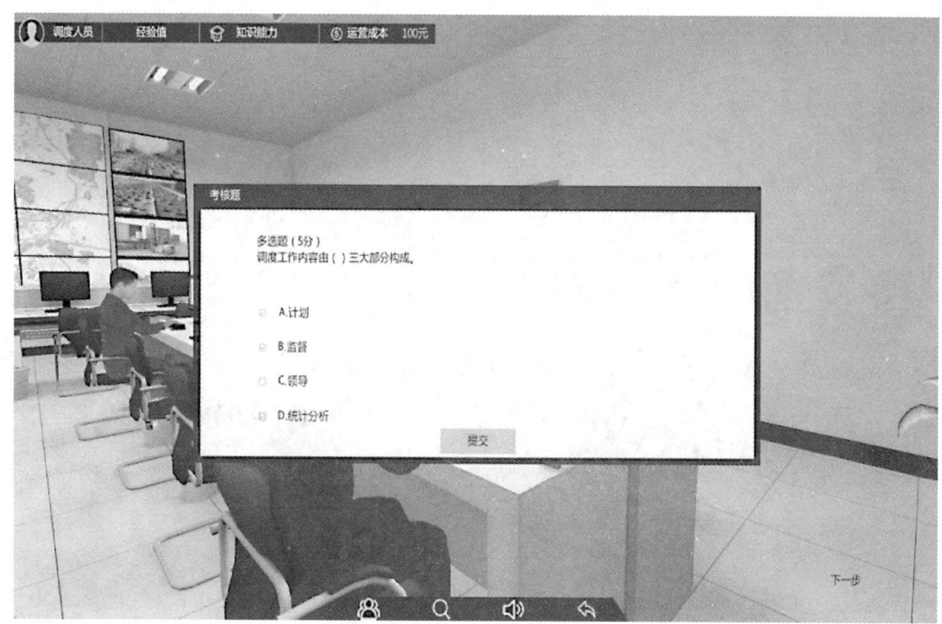

图 5-60　多选题考核

步骤8：界面弹出系统提示后，单击【确定】按钮即可跳转至下一界面，如图5-61所示。

图 5-61　结束考核

步骤9：单击绿色箭头指示的电脑，即可进入调度员的电脑桌面，如图5-62所示。

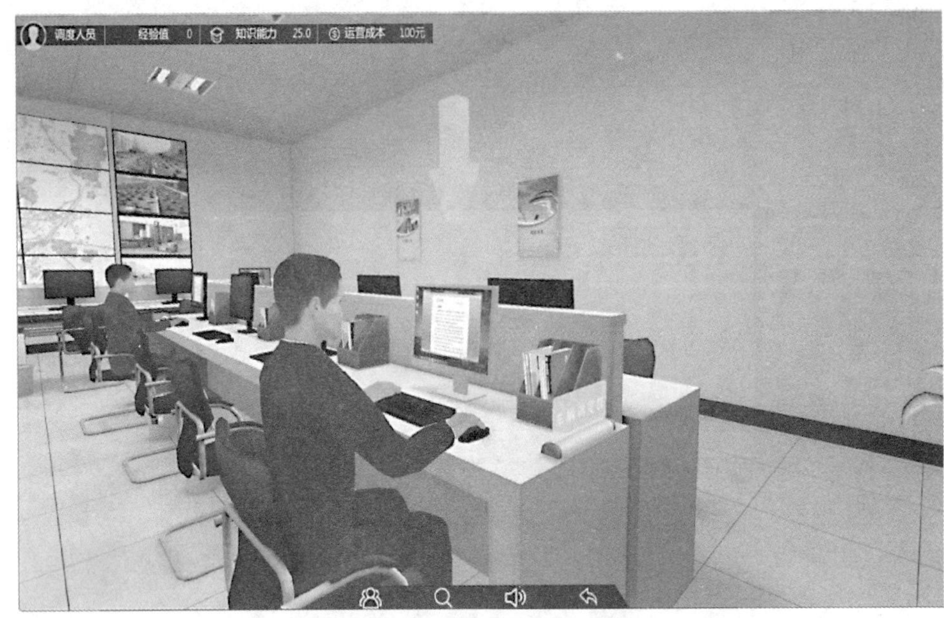

图 5－62 调度员办公场景 6

步骤 10：单击桌面上【配送运输管理系统】的图标，如图 5－63 所示，进入该系统的主界面。

图 5－63 进入配送运输管理系统主界面 3

步骤 11：单击主界面上的【线路规划】选项，即可跳转至线路规划主界面，如图 5－64 所示。

图 5－64　线路规划界面 3

步骤 12：单击线路规划界面上的【案例背景】按钮即可弹出复杂模式下的案例描述，如图 5－65 所示。

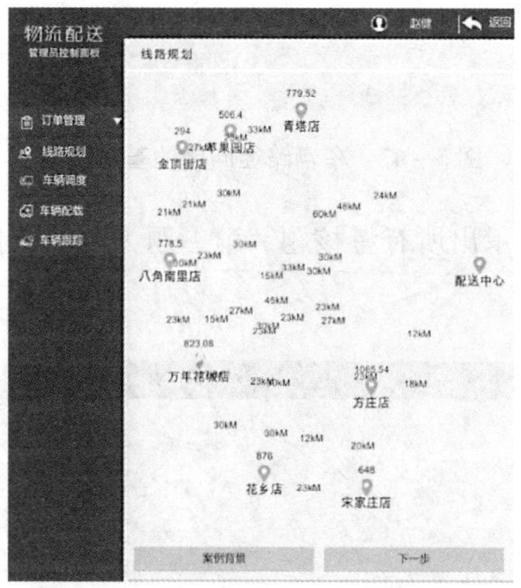

图 5－65　线路规划主界面 3

步骤 13：单击案例背景界面上的【关闭】按钮即可关闭案例描述，单击【下一步】按钮即可弹出带时间窗的车辆路径问题的基本模型，如图 5－66 所示。

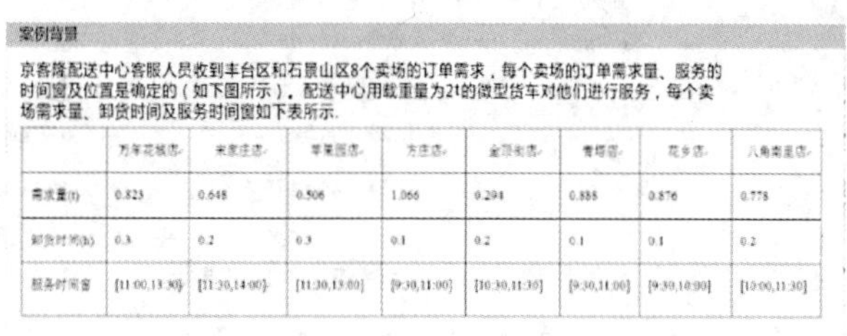
案例背景

京客隆配送中心客服人员收到丰台区和石景山区8个卖场的订单需求，每个卖场的订单需求量、服务的时间窗及位置是确定的（如下图所示）。配送中心用载重量为2t的微型货车对他们进行服务，每个卖场需求量、卸货时间及服务时间窗如下表所示.

	万年花城店	宋家庄店	苹果园店	方庄店	金顶街店	青塔店	花乡店	八角南里店
需求量(t)	0.823	0.648	0.506	1.066	0.294	0.885	0.876	0.778
卸货时间(h)	0.3	0.2	0.3	0.1	0.2	0.1	0.1	0.2
服务时间窗	[11:00,13:30]	[11:30,14:00]	[11:30,13:00]	[9:30,11:00]	[10:30,11:30]	[9:30,11:00]	[9:30,10:00]	[10:00,11:30]

关闭

图 5－66　“案例背景”对话框

步骤 14：通过界面右侧的滚动条可以学习完整的基本模型的全部内容，之后单击【考核题】按钮即可跳转至考核界面，如图 5－67 所示。

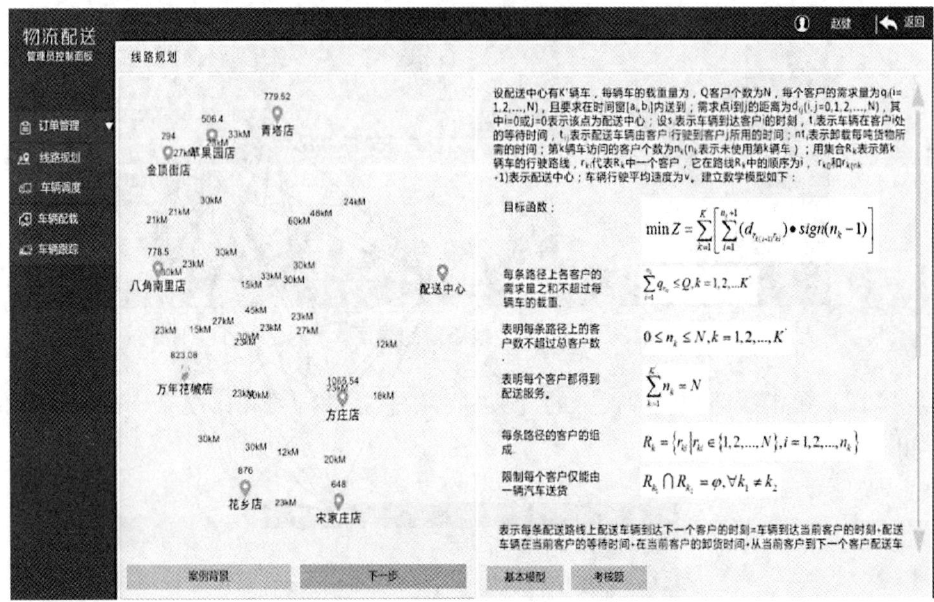

图 5－67　车辆路径问题的基本模型

步骤 15：界面右侧显示出所有考核题，第一题为单项选择，第二题为连线题，如图 5－68 所示。

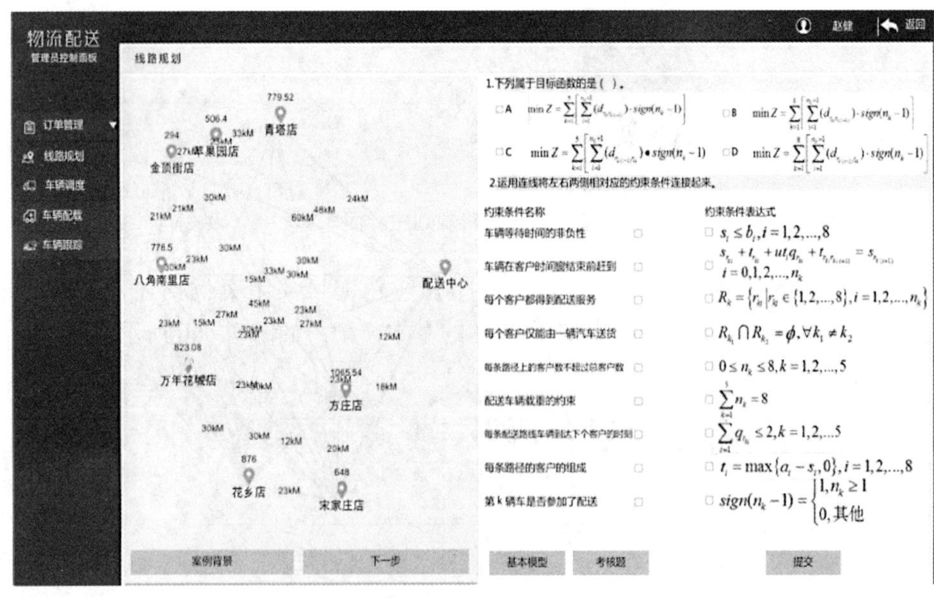

图 5－68　考核题

步骤 16：第一个考核题，根据基本模型中的内容选择“C”，如图 5－69 所示。

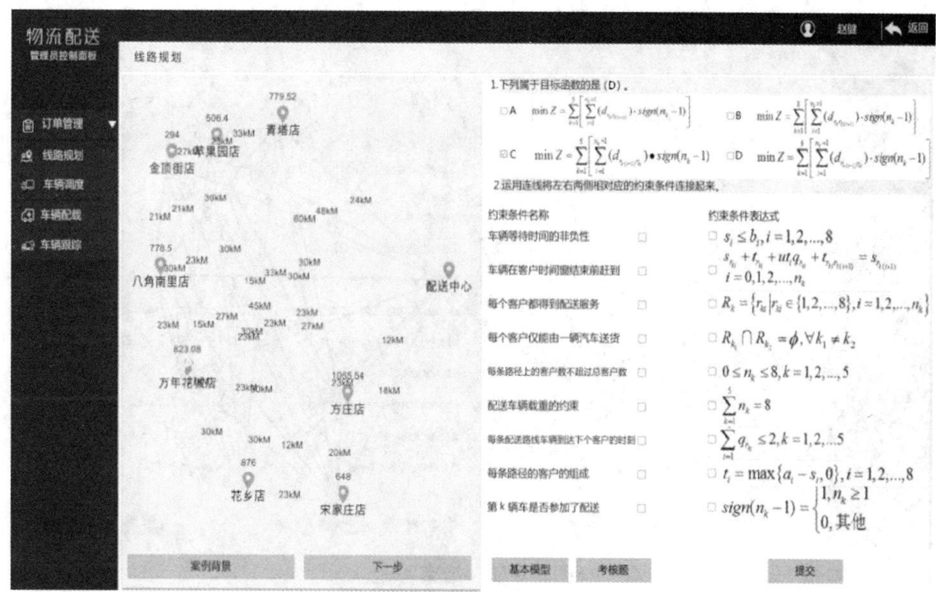

图 5－69　单选题答案

步骤 17：根据描述进行连线，每次连线的顺序都是系统随机生成的，连线结束后，单击【提交】按钮，如果存在连线错误的，系统会以红色线条予以提示，如图 5－70 所示。

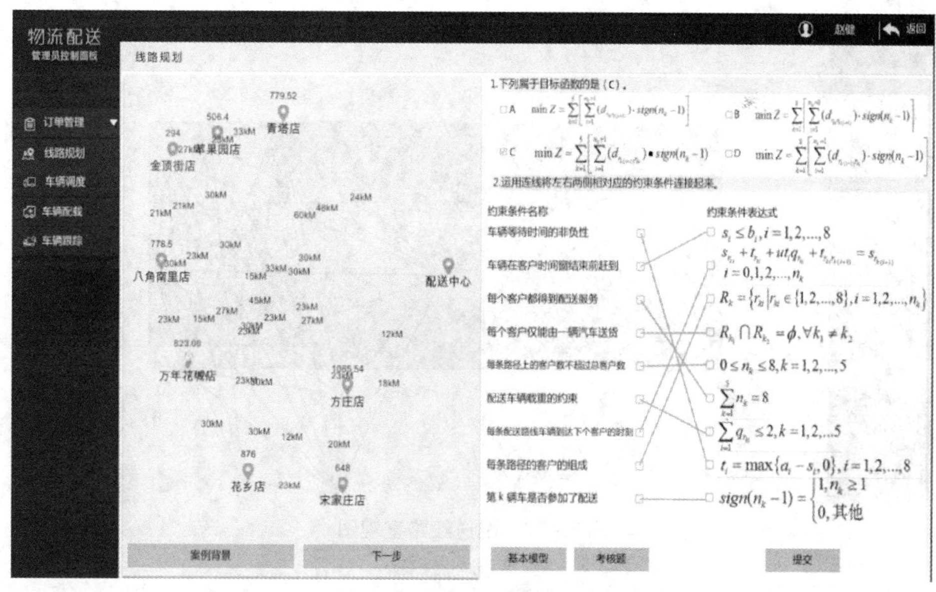

图 5－70　连线题答案

步骤 18：考核题提交结束后，如图 5－71 所示，单击【规划完毕】按钮即可跳转至系统线路规划结果。

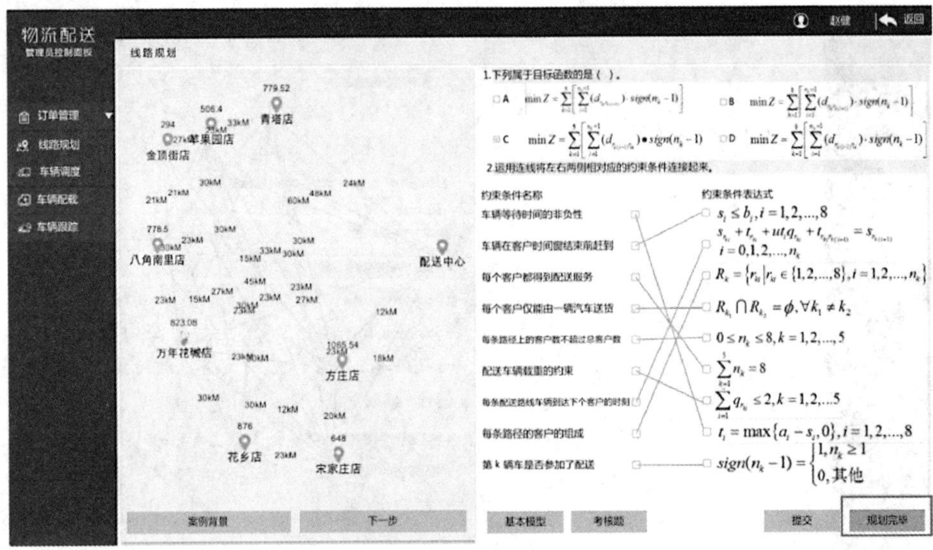

图 5－71　结束答题

步骤 19：界面左侧显示的是配送线路直观图，中间显示的是文字说明及预计发车时间，单击【下一步】按钮即可跳转至车辆调度实训任务。在车辆调度的时候可以单击线路规划查看线路规划结果，便于进行车辆调度，如图 5－72 所示。

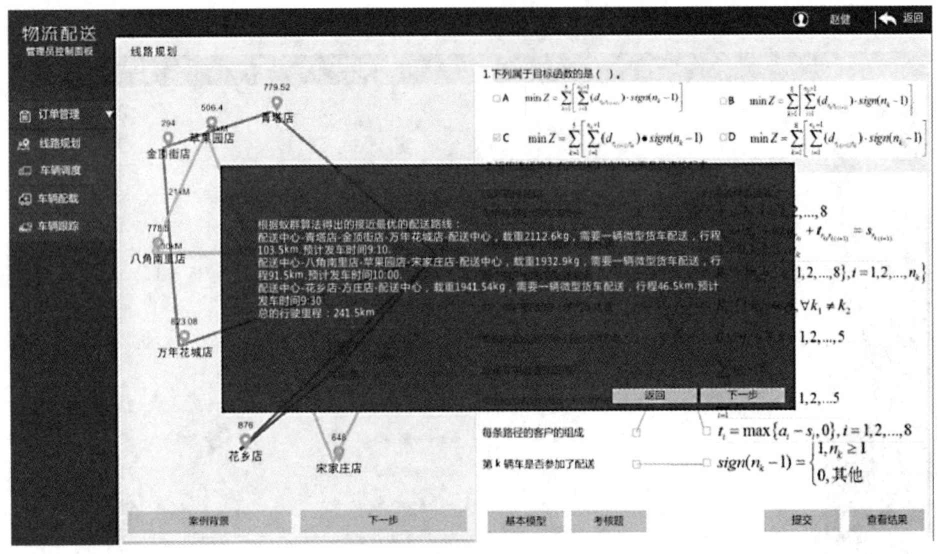

图 5－72　配送线路直观图

5.3.2　车辆调度

车辆调度员需要根据线路优化的结果对车辆进行调度。

步骤 1：界面弹出系统提示，待提示消失后，单击【车辆调度】选项即可进入其主界面，如图 5－73 所示。

图 5 – 73　【车辆调度】选项

步骤 2：根据待派运单列表中客户货物的重量（简单模式）或者根据线路优化后的结果（中等模式及复杂模式），单击【新增】按钮，弹出增加车辆列表框，如图 5 – 74 所示。

图 5 – 74　增加车辆列表框

步骤 3：预计发车只需要根据线路规划结果（可以随时单击线路规划查看规划结果）填写出发时间即可，车辆类型选择微型货车/中型货车，车牌号在现有的车牌号中选择即可，调度人及调度时间系统自动生成，单击【保存】按钮即可完成添加一辆货车。如果需要添加多辆车，即重复步骤 3，如图 5 – 75 所示。

图 5－75　增加一辆车辆列表

步骤 4：单击【保存】按钮后，调度单列表中会出现一条或多条记录。选择调度编号后的选择框，再根据线路规划结果选择待派运单列表中的运单（可选择多个运单），单击【加入】按钮后，当前调度单已选运单列表中出现调度信息。如果有多辆车需要调度，则重复步骤 5 的操作，如图 5－76 所示。

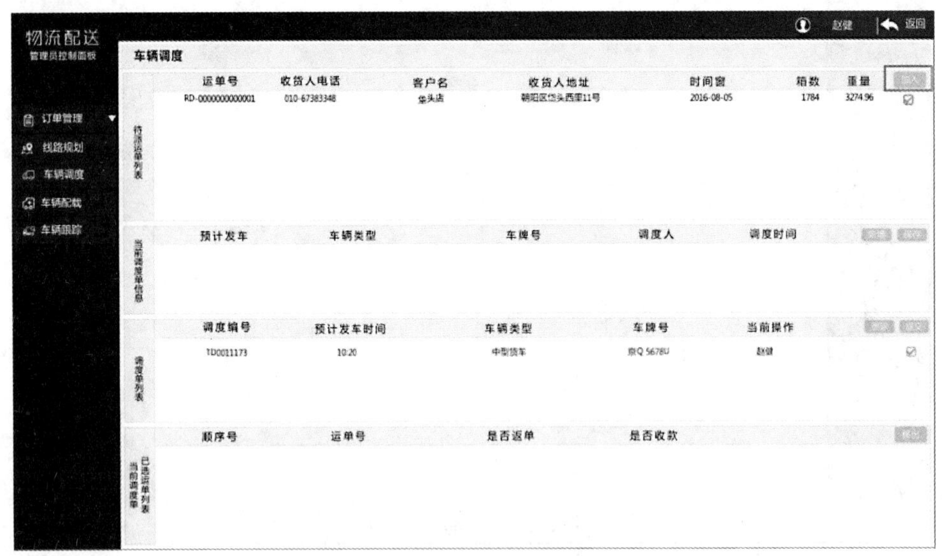

图 5－76　调度车辆列表

步骤 5：单击调度单列表中的调度单及当前调度单已选运单列表之后，单击【提交】按钮即可完成车辆与货物的匹配。如果调度单列表中有多个，则需要重复步骤 5 的操作，直至调度完成，如图 5－77、图 5－78 所示。

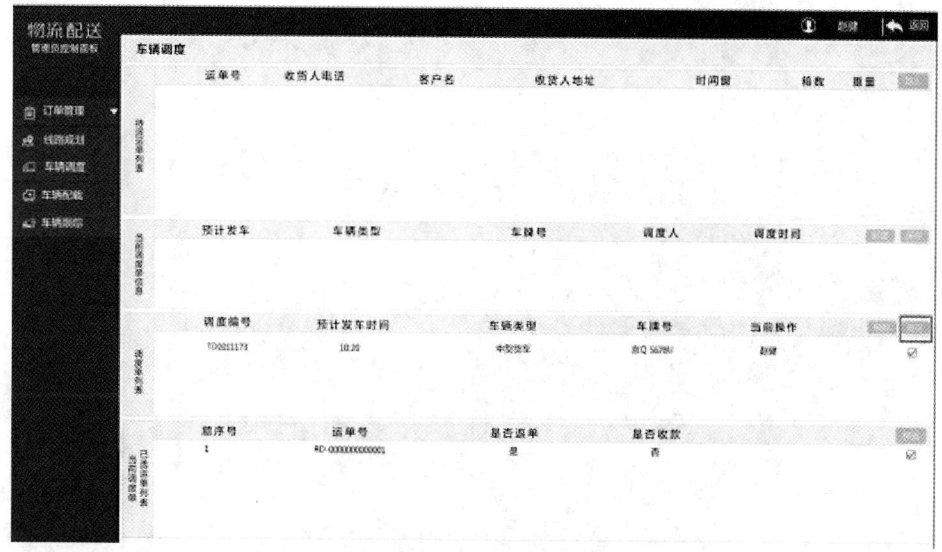

图5－77　简单模式界面

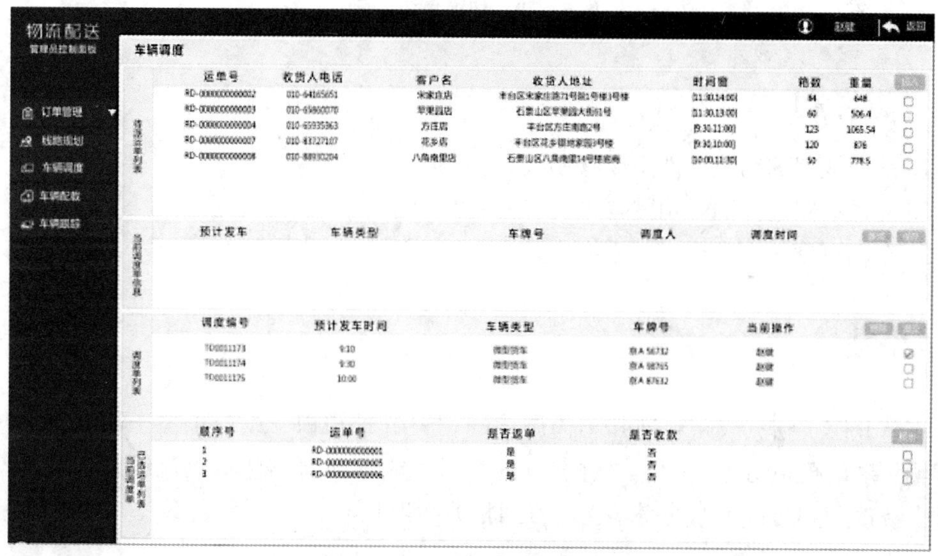

图5－78　中等/复杂模式界面

步骤6：调度完成后，界面会弹出阶段任务完成的界面，如图5－79所示，单击【切换角色】按钮即可进入下一个实训任务。

图 5－79　切换角色界面

5.4　思考题

1. 配送线路的约束条件主要有哪些?
2. 配送线路选择的影响因素主要有哪些?
3. 车辆调度的主要构成因素有哪些?

本章小结

本章介绍了物流线路规划和车辆调度的相关背景知识，设计了关于物流线路规划和车辆调度的模拟仿真实验。通过本章的学习，能够加深学生对物流线路规划和车辆调度业务的理解与认识，使得学生学习到相关知识。

6　模拟配载仿真实训

6.1　背景介绍

6.1.1　配载的概念

配载（Cargo），物流交通学术语，又称配装，是指为具体的运班选配货载，即承运人根据货物托运人提出的托运计划，对所属运输工具的具体运班确定应装运的货物品种、数量及体积。配载的结果是编制运班装货清单。装货清单通常包括卸货港站、装货单号、货名、件数、包装、重量、体积及积载因素等，同时还要注明特殊货物的装载要求。

配载包括航空配载、陆路配载、航运配载等。近些年随着互联网大数据的应用，兴起了许多配载平台，能够使得配载工作更加科学合理。

6.1.2　配载的原则

一般来说，轻重搭配是配载最简单的原则。也就是说用重货铺底，以充分利用运输工具的载重量，轻泡货搭配以充分利用其可用空间体积。最后的结果是，轻重货的总重量加起来能无限接近于限定载重量的最大值，轻重货的总体积加起来能无限接近限定体积数的最大值。但轻重货的搭配并不是随意的，而是要达到上面所说的目的，无论是重量还是体积都要无限接近最大化，同时还要产生最佳的经济效益，这就需要有一个科学的依据、比例。

长期以来，物流公司的员工都是凭经验来为运输工具进行配载，虽然也能获取一定的效益，但是否已经达到运输工具使用率的最大化、配载效益的最大化了，也从未有人去评估过，同时这种经验对于新员工来说是不具备的。能否有个公式化的计算办法来让大家都会给运输工具进行配载呢？其实很简单，我们在集货时一般都是以重量或体积来计量货物的，这样就可以知道所集货物密度的近似值，从而推出轻重货的配载比例。

6.1.3　配载注意事项

配载时应注意的几点原则：

（1）根据运输工具的内径尺寸，计算出其最大容积量。

(2) 测量所载货物的尺寸重量，结合运输工具的尺寸，初步算出装载轻重货物的比例。

(3) 装车时注意货物摆放顺序、堆码时的方向，是横摆还是竖放，要最大限度地利用车厢的空间。

(4) 配载时不仅要考虑最大限度地利用车载量，还要具体情况具体分析，根据货物的价值来进行价值的搭配。

(5) 以单位运输工具能获取最大利润为配载总原则。

6.1.4 建立优化配载模型的方法

随着科学和计算技术的发展，在解决实际问题过程中通过建立数学模型，采取数学和系统科学方面的优化法，以及多准则评价方法等来求解最佳方案。其中比较常用的方法有以下几种：

1. 数据包络分析方法①

数据包络分析方法（Data Envelopment Analysis，DEA）是运筹学、管理科学与数理经济学交叉研究的一个新领域。它是根据多项投入指标和多项产出指标，利用线性规划的方法，对具有可比性的同类型单位进行相对有效性评价的一种数量分析方法。DEA 及其模型自 1978 年由美国著名运筹学家 A. Charnes 和 W. W. Cooper 提出以来，已广泛应用于不同行业及部门，并且在处理多指标投入和多指标产出方面，体现了其得天独厚的优势。

(1) 数据包络线。

企业管理者如何评估一所快餐分销店、银行支行、健康诊所或初等学校的生产力？衡量生产力有三重困难：第一，什么是系统适当的投入（如劳动力时间、材料金额）及其度量方法？第二，什么是系统适当的产出（如现金支票、存款凭证）及其度量方法？第三，正确衡量这些投入产出之间关系的方法是什么？

目前，开发出一种技术，通过明确地考虑多种投入（即资源）的运用和多种产出（即服务）的产生，能够用来比较提供相似服务的多个服务单位之间的效率，这项技术被称为数据包络分析方法。它避开了计算每项服务的标准成本，因为它可以把多种投入和多种产出转化为效率比率的分子和分母，而不需要转换成相同的货币单位。因此，用 DEA 衡量效率可以清晰地说明投入和产出的组合，从而，它比一套经营比率或利润指标更具有综合性并且更值得信赖。

DEA 是一个线性规划模型，表示为产出对投入的比率。通过对一个特定单位效率和一组提供相同服务的类似单位绩效的比较，它试图使服务单位的效率最大化。在这个过程中，获得 100% 效率的一些单位被称为相对有效率单位，而另外的效率评分低于 100% 的单位称为无效率单位。

这样，企业管理者就能运用 DEA 来比较一组服务单位，识别相对无效率单位，衡

---

① 成刚．数据包络分析方法与 MaxDEA 软件［M］．北京：知识产权出版社，2014.

量无效率的严重性，并通过对无效率和有效率单位的比较，发现降低无效率的方法。

（2）衡量服务生产力。

从工程学角度看，衡量组织的生产力和衡量系统的效率相似。它可以表述为产出和投入的比率。

例如，在评估一个银行支行的运营效率时，可以用一个会计比率，如每笔出纳交易的成本。相对于其他支行，一个支行的比率较高，则可以认为其效率较低，但是较高的比率可能是源于一个更复杂的交易组合。运用简单比率的问题就在于产出组合没有明确。关于投入组合，也能做出同样的评论。广泛基础上的指标，如盈利性和投资回报，和全面绩效评估高度相关，但它们不足以评估一个服务单位的运营效率。比如，你不能得出以下的结论：一个盈利的支行必定在雇员和其他投入的使用上是有效的。盈利性业务的比率高于平均水平比资源运用的成本效率更能解释其盈利性。

2. 层次分析法

（1）层次分析法的定义。

所谓层次分析法（Analytic Hierarchy Process，AHP），是指将一个复杂的多目标决策问题作为一个系统，将目标分解为多个目标或准则，进而分解为多指标（或准则、约束）的若干层次，通过定性指标模糊量化方法算出层次单排序（权数）和总排序，以作为目标（多指标）、多方案优化决策的系统方法。

层次分析法是将决策问题按总目标、各层子目标、评价准则直至具体的备投方案的顺序分解为不同的层次结构，然后用求解判断矩阵特征向量的办法，求得每一层次的各元素对上一层次某元素的优先权重，最后再以加权的方法递阶归并各备择方案对总目标的最终权重，此最终权重最大者即为最优方案。这里所谓“优先权重”是一种相对的量度，它表明各备择方案在某一特点的评价准则或子目标下优越程度的相对量度，以及各子目标对上一层目标而言重要程度的相对量度。层次分析法比较适合于具有分层交错评价指标的目标系统，而且目标值又难于定量描述的决策问题。其用法是构造判断矩阵，求出其最大特征值，及其所对应的特征向量 $\boldsymbol{W}$，归一化后，即为某一层次指标对于上一层次某相关指标的相对重要性权值。

（2）层次分析法的优点。

①系统性的分析方法。层次分析法把研究对象作为一个系统，按照分解、比较判断、综合的思维方式进行决策，成为继机理分析、统计分析之后发展起来的系统分析的重要工具。系统的思想在于不割断各个因素对结果的影响，而层次分析法中每一层的权重设置最后都会直接或间接影响到结果，而且在每个层次中的每个因素对结果的影响程度都是量化的，非常清晰、明确。这种方法尤其可用于对无结构特性的系统评价以及多目标、多准则、多时期等的系统评价。

②简洁实用的决策方法。这种方法既不单纯追求高深数学，又不片面地注重行为、逻辑、推理，而是把定性方法与定量方法有机地结合起来，使复杂的系统分解，能将人们的思维过程数学化、系统化，便于人们接受，且能把多目标、多准则又难以全部量化处理的决策问题化为多层次单目标问题，通过两两比较确定同一层次元素相对上

一层次元素的数量关系后，最后进行简单的数学运算。即使是具有中等文化程度的人也可了解层次分析的基本原理和掌握它的基本步骤，计算也非常简便，并且所得结果简单明确，容易为决策者了解和掌握。

③所需定量数据信息较少。层次分析法主要是从评价者对评价问题的本质、要素的理解出发，比一般的定量方法更讲求定性的分析和判断。由于层次分析法是一种模拟人们决策过程的思维方式的方法，层次分析法把判断各要素的相对重要性的步骤留给了大脑，只保留人脑对要素的印象，化为简单的权重进行计算。这种思想能处理许多用传统的最优化技术无法着手的实际问题。①

3. 模糊综合评判②

（1）模糊综合评判简介。

比如，要判定某项产品设计是否有价值，每个人都可从不同角度考虑：有人看是否易于投产，有人看是否有市场潜力，有人看是否有技术创新，这时就要根据多个因素对事物做综合评价。具体过程是：将评价目标看成是由多种因素组成的模糊集合（称为因素集 u），再设定这些因素所能选取的评审等级，组成评语的模糊集合（称为评判集 v），分别求出各单一因素对各个评审等级的归属程度（称为模糊矩阵），然后根据各个因素在评价目标中的权重分配，通过计算（称为模糊矩阵合成），求出评价的定量解值。上述过程即为模糊综合评判。

（2）模糊综合评判的提出。

20 世纪 80 年代初，汪培庄提出了综合评判模型，此模型以它简单实用的特点迅速波及国民经济和工农业生产的方方面面，广大实际工作者运用此模型取得了一个又一个的成果。与此同时，还吸引了一些理论工作者对此模型进行深化和扩展研究，出现了一批诱人的成果，诸如：多级模型、算子调整、范畴统观等。

而且，针对实际应用中模糊综合评判模型常遇到的一些问题，对其进行了改进，可采用多层次模糊综合评判模型和广义合成运算的模糊综合评判模型。

4. 模糊层次分析法③

模糊层次分析法（Fuzzy Analytic Hierarchy Process，FAHP）是 20 世纪 70 年代美国运筹学家 T. L. Saaty 教授提出的一种定性与定量相结合的系统分析方法。

该方法为量化评价指标选择最优方案提供了依据，并得到了广泛的应用。在模糊层次分析中，做因素间的两两比较判断时，如果不用三角模糊数来定量化，而是采用一个因素比另一个因素的重要程度定量表示，则得到模糊判断矩阵。

（1）产生原因。

众多的风险评价方法中，层次分析法以其定性和定量相结合地处理各种评价因素

---

① 赵静. 数学建模与数学实验［M］. 北京：高等教育出版社，2000.

② 靳景玉. 模糊综合评判与投资效益评价［J］. 技术经济与管理研究，2000（3）：37－38.

③ 姬东朝，宋笔锋，喻天翔. 基于模糊层次分析法的决策方法及其应用［J］. 火力与指挥控制，2007，32（11）：38－41.

的特点，以及系统、灵活、简洁的优点，受到承包商的青睐。

层次分析法最大的问题是某一层次评价指标很多时（如四个以上），其思维一致性很难保证。在这种情况下，将模糊法与层次分析法的优势结合起来形成的模糊层次分析法，将能很好地解决这一问题。

（2）问题步骤。

模糊层次分析法的基本思想是根据多目标评价问题的性质和总目标，把问题本身按层次进行分解，构成一个由下而上的梯阶层次结构。因此在运用 AHP 决策时，大体上可以分为以下四个步骤：

①分析问题，确定系统中各因素之间的因果关系，对决策问题的各种要素建立多级（多层次）递阶结构模型。

②对同一层次（等级）的要素以上一级的要素为准则进行两两比较，并根据评定尺度确定其相对重要程度，最后据此建立模糊判断矩阵。

③通过一定计算，确定各要素的相对重要度。

④通过综合重要度的计算，对所有的替代方案进行优先排序，从而为决策人选择最优方案提供科学的决策依据。

5. 与 AHP 的不同点

模糊层次分析法的基本思想和步骤与 AHP 的步骤基本一致，但仍有以下两方面的不同点：

（1）建立的判断矩阵不同。

在 AHP 中是通过元素的两两比较建立判断一致矩阵。而在 FAHP 中通过元素两两比较建立模糊一致判断矩阵。

（2）求矩阵中各元素的相对重要性的权重的方法不同。

模糊层次分析法（FAHP）改进了传统层次分析法存在的问题，提高了决策可靠性。FAHP 有一种是基于模糊数，另一种是基于模糊一致性矩阵。

6.2　实训目的与要求

通过本操作，熟悉配载流程，能够将不同运单根据需要进行组单，配载下达，最后反馈。

6.3　实训内容与步骤

车辆调度员完成线路规划及车辆调度后，需要配载员根据两者的结果对货物进行合理配载。

步骤 1：进入角色选择界面，选择配载员后，如图 6－1 所示，单击【确认选择】按钮即可进入下一步。

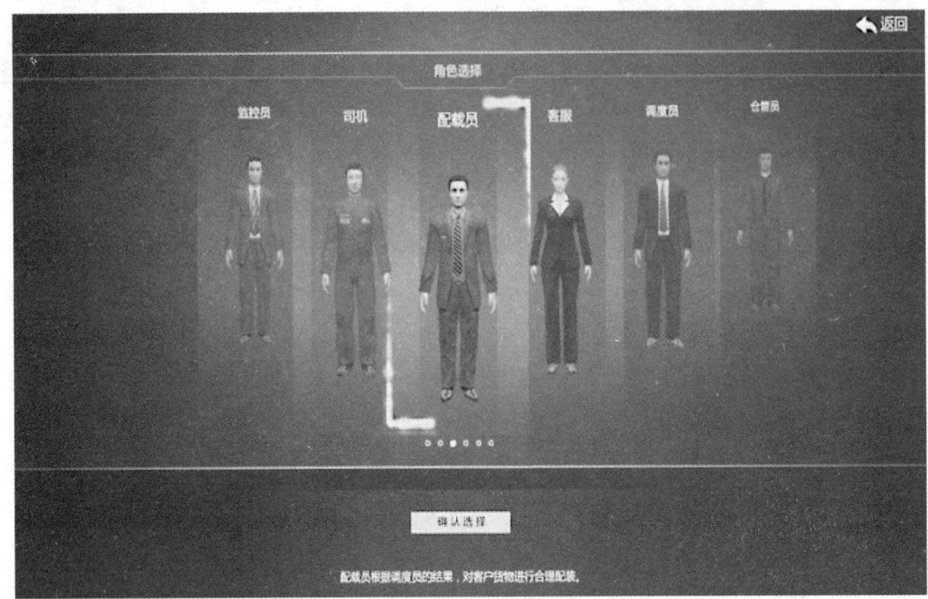

图 6-1　选择【配载员】界面

步骤 2：单击物流城市中的【配送中心】链接即可进入配送中心仓储内部，如图 6-2 所示。

图 6-2　【配送中心】链接

步骤 3：单击配送中心的【办公室】链接即可进入配载员的办公区域，如图 6-3 所示。

图6－3 【办公室】链接

步骤4：根据系统界面的提示，单击绿色箭头指示的书架即可进入知识点学习界面，如图6－4所示。

图6－4 配载员办公场景1

步骤5：单击知识点界面左右两侧的箭头可实现翻页效果，如图6－5所示，单击关闭即可进入考核题界面。

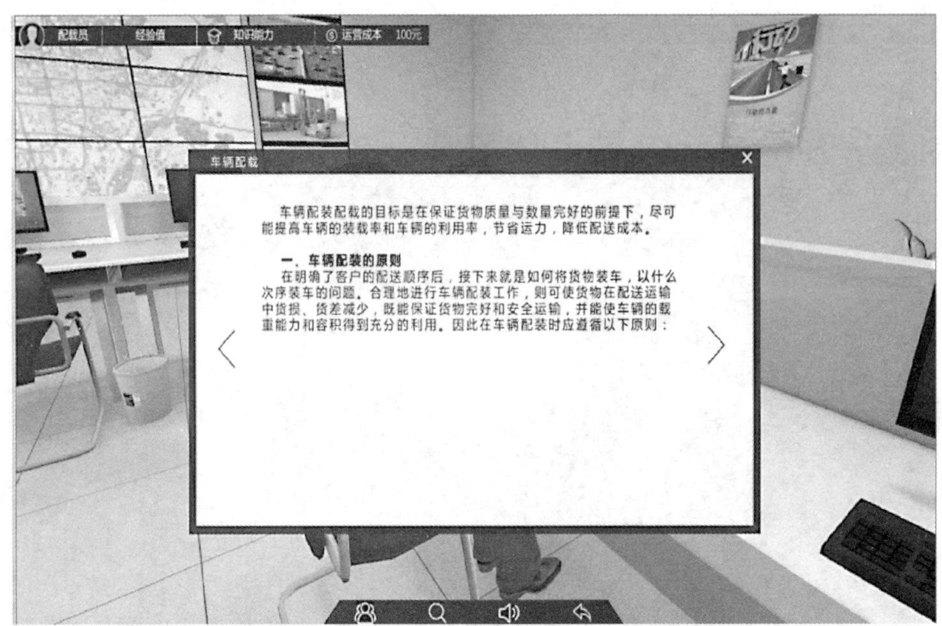

图 6-5 “车辆配载”知识点界面

步骤 6：在弹出的多选题界面上，如图 6-6 所示，选择 ABCD，单击【提交】按钮即可进入下一个界面。

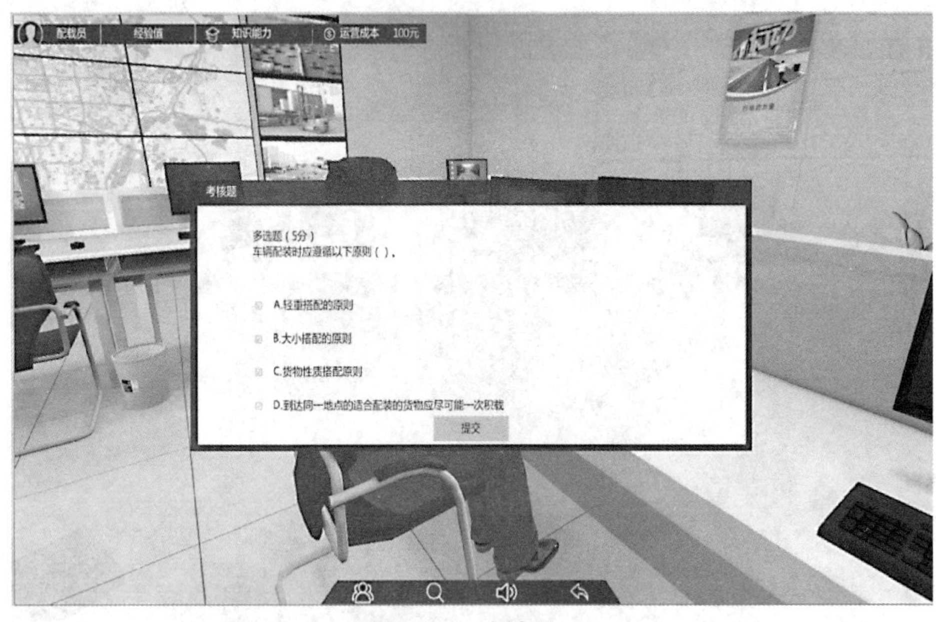

图 6-6 多选题

步骤 7：界面弹出系统提示，如图 6-7 所示，待提示消失后，选择判断考核题上的错误选项，单击【提交】按钮即可进入下一个界面。

图 6－7　判断题

步骤 8：考核题完成后，系统弹出操作提示，单击【确定】按钮即可跳转至下一个界面，如图 6－8 所示。

图 6－8　考核结束

步骤 9：单击绿色箭头所指示的电脑即可进入配载员的工作场景，如图 6－9 所示。

图 6－9　配载员办公场景 2

步骤 10：单击桌面上【配送运输管理系统】图标即可进入该系统的主界面，如图 6－10 所示。

图 6－10　进入配送运输管理系统主界面

步骤 11：单击主界面上的车辆配载，即可进入配载界面，如图 6－11 所示。

图 6－11　【车辆配载】选项

步骤 12：将位于地面上的货物装载到车上，单击界面右侧货物名称，左侧即会出现三向标注的箭头，根据箭头指向拖动货物，直至将所有的货物装载到车辆上，如图 6－12 所示。

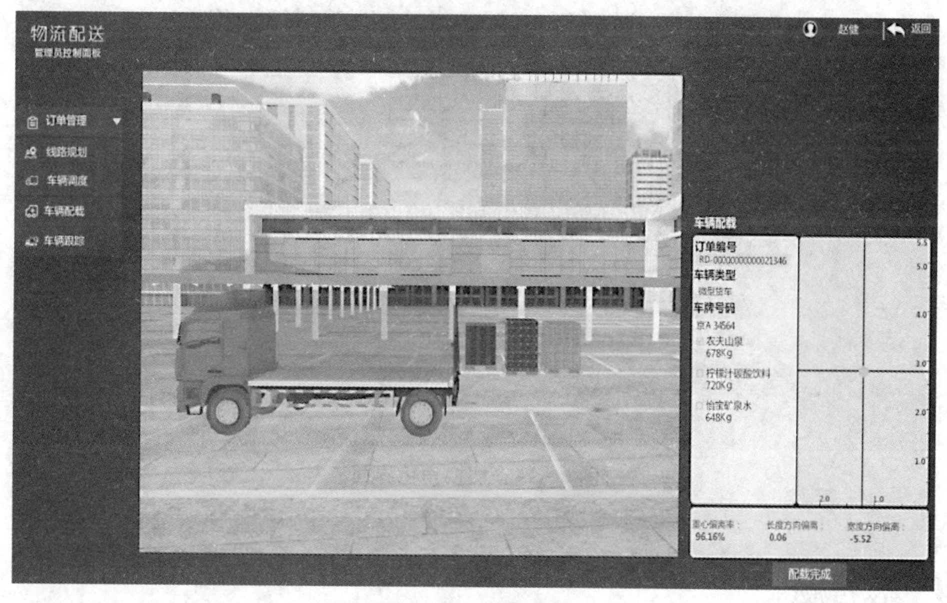

图 6－12　装货界面

步骤 13：所有货物装载车上后，系统会显示配载的情况信息，如图 6－13 所示，单击【配载完成】按钮即可跳转至阶段任务完成界面。

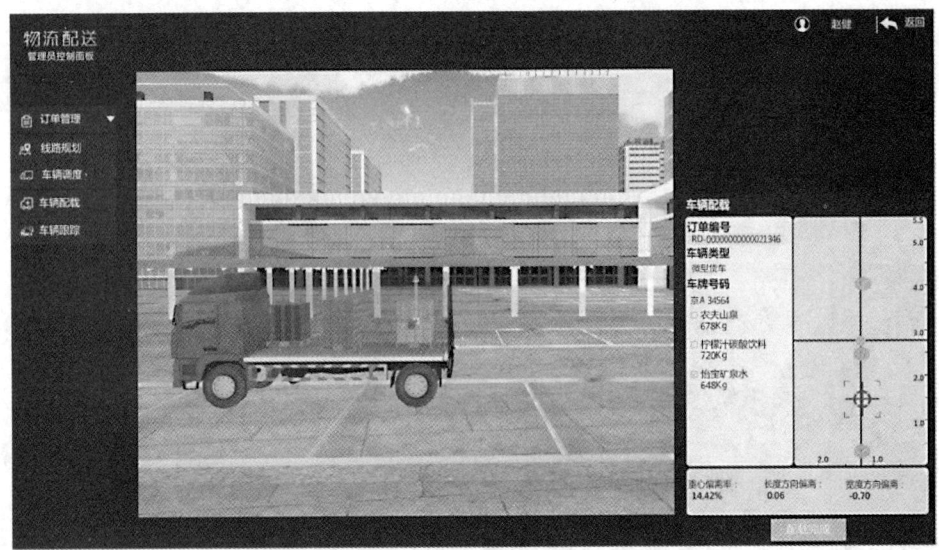

图 6-13　配载完成

步骤 14：阶段任务完成后，单击【切换角色】按钮即可进入下一个实训任务的操作，如图 6-14 所示。

图 6-14　切换角色界面

6.4　思考题

1. 车辆配载的原则有哪些？
2. 车辆配载过程中要注意哪些基本事项？

3. 车辆配载主要包括哪些基本操作环节？

本章小结

本章介绍了车辆配载相关背景知识，设计了关于车辆配载操作的模拟仿真实验。通过对本章的学习，能够使学生加深对车辆配载操作业务的认识与了解。

7　拣货装车仿真模拟实训

7.1　背景介绍

7.1.1　拣货装车的概述

拣货装车顾名思义就是根据客户的订单，将物品从仓库的库存储位中取出来，并进行出库装车准备配送的业务。由于将货物搬运整理至配送车内过程简单，此处重点讲解拣货系统。

拣货就是根据客户的订单，将物品从仓库的库存储位中取出来，并进行出库的业务。包括对客户订单进行汇总排程，库存分配，从存储位置拣出货物，并对拣出的货物做相应的处理等一系列过程。

7.1.2　拣货策略

不同拣货策略的拣货路径长度会受拣货顺序的影响，其拣货时间和拣货效率是不一样的，采用比较多的拣货策略有以下几种：

（1）穿越策略。

在这种策略下，拣货员从通道的一端进入，走过通道时按先后顺序拣取通道两边货架上的待取货物，直到将这条通道两边货架上的待取货物取完，从通道的另一端穿出，并用同样的方式通过所有含待取货物的通道。

（2）返回策略。

返回策略是指拣货员从拣货通道的一端进入并从同一端走出，拣货员只进入需要取货的通道，先将一边的货物取完再走到另一边沿路往回取货，而不需进入不含取货储位的通道。

（3）分割返回策略。

分割返回策略是将通道按一定的规则分成两部分，当拣货员抵达通道的分界处时即返回，根据分割原则的不同又可以分为两种情况：一种是中点分割策略，即将每一条通道从中间分割成两个部分，这种货架区也分成了两部分，拣货员进入每一条通道时，到达分界线即返回，这样依次将货架区的两部分待拣货物取完；另一种是最大间隙策略，即拣货员进入通道后返回的依据是通道内货架上下区相邻两个待取货物储位距离为此条通道的最大者。①

---

① 杨华荣．配送中心拣货路径信息采集与处理系统设计［J］．铁路采购与物流，2013（2）：49－51.

7.1.3 拣货系统的方式

拣货系统的方式主要有以下几种：

1. **传票**

传票是直接利用订单或交货单作为拣货指示。使用传票的优点是无须利用计算机等设备处理拣货信息，适用于订购品项数很少或少量订单的情况，较适合按订单拣货。但传票易在拣货中受污损，或因存货不足、缺货等将注记直接写在传票上，导致作业过程发生错误，甚至无法判别确认；另外，传票没有标示储位的产品，必须靠拣货人员的记忆在储区中寻找存货位置，这需要许多寻货时间及行走距离。

2. **拣货单**

把原始用户订单输入计算机进行拣货信息处理，然后打印出拣货单。这种方式避免了传票在拣货过程中易受污损的缺点，此外，产品储位编号显示在拣货单上，可按路径先后次序排列储位编号，引导拣货员按最短路径拣货，提高拣货效率。拣货单处理工作耗费人力、时间，拣货完成后仍需经过检品过程，以确保正确无误。

3. **贴标签**

贴标签方法取代了拣货单，由打印机打印出所需拣取的物品名称、位置、价格等信息的拣货标签，其数量与拣货量相等，在拣货的同时将标签贴在物品上，以作为确认数量的方式。因货物和标签同步前进，并利用扫描器读取货品的条码，错误率极小。

4. **显示方式**

这种方式最初在货架上安装灯号来显示拣货位置，之后发展为在货架上安装液晶显示器。这种方法还可显示应该拣货的货物数量，且错误率很小。

5. **条码**

条码是商品从制造、批发到销售过程中自动化管理的符号，是利用黑白相间条纹的粗细而组成的不同的平行线符号，把它贴在商品包装表面上，通过条码阅读器自动读取的方式，把线条符号转变成数字号码，能准确快速掌握商品信息，提高库存管理精度，是一种实现商品管理现代化和效率化的有效方法。例如：通过条码扫描器读取表示货架位置号码的条码后，货物放在何处保管的信息立即得到。

6. **无线电识别器**

把无线电识别器安装在移动设备上，同时又能把接收和发射电波的ID卡或标签等的信息反应器安装在货品或储位上。当无线电识别器接近货品时，立即读取货品或储位反应器上的信息，通过识别电路传给计算机。

7. **无线通信**

这是在堆垛机上安装无线电通信设备，通过它把货架货位的托盘拣货信息传递给拣货人员。

8. **计算机随行指示**

在堆垛机或台车上安装辅助拣货计算机终端，在拣货之前把拣货信息输入计算机，拣货人员根据计算机显示引导，能迅速而准确地拣取货品。

9. **自动拣货系统**

当电子信息输入自动拣货系统后，自动完成拣货工作，这是世界上最先进的自动拣货系统，是拣货设备发展的方向。

7.1.4 自动分拣系统介绍

拣货过程自动化一直是物流配送研究中的重要课题。很多国家早在1970年前后就已经开始研究自动分拣机，至今已经开发出了多种自动分拣机，并在医药、化妆品和卷烟的分拣中逐步得到应用。但是，关于分拣系统设备选择具体方法的研究还是不多，并主要集中在怎样利用分析或分类指导分拣设备的选择上。当电子信息输入自动拣货系统后，自动完成拣货工作，这是世界上最先进的自动拣货系统，是拣货设备发展的方向。

1. **自动分拣机的种类**

自动分拣机是自动分拣系统的主要组成部分之一。其主要类型有A型自动仓库、A型分拣机、移动拣货机器人、存储式自动分拣机、卧式分拣机以及其他类型的分拣机等。

（1）A型自动仓库，货物以单品的形式存放在货架中，由小型堆垛机完成拣货作业。由于该系统速度过慢、能力过小，已经被淘汰。

（2）A型分拣机，该分拣机有四种类型：第一种是20世纪70年代后半期由美国的SI公司研发，该分拣机在货架的前面设置一个输送机，取货机取出的货物由输送机进行搬运。由于拣货速度的限制，该系统已经很少使用。第二种是由美国公司研发的自动分拣机，该分拣机具有多个纵向排列的通道，通道的底部装有拣出装置，完成货物的拣取。该系统的分拣能力很强，能够用几秒的时间拣取多个货物，因此，至今很多配送中心仍在使用该类型分拣机组成的分拣系统。第三种是由日本的石川岛磨重工业株式会社研发的A型分拣机，其外形和原理都与系统非常类似。第四种是欧洲的公司研发的分拣机。

（3）移动拣货机器人，由能够移动的机器人完成拣货作业。

（4）存储式自动分拣机，由法国研发，货物存放在橱柜的抽屉中，分拣时，抽屉被拉出到合适的位置，由下面输送机上的拣货装置进行拣取。

（5）卧式分拣机，货物存储在分拣机的横向通道内，由横向通道前端的拣出机构完成拣取动作，横向通道内的货物由滚子或皮带带向前端。横向通道较宽，可容纳较多的货物，单次补货量较大。拣出机构一次动作可以拣出多个单品，分拣效率高，但该分拣机的结构复杂，成本较高。

（6）其他类型的分拣机，有自动杂志分拣机、邮件分拣机、信件分拣机等。

2. **复合式自动分拣机**

当前广泛使用的CASS（复合式自动分拣系统），其主要组成设备有A字型分拣机、卧式分拣机、输送皮带、控制系统、打码和包装设备。其工作流程为仓储人员将需要分拣的货物运送到分拣备货区，补货人员按照品种和分拣机的对应关系将其装入分拣机中。控制系统根据订单数据控制各分拣机，将客户所需货物拣出到输送皮带上，由输送皮带将其输送到打码和包装设备。打码和包装设备按照订单顺序对货物进行打码和包装，在码垛区进行码垛集中后运送到出库区，等待装车发运。

组成分拣系统的 A 字型分拣机和卧式分拣机，各有其特点。前者的优点是结构紧凑、占地面积小、设备成本低；缺点是分拣速度慢、补货效率低。后者的优点是分拣速度快、补货效率高；缺点是设备成本高、占地面积大。在 CASS 中，不同物流特性的货物由不同类型的分拣机进行分拣，能够充分发挥各种分拣机的优点，提高系统的性价比。因此 CASS 成为卷烟等配送中心实现自动分拣的主流设备。①

7.2　实训目的与要求

①了解配送装车相关的知识点。

②掌握配送装车的作业流程。

③熟悉送货与收货的实际作业过程。

7.3　实训内容与步骤

7.3.1　拣货配装

仓管员根据各分店的订单信息、线路规划结果及配载要求，对货物进行拣选、配装。

步骤 1：在角色选择界面，选择仓管员，如图 7－1 所示，单击【确认选择】按钮即可完成角色的转换。

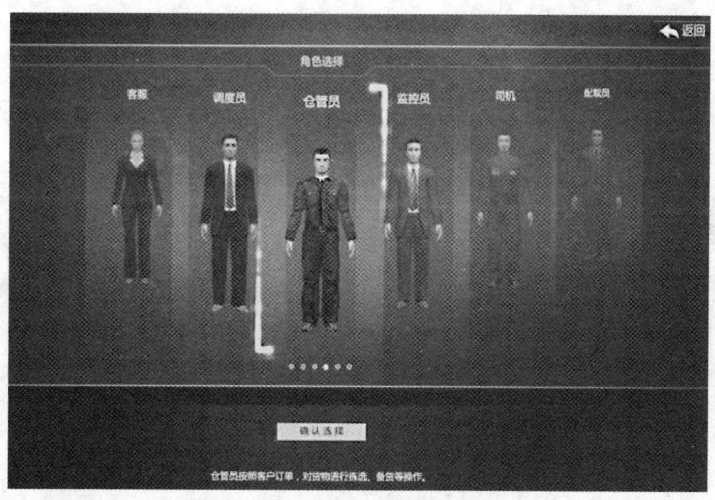

图 7－1　选择【仓管员】界面

步骤 2：单击物流城市中的【配送中心】链接即可进入配送中心仓储内部，如图 7－2 所示。

---

① 李诗珍．配送中心拣货作业优化设计与控制研究［D］．西南交通大学，2008.

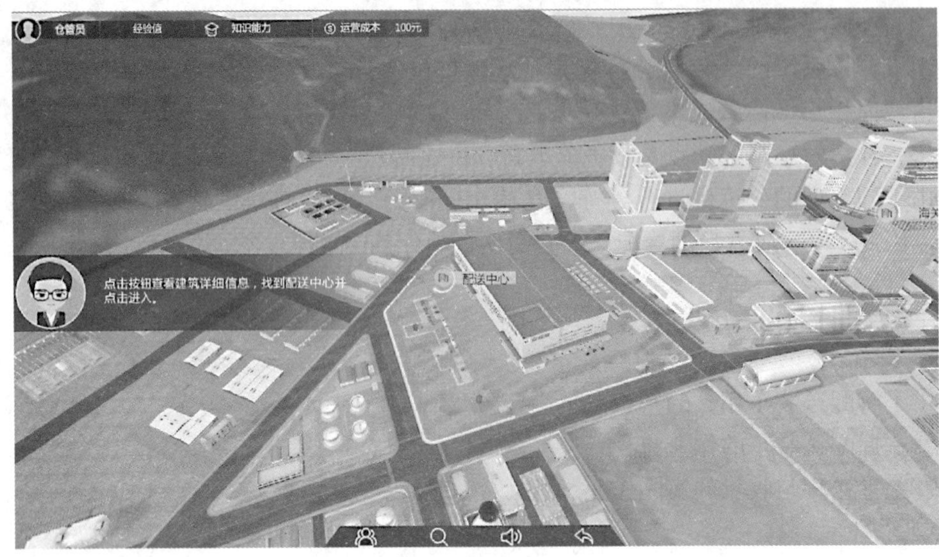

图7－2 【配送中心】链接

步骤3：单击配送中心的【办公室】链接即可进入仓管员的办公区域，如图7－3所示。

图7－3 【办公室】链接

步骤4：单击书本，如图7－4所示，系统播放打开配送实务的动画后，弹出知识点学习界面。

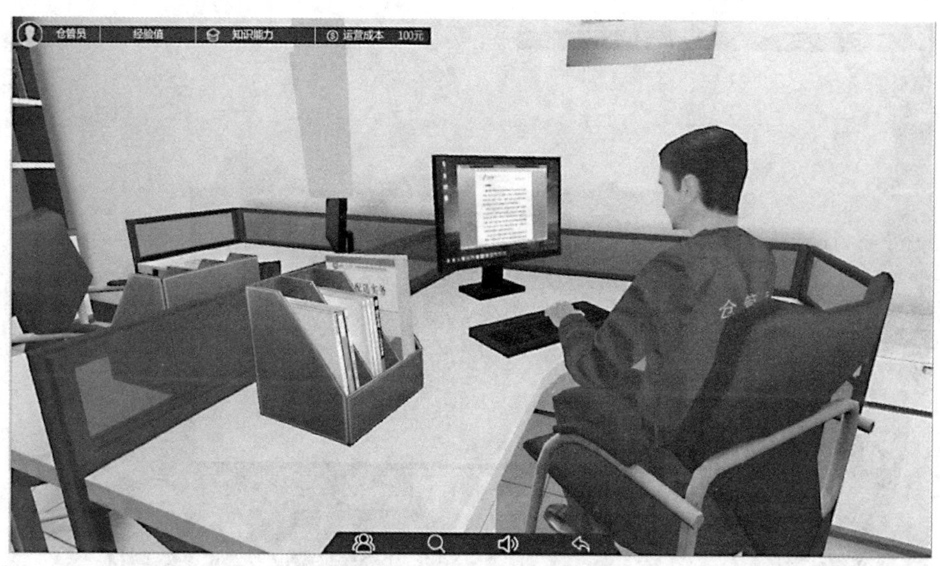

图 7-4　仓管员办公场景 1

步骤 5：界面中弹出备货的知识点，可以通过知识点界面右侧的滚动条学习整个知识点，如图 7-5 所示，学习完成后，单击【下一步】按钮即可跳转至考核题界面。

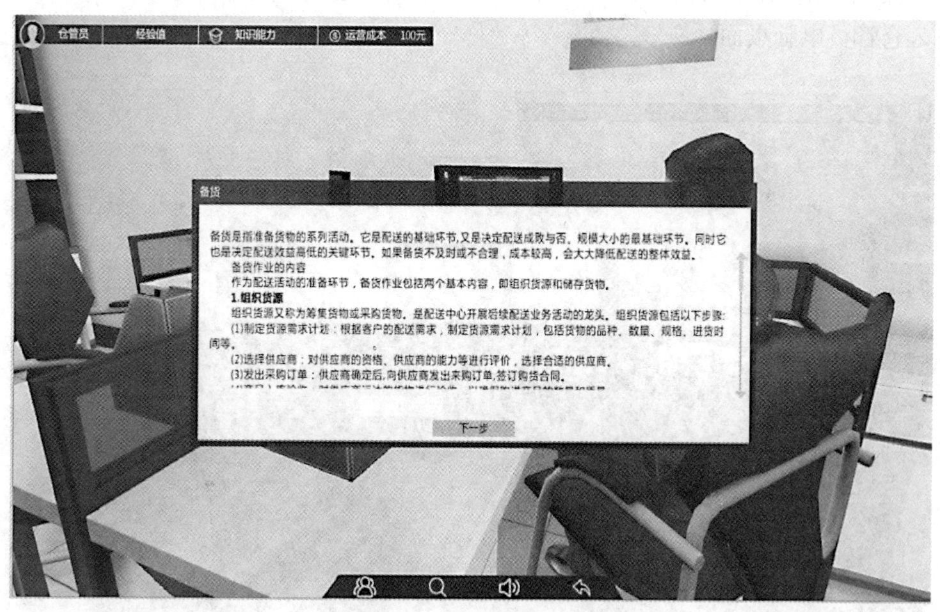

图 7-5　“备货”知识点界面

步骤 6：在弹出的考核题——判断题界面，如图 7-6 所示，选择错误，单击【提交】按钮即可跳转至下一界面。

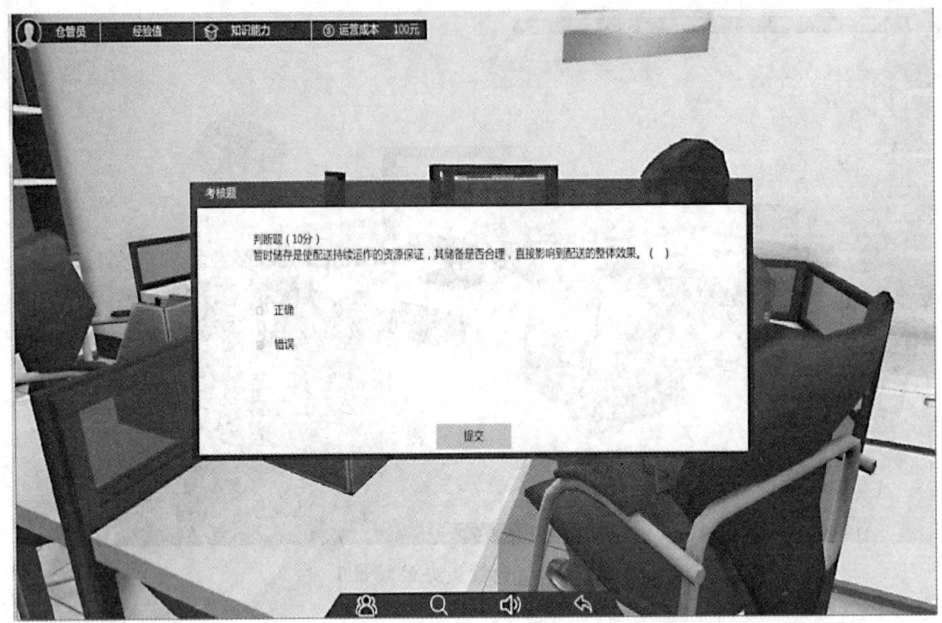

图 7－6 判断题

步骤 7：系统弹出操作提示，如图 7－7 所示，单击【确定】按钮后，单击电脑即可进入仓管员电脑桌面。

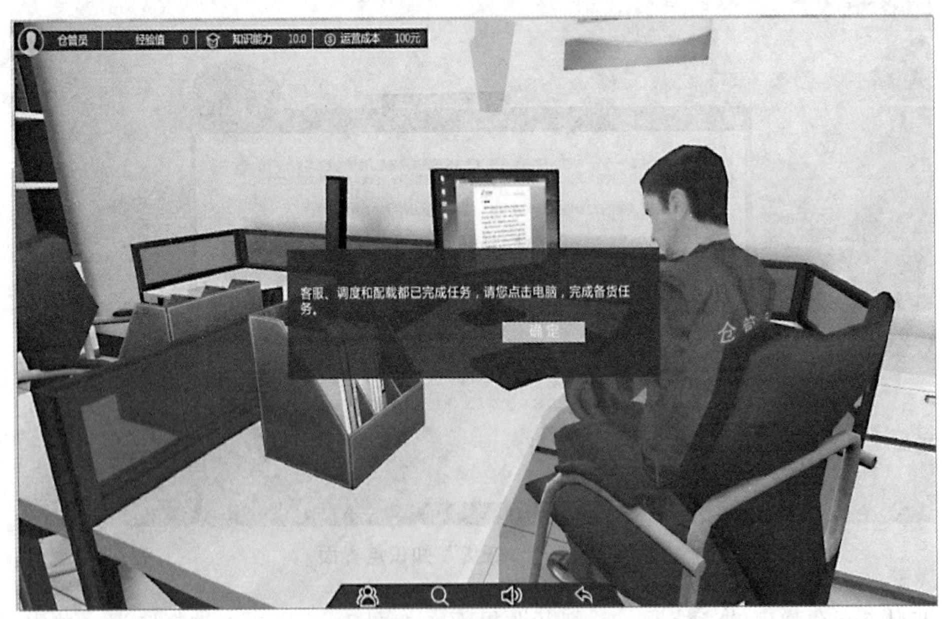

图 7－7 仓管员办公场景 2

步骤 8：单击桌面上的【配送运输管理系统】图标，即可进入该系统的主界面，如图 7－8 所示。

图7－8　进入配送运输管理系统主界面

步骤9：单击主界面上的【订单管理】下的【出库订单】选项即可跳转至出库订单主界面，如图7－9所示。

图7－9　【出库订单】选项

步骤10：单击红色圆圈处的图标后，如图7－10所示，弹出货物详细信息的对话框，单击【关闭】按钮即可关闭该信息。

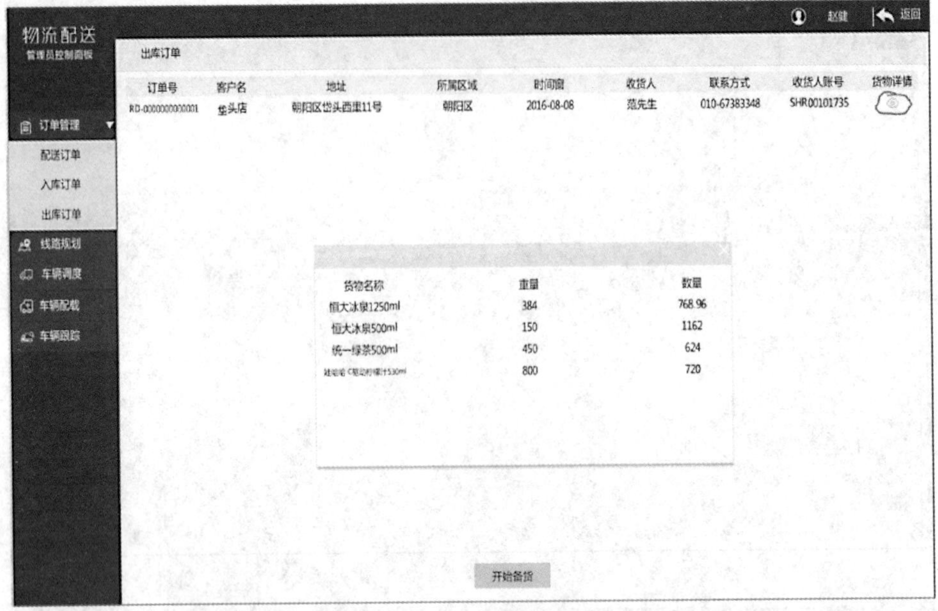

图 7－10　货物信息

步骤 11：单击【开始备货】按钮，系统即将场景从办公区域切换至仓库内部，如图 7－11 所示。

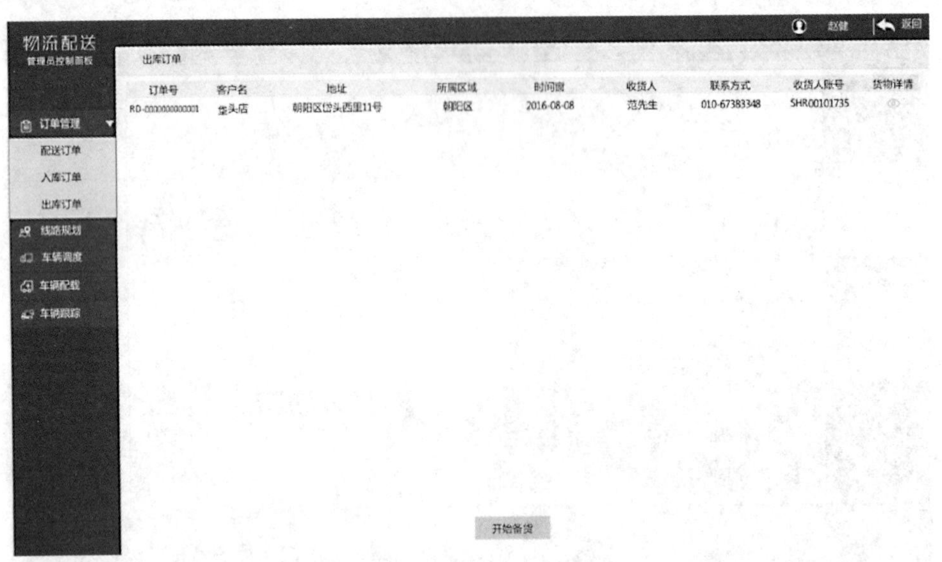

图 7－11　开始备货

步骤 12：系统自动播放从拣选、AGV 小车搬运直至将货物装载在货车上的动画，如图 7－12 所示，动画播放完成即跳转至阶段任务完成界面。

图 7－12 货物装载

步骤 13：在弹出的阶段任务完成界面，如图 7－13 所示，单击【切换角色】按钮即可完成角色的转换及任务的切换。

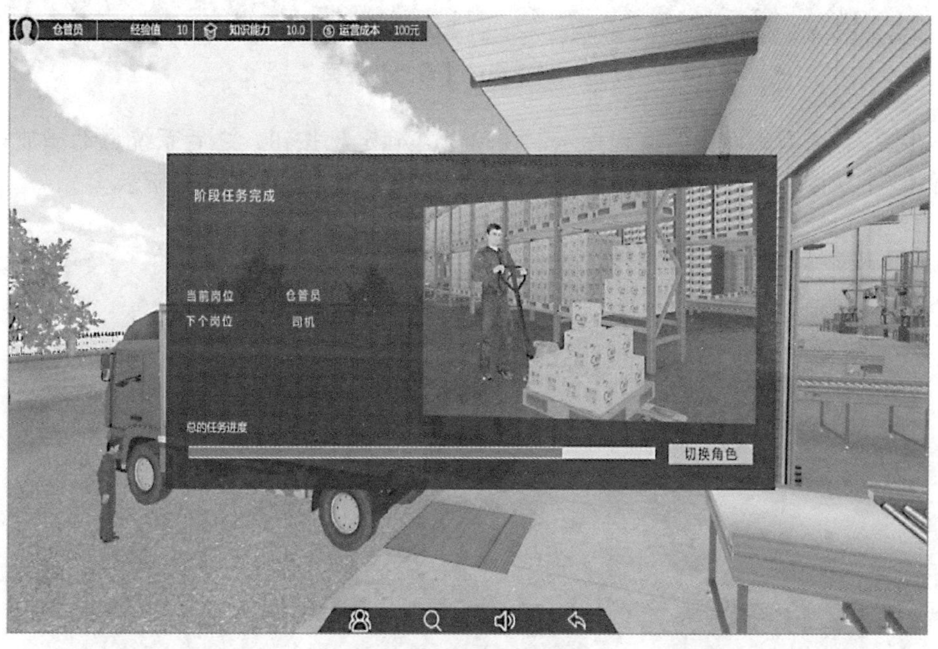

图 7－13 切换角色界面

7.3.2 送货收货

待所有分店的货物均已配货、配装完毕后，由司机将货物运送到各分店的收货处，由各分店的收货员协助完成卸货作业，将签收单据的信息及时传递到公司后台并带回配送中心。

步骤1：进入角色选择界面，选择司机，如图7－14所示，并单击【确认选择】按钮即可跳转至司机配送界面。

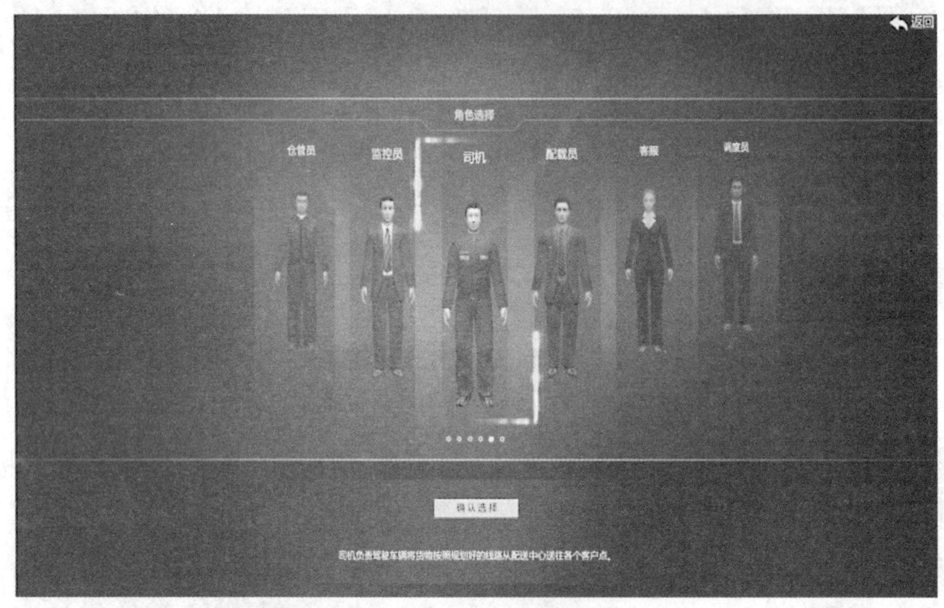

图7－14　选择【司机】界面

步骤2：查看界面中的流程提示，并单击【确定】按钮，之后系统自动播放司机检查轮胎的动画，动画播放完成后即跳转至另一个界面，如图7－15所示。

图7－15　检查轮胎

步骤 3：动画播放完成后，在地图上显示从配送中心至目的分店，配送中心处为☆图标，分店处为✧图标。到达分店后，弹出另一个界面，如图 7－16 所示。会弹出相应分店的贴图，如图 7－16 所示，单击【开始卸货】按钮即可进入卸货界面。

图 7－16　到达分店

步骤 4：系统自动播放司机从车上下来走至收货员附近的绿色圆圈处，此时，界面弹出两者之间的对话，如图 7－17、图 7－18 所示。

图 7－17　司机下车

图 7－18　司机与收货员对话

步骤5：对话完成后，系统左侧弹出流程提示，司机走至车门附近，单击绿色箭头处的锁，如图7－19所示。

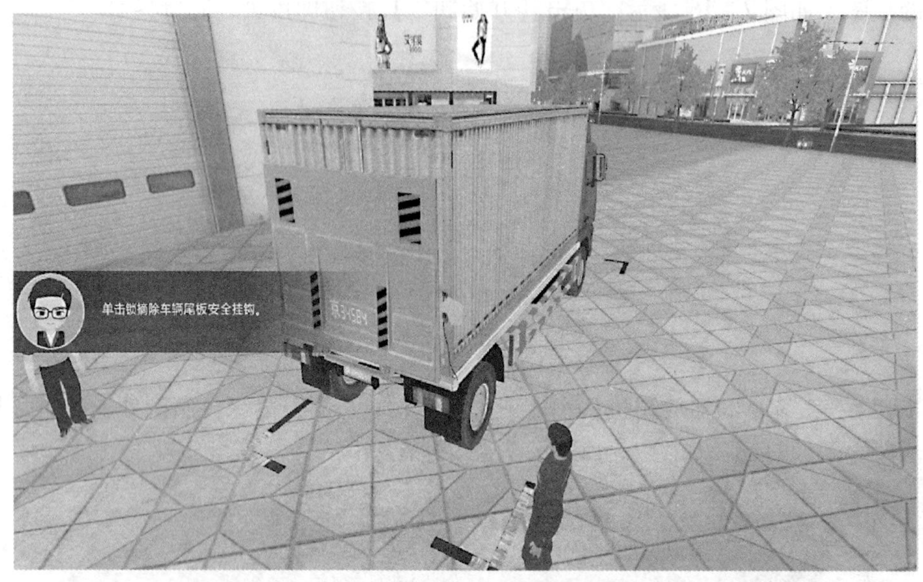

图7－19　司机开锁

步骤6：单击【放下】按钮后，系统自动播放尾板下降至与车厢底部平行位置处，如图7－20所示。

图7－20　尾板降至指定位置

步骤7：单击【下降】按钮，系统自动播放尾板从车厢平面下降至地面，如图

7－21 所示。

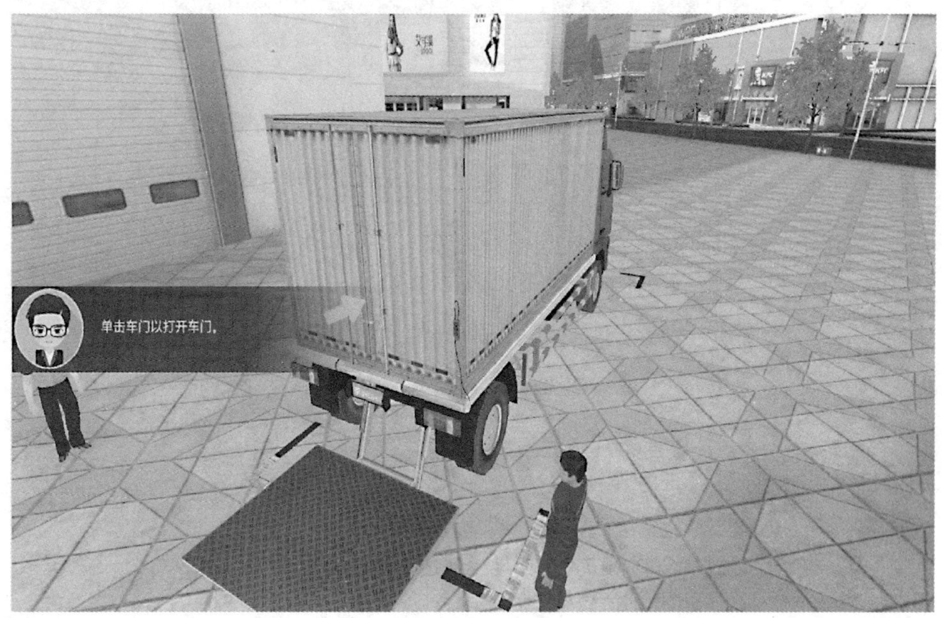

图 7－21　尾板下降至地面

步骤 8：单击图 7－21 绿色箭头处，系统自动播放车门打开，收货员推着地牛走向车门处，如图 7－22 所示。

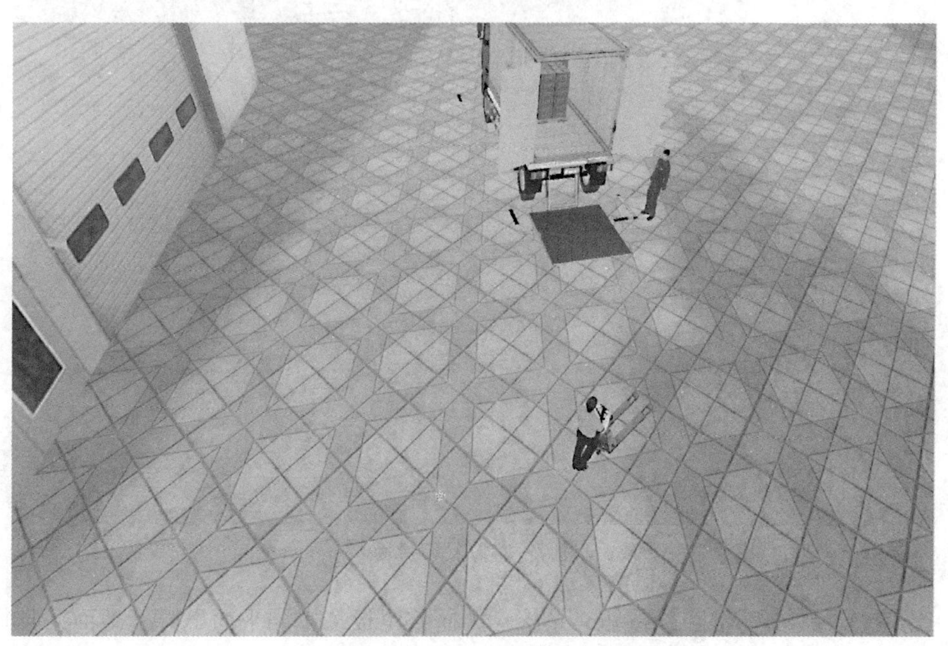

图 7－22　车门打开后收货员推地牛

步骤 9：系统播放收货员推着地牛走至货车尾板上，如图 7－23 所示。

图 7－23　地牛到达车尾板上

步骤 10：单击【上升】按钮后，系统播放货车尾板至车厢平台处，之后播放收货员叉取货物并退至货车尾板上，如图 7－24 所示。

图 7－24　叉取货物

步骤 11：单击【下降】按钮，系统自动播放尾板从车厢平面下降至地面，收货员将货物拖至卖场收货处并核对订单上的货物种类及数量，如图 7－25 所示。

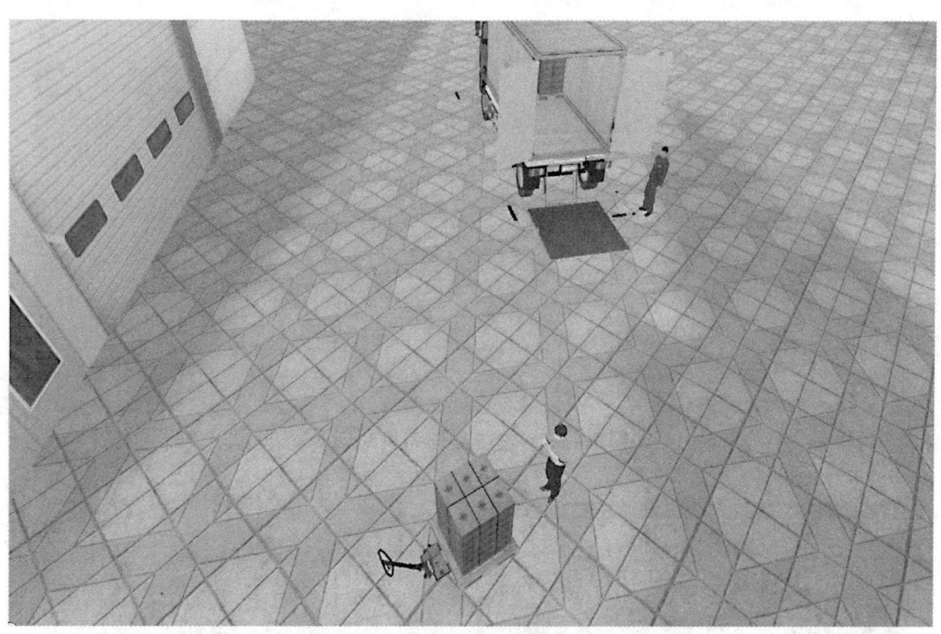

图 7－25 核对货物

步骤 12：收货员核对数量及品类后，走至司机旁边，播放两人的对话，按任意键即可进行对话，对话完成后，播放收货员签收的动作及司机扫描单证动作，如图 7－26 至图 7－29 所示。

图 7－26 收货员与司机对话 1

图 7-27　收货员与司机对话 2

图 7-28　收货员与司机对话 3

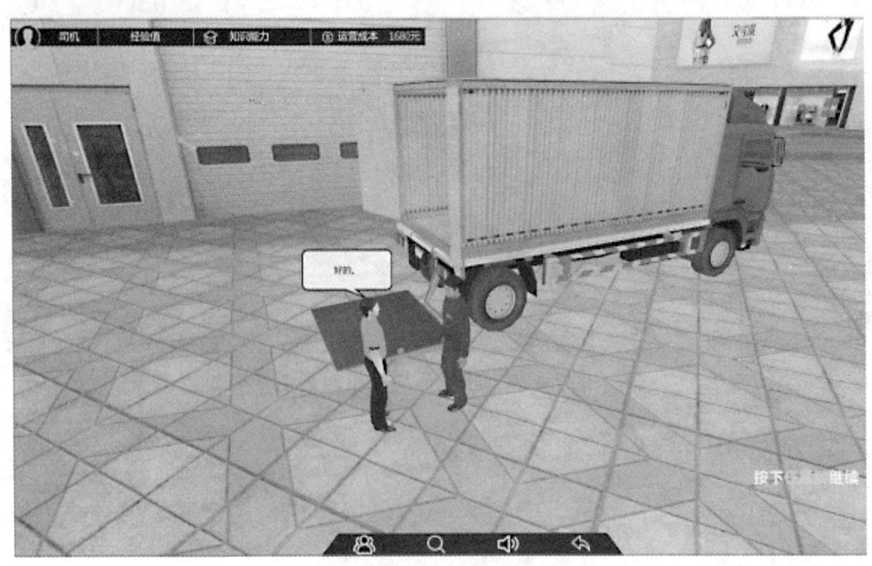

图 7-29　收货员与司机对话 4

步骤13：司机扫描结束后，手持终端上弹出详细信息，单击【签收】按钮即完成该客户的配送任务，如图7－30所示。

图7－30 扫描信息

步骤14：如图7－31所示，单击车门，系统播放关闭车门的动画。

图7－31 关闭车门

步骤15：在图7－32中单击【上升】按钮，将尾板上升至与车厢平台平行位置处。

图 7－32　单击【上升】按钮

步骤 16：在图 7－33 中单击【升起】按钮，将货车尾板收起。

图 7－33　收起尾板

步骤 17：货车尾板收起固定好之后，系统播放收货员将货物拖到收货处，一并播放司机走进驾驶室，并驾驶车辆离开目的分店返回配送中心或者驾驶车辆驶向下一个分店，如图 7－34 所示。

图 7－34　司机驾驶车辆离开

步骤 18：如果是司机驾驶车辆离开目的分店返回配送中心，则执行步骤 19；如果司机驾驶车辆驶向下一个分店，则需要转到步骤 20。

步骤 19：车辆返回配送中心即表示实训任务完成，会弹出任务完成界面，界面上会弹出学生姓名、扮演角色、知识能力、经验能力、运营成本及排行榜加分的情况。单击【返回】按钮即返回系统登录界面。至此，实训任务结束，如图 7－35 所示。

图 7－35　任务完成界面

步骤 20：一个分店的货物卸载完成后，界面弹出车辆（用红色圆点代替车辆）继续开往下一个分店，到达下一个分店后，会出现开始卸货的提示。停顿一会儿后，车辆继续向前行。

步骤 21：待司机将装载在该货车的货物均按时送到各分店后，司机驾驶车辆返回配送中心。

步骤 22：车辆返回配送中心后，系统自动弹出任务完成界面。界面上包含学生姓名、扮演角色、知识能力、经验能力、运营成本及排行榜加分的情况。单击【返回】按钮即返回系统登录界面。至此，实训任务结束，如图 7 – 35 所示。

7.4 思考题

1. 拣货系统常见的问题主要有哪些？
2. 拣货配装的主要流程有哪几个步骤？
3. 送货收货过程中需要注意哪些基本事项？

本章小结

本章介绍了拣货装车的相关背景知识，设计了关于拣货装车的模拟仿真实验。通过本章的学习，能够使学生加深对拣货装车操作业务的认识与了解。

8　车辆监控仿真模拟实训

8.1　背景介绍

车辆监控系统是利用终端数据采集技术、移动通信技术与互联网技术的结合，把车辆的位置、状态等数据反馈给车辆管理人员的软件。车辆监控系统可对车辆进行定位、追踪、轨迹查看、监听、监视等操作，并且可以把数据等相关信息导出作为车辆行驶的历史依据，帮助车辆调度管理人员掌控车辆的在途信息，提升车辆管理效率。

8.1.1　GPS（全球定位系统）车辆监控系统①

1. GPS 车辆监控系统的概念

GPS 车辆监控系统是为了加强车辆的可视性运行管理而建立的集成系统。它采用 GPS 全球卫星定位技术、GIS 地理信息技术、移动通信技术以及计算机处理技术等构建而成，通过管理中心和车载终端来帮助使用单位实现车辆的监控调度管理。

通过车辆监控系统，可以实时了解车辆的位置、速度、行驶状态等信息；可以实现就近调度、遇险报警和求救报警；可以了解车辆历史行驶状态；可以对车辆的工作情况进行数据分析统计，并形成统计报表。车辆监控调度系统的建设，使得对车辆的管理更加科学、合理，在提高管理水平的同时，也减少了很多不必要的开支。

手机定位车辆监控系统是利用驾驶员的随车手机，基于移动运营网的基站定位来实现车辆监控的。基站定位主要是利用基站对手机的距离的测算来确定手机位置的，也称 LBS 基站定位法。它的精度很大程度上依赖于基站的分布及覆盖范围的大小，市区误差在 50 ~200 米，郊区有时误差会达到 1 ~2 千米，定位精度能够满足物流行业需要。它广泛应用在物流行业的货运车辆管理方面，如路歌管车宝车辆监控系统，只要注册驾驶员的手机号码，并且开机有信号，就可以锁定手机的位置，数据再反馈到监控中心的电子地图上，物流调度人员就可以对货运车辆进行在途监控。相比于 GPS，它不需要安装 GPS 等设备，减少开支，很受物流企业管理人员的喜爱。

2. GPS 车辆监控系统的功能描述

（1）实时监控：达伽马 GPS 车辆管理系统应用了移动 GPRS（General Packet Radio Service，通用分组无线服务技术）为监控数据的载体，真正地实现了对车辆的全天候实时监控（速度、方向等），监控频率可达到秒级。

---

①　刘磊 . GPS 车辆监控与调度系统研究［D］. 山东科技大学，2004.

（2）行驶信息管理：系统可对车辆以往的行驶数据信息进行下载、回放、保存等。

（3）车辆超速报警：管理员可单独或是设定全部车辆的行驶上下限速度，当车辆行驶速度超过该限制时，系统即会提示车辆超速报警，并伴有声音和弹出窗口提示。

（4）自建图层：管理员可以通过文字和图像在地图上自行标注公司以及工地的方位。

（5）文字调度管理：管理员可通过文字方式向某一辆车或是某一群车辆发送文字调度信息。发送的信息将保存下来，以供日后查证。

（6）超速报警统计：通过系统提供的行驶数据保存功能，在事后可将某车在某天某日某一段时间的行车数据进行回放，并可生成报表供打印，该功能可作考核用。

（7）行车线路跟踪：可对单独一辆或是全部车辆进行实时记录行驶路线，当车辆驶过后就会在地图上划出一条黑线，管理员可直观地看到车辆的行驶路线情况。

（8）区域报警功能：可以设定禁区，当车进入禁区监控处就发出警报提醒。定制行驶路线，当驾驶员驶离预定的驾驶路线即发出报警。

（9）完善的管理员管理功能。

①车辆信息管理可对车辆信息进行查询、统计、增、删、改的维护工作。

②可对管理员进行权限分配，实现分级、多级管理。

③日志管理，如登录日志、报警设定、消息发送等进行统计、打印和删除。

（10）里程油耗统计：通过系统提供的行驶数据保存功能，可将某车在某天某日某一段时间的行车公里数及所耗油量生成报表供打印，该功能可作参考。

3. GPS 车辆监控系统的实现方法

实现方法包括车载终端（定位仪）、服务系统、通信链路三大部分。

（1）车载终端多种多样，有带摄像头的，有带文语转换的，有带现场数据采集回传的等。

（2）服务系统有大有小，大的包括网页服务、数据通信、数据库、地图、路径规划、地理信息文字描述、区域提示、短信网关等服务内容的服务体系。

（3）带宽资源，应该有光缆的接入，如电信联通移动等的宽带接入。

车载终端先将位置数据传输到系统服务器中，然后系统按照一定的规则将数据存放在适当的位置，管理者通过账号密码可以看到其结果。

4. GPS 车辆监控系统的工作流程

GPS 终端采集的定位信号，通过 GPRS 无线网络，传输到 Internet，再由 Internet 传输到 GPS 服务器，服务器再将信息发送到各监控终端，通过监控终端 GIS 系统实现各项功能。如要对终端进行控制，则以相反的方向进行数据通信。该系统实现了完全的双向通信功能。

8.1.2 GPS 技术①

GPS 起始于 1958 年美国军方的一个项目，1964 年投入使用。20 世纪 70 年代，美

---

① 陈媛，刘虹秀．智能交通 GPS 技术［M］．北京：人民交通出版社，2010.

国陆海空三军联合研制了新一代卫星定位系统GPS。其主要目的是为陆海空三大领域提供实时、全天候和全球性的导航服务，并用于情报收集、核爆监测和应急通信等一些军事目的，经过20余年的研究实验，耗资300亿美元，到1994年，全球覆盖率高达98%的24颗GPS卫星星座已布设完成。

1. GPS **的定义**

利用GPS定位卫星，在全球范围内实时进行定位、导航的系统，称为全球卫星定位系统。GPS是由美国国防部研制建立的一种具有全方位、全天候、全时段、高精度的卫星导航系统，能为全球用户提供低成本、高精度的三维位置、速度和精确定时等导航信息，是卫星通信技术在导航领域的应用典范，它极大地提高了全球社会的信息化水平，有力地推动了数字经济的发展。

2. GPS **的发展**

GPS的前身是美国军方研制的一种子午仪卫星定位系统（Transit），该系统用5~6颗卫星组成的星网工作，每天最多绕过地球13次，并且无法给出高度信息，在定位精度方面也不尽如人意。然而，子午仪卫星定位系统使得研发部门对卫星定位取得了初步的经验，并验证了由卫星系统进行定位的可行性，为GPS的研制做了铺垫。由于卫星定位显示出在导航方面的巨大优越性及子午仪系统在潜艇和舰船导航方面有很大缺陷，美国海陆空三军及民用部门都感到迫切需要一种新的卫星导航系统。

为此，美国海军研究实验室（NRL）提出了名为Tinmation的用12~18颗卫星组成10000千米高度的全球定位网计划，并于1967年、1969年和1974年各发射了一颗试验卫星，在这些卫星上初步试验了原子钟计时系统，这是GPS精确定位的基础。而美国空军则提出了621-B的以每星群4~5颗卫星组成3~4个星群的计划，这些卫星中除1颗采用同步轨道外，其余的都使用周期为24小时的倾斜轨道，该计划以伪随机码（PRN）为基础传播卫星测距信号，其强大的功能使得当信号密度低于环境噪声的1%时也能将其检测出来。伪随机码的成功运用是GPS得以取得成功的一个重要基础。海军的计划主要用于为舰船提供低动态的二维定位，空军的计划能够提供高动态服务，然而系统过于复杂。由于同时研制两个系统会造成巨大的费用，而且这里两个计划都是为了提供全球定位而设计的，所以1973年美国国防部将二者合一，并由国防部牵头的卫星导航定位联合计划局（JPO）领导，还将办事机构设立在洛杉矶的空军航天处。该机构成员众多，包括美国陆军、海军、海军陆战队、交通部、国防制图局、北约和澳大利亚的代表。

最初的GPS计划在美国联合计划局的领导下诞生了，该方案将24颗卫星放置在互成120度的三个轨道上。每个轨道上有8颗卫星，地球上任何一点均能观测到6~9颗卫星。这样，粗码精度可达100米，精码精度为10米。由于预算压缩，GPS计划不得不减少卫星发射数量，改为将18颗卫星分布在互成60度的6个轨道上，然而这一方案使得卫星可靠性得不到保障。1988年又进行了最后一次修改：21颗工作星和3颗备用星工作在互成60度的6条轨道上。这也是GPS卫星所使用的工作方式。

GPS 导航系统是以全球 24 颗定位人造卫星为基础，向全球各地全天候提供三维位置、三维速度等信息的一种无线电导航定位系统。它由三部分构成，一是地面控制部分，由主控站、地面天线、监测站及通信辅助系统组成。二是空间部分，由 24 颗卫星组成，分布在 6 个轨道平面。三是用户装置部分，由 GPS 接收机和卫星天线组成。民用的定位精度可达 10 米内。

3. GPS **的工作原理**

GPS 导航系统的基本原理是测量出已知位置的卫星到用户接收机之间的距离，然后综合多颗卫星的数据就可知道接收机的具体位置。要达到这一目的，卫星的位置可以根据星载时钟所记录的时间在卫星星历中查出。而用户到卫星的距离则通过记录卫星信号传播到用户所经历的时间，再将其乘以光速得到［由于大气层电离层的干扰，这一距离并不是用户与卫星之间的真实距离，而是伪距：当 GPS 卫星正常工作时，会不断地用 1 和 0 二进制码元组成的伪随机码（简称伪码）发射导航电文］。GPS 系统使用的伪码一共有两种，分别是民用的 C/A 码和军用的 P（Y）码。C/A 码频率 1.023MHz，重复周期一毫秒，码间距 1 微秒，相当于 300m；P 码频率 10.23MHz，重复周期 266.4 天，码间距 0.1 微秒，相当于 30m。而 Y 码是在 P 码的基础上形成的，保密性能更佳。导航电文包括卫星星历、工作状况、时钟改正、电离层时延修正、大气折射修正等信息。它是从卫星信号中解调制出来，以 50bit/s 调制在载频上发射的。导航电文每个主帧中包含 5 个子帧，每帧长 6s。前三帧各 10 个字码；每三十秒重复一次，每小时更新一次。后两帧共 15000bit。导航电文中的内容主要有遥测码，转换码，第 1、2、3 数据块，其中最重要的则为星历数据。当用户接收到导航电文时，提取出卫星时间并将其与自己的时钟做对比便可得知卫星与用户的距离，再利用导航电文中的卫星星历数据推算出卫星发射电文时所处位置，用户在 WGS－84 大地坐标系中的位置速度等信息便可得知。

可见 GPS 导航系统卫星部分的作用就是不断地发射导航电文。然而，由于用户接收机使用的时钟与卫星星载时钟不可能总是同步，所以除了用户的三维坐标 x、y、z 外，还要引进一个 Δt 即卫星与接收机之间的时间差作为未知数，然后用 4 个方程将这 4 个未知数解出来。所以如果想知道接收机所处的位置，至少要能接收到 4 个卫星的信号。

GPS 接收机可接收到可用于授时的准确至纳秒级的时间信息；用于预报未来几个月内卫星所处概略位置的预报星历；用于计算定位时所需卫星坐标的广播星历，精度为几米至几十米（各个卫星不同，随时变化）；以及 GPS 系统信息，如卫星状况等。

GPS 接收机对码的量测就可得到卫星到接收机的距离，由于含有接收机卫星钟的误差及大气传播误差，故称为伪距。对 CA 码测得的伪距称为 CA 码伪距，精度约为 20 米，对 P 码测得的伪距称为 P 码伪距，精度约为 2 米。

GPS 接收机对收到的卫星信号，进行解码或采用其他技术，将调制在载波上的信息去掉后，就可以恢复载波。严格而言，载波相位应被称为载波拍频相位，它是收到的受多普勒频移影响的卫星信号载波相位与接收机本机振荡产生信号相位之差。

一般在接收机钟确定的历元时刻量测，保持对卫星信号的跟踪，就可记录下相位的变化值，但开始观测时的接收机和卫星振荡器的相位初值是不知道的，起始历元的相位整数也是不知道的，即整周模糊度，只能在数据处理中作为参数解算。相位观测值的精度高至毫米，但前提是解出整周模糊度，因此只有在相对定位，并有一段连续观测值时才能使用相位观测值，而要达到优于米级的定位精度也只能采用相位观测值。

按定位方式，GPS 定位分为单点定位和相对定位（差分定位）。单点定位就是根据一台接收机的观测数据来确定接收机位置的方式，它只能采用伪距观测量，可用于车船等的概略导航定位。相对定位（差分定位）是根据两台以上接收机的观测数据来确定观测点之间的相对位置的方法，它既可采用伪距观测量也可采用相位观测量，大地测量或工程测量均应采用相位观测值进行相对定位。

在 GPS 观测量中包含了卫星和接收机的钟差、大气传播延迟、多路径效应等误差，在定位计算时还要受到卫星广播星历误差的影响，在进行相对定位时大部分公共误差被抵消或削弱，因此定位精度将大大提高，双频接收机可以根据两个频率的观测量抵消大气中电离层误差的主要部分，在精度要求高、接收机间距离较远时（大气有明显差别），应选用双频接收机。

GPS 定位的基本原理是根据高速运动的卫星瞬间位置作为已知的起算数据，采用空间距离后方交会的方法，确定待测点的位置。

4. GPS 的特点

（1）全球全天候定位。

GPS 卫星的数目较多，且分布均匀，保证了地球上任何地方任何时间至少可以同时观测到 4 颗 GPS 卫星，确保实现全球全天候连续的导航定位服务（除打雷闪电不宜观测外）。

（2）定位精度高。

应用实践已经证明，GPS 相对定位精度在 50km 以内可达 6 ~ 10m，100 ~ 500km 可达 7 ~ 10m，1000km 可达 9 ~ 10m。在 300 ~ 1500m 工程精密定位中，1 小时以上观测时其平面位置误差小于 1mm，与 ME – 5000 电磁波测距仪测定的边长比较，其边长校差最大为 0.5mm，校差中误差为 0.3mm。

定位类型

①实时单点定位（用于导航）：P 码 1 ~ 2m；C/A 码 5 ~ 10m。

②静态相对定位：50km 之内误差为几 mm；50km 以上可达 0.01 ~ 0.1ppm。

③实时伪距差分（RTD）：精度达分米级。

④实时相位差分（RTK）：精度达 1 ~ 2cm。

（3）观测时间短。

随着 GPS 系统的不断完善，软件的不断更新，20km 以内相对静态定位，需 15 ~ 20 分钟；快速静态相对定位测量时，当每个流动站与基准站相距在 15km 以内时，流动站观测时间需 1 ~ 2 分钟；采取实时动态定位模式时，每站观测仅需几秒。因而使用 GPS

技术建立控制网，可以大大提高作业效率。

（4）测站间无须通视。

GPS 测量只要求测站上空开阔，不要求测站之间互相通视，因而不再需要建造觇标。这一优点既可大大减少测量工作的经费和时间（一般造标费用约占总经费的30% ~50%），同时也使选点工作变得非常灵活，也可省去经典测量中的传算点、过渡点的测量工作。

（5）仪器操作简便。

随着 GPS 接收机的不断改进，GPS 测量的自动化程度越来越高，有的已趋于“傻瓜化”。在观测中测量员只需安置仪器，连接电缆线，量取天线高，监视仪器的工作状态，而其他观测工作，如卫星的捕获、跟踪观测和记录等均由仪器自动完成。结束测量时，仅需关闭电源，收好接收机，便完成了野外数据采集任务。

如果在一个测站上需做长时间的连续观测，还可以通过数据通信方式，将所采集的数据传送到数据处理中心，实现全自动化的数据采集与处理。另外，接收机体积也越来越小，相应的重量也越来越轻，极大地减轻了测量工作者的劳动强度。

（6）可提供全球统一的三维地心坐标。

GPS 测量可同时精确测定测站平面位置和大地高程。GPS 水准可满足四等水准测量的精度，另外，GPS 定位是在全球统一的 WGS－84 坐标系统中计算的，因此全球不同地点的测量成果是相互关联的。

5. GPS 的种类

（1）按接收机的用途分类。

①导航型接收机。此类型接收机主要用于运动载体的导航，它可以实时给出载体的位置和速度。这类接收机一般采用 C/A 码伪距测量，单点实时定位精度较低，一般为 ±10m，有 SA 影响时为 ±100m。这类接收机价格便宜，应用广泛。根据应用领域的不同，此类接收机还可以进一步分为：

- 车载型——用于车辆导航定位。
- 航海型——用于船舶导航定位。
- 航空型——用于飞机导航定位。由于飞机运行速度快，因此，在航空上用的接收机要求能适应高速运动。
- 星载型——用于卫星的导航定位。由于卫星的速度高达 7km/s 以上，因此对接收机的要求更高。

②测地型接收机。测地型接收机主要用于精密大地测量和精密工程测量。这类仪器主要采用载波相位观测值进行相对定位，定位精度高。仪器结构复杂，价格较贵。

③授时型接收机。这类接收机主要利用 GPS 卫星提供的高精度时间标准进行授时，常用于天文台及无线电通信中时间同步。

（2）按接收机的载波频率分类。

①单频接收机。单频接收机只能接收 L1 载波信号，测定载波相位观测值进行定

位。由于不能有效消除电离层延迟影响，单频接收机只适用于短基线（<15km）的精密定位。

②双频接收机。双频接收机可以同时接收L1、L2载波信号。利用双频对电离层延迟的不同，可以消除电离层对电磁波信号的延迟的影响，因此双频接收机可用于长达几千千米的精密定位。

（3）按接收机工作原理分类。

①码相关型接收机。码相关型接收机是利用码相关技术得到伪距观测值。

②平方型接收机。平方型接收机是利用载波信号的平方技术去掉调制信号，来恢复完整的载波信号，通过相位计测定接收机内产生的载波信号与接收到的载波信号之间的相位差，测定伪距观测值。

③混合型接收机。这种仪器是综合上述两种接收机的优点，既可以得到码相位伪距，也可以得到载波相位观测值。

④干涉型接收机。这种接收机是将GPS卫星作为射电源，采用干涉测量方法，测定两个测站间距离。

经过20余年的实践证明，GPS系统是一个高精度、全天候和全球性的无线电导航、定位和定时的多功能系统。GPS技术已经发展成为多领域、多模式、多用途、多机型的国际性高新技术产业。

6. 四大导航

（1）美国的全球定位系统。由24颗卫星组成，分布在6条交点互隔60度的轨道平面上，精度约为10米，军民两用，正在试验第二代卫星系统。

全球定位系统是美国第二代卫星导航系统。是在子午仪卫星导航系统的基础上发展起来的，它采纳了子午仪系统的成功经验。和子午仪系统一样，全球定位系统由空间部分、地面监控部分和用户接收机三大部分组成。全球定位系统的空间部分使用24颗高度约2.02万千米的卫星组成卫星星座。21+3颗卫星均为近圆形轨道，运行周期约为11小时58分，分布在六个轨道面上（每轨道面四颗），轨道倾角为55度。卫星的分布使得在全球的任何地方，任何时间都可观测到四颗以上的卫星，并能保持良好定位解算精度的几何图形（DOP）。这就提供了在时间上连续的全球导航能力。

（2）俄罗斯“格洛纳斯”系统。由24颗卫星组成，精度在10米左右，军民两用，2009年年底服务范围拓展到全球。

（3）欧洲“伽利略”系统。由30颗卫星组成，定位误差不超过1米，主要为民用。2005年首颗试验卫星已成功发射，已于2016年开通定位服务。

（4）中国“北斗”系统。由5颗静止轨道卫星和30颗非静止轨道卫星组成。“北斗一号”精确度在10米之内，而“北斗二号”可以精确到“厘米”之内。于2008年前后覆盖中国及周边地区，然后逐步扩展为全球卫星导航系统。2012年10月25日23时33分，我国在西昌卫星发射中心用“长征三号丙”火箭，成功将第16颗北斗导航卫星送入预定轨道。这是我国二代北斗导航工程的最后一颗卫星，这是长征系列运载火箭的第170次发射。至此，我国北斗导航工程区域组网顺利完成。

7. GPS **在我国的发展前景**

由于GPS技术所具有的全天候、高精度和自动测量的特点，作为先进的测量手段和新的生产力，已经融入了国民经济建设、国防建设和社会发展的各个应用领域。

随着冷战结束和全球经济的蓬勃发展，美国政府宣布2000—2006年，在保证美国国家安全不受威胁的前提下，取消SA政策，GPS民用信号精度在全球范围内得到改善，利用C/A码进行单点定位的精度由100米提高到10米，这进一步推动了GPS技术的应用，提高生产力、作业效率、科学水平以及人们的生活质量，刺激GPS市场的增长。在美国，单单是汽车GPS导航系统，未来几年后的市场将达到30亿美元，而在中国，汽车导航的市场也将达到50亿元。可见，GPS技术市场的应用前景非常可观。

随着2000年10月31日第一颗北斗导航卫星成功发射，我国开始逐步建立北斗卫星定位系统。截至2013年，北斗在军用及民用领域均已开展应用，对GPS形成了一定程度的冲击。如在军用领域，北斗二代军用终端已达到厘米级的定位精度；而在更广泛的民用领域，三星已推出支持北斗卫星定位功能的手机，凯立德已推出支持北斗的车载导航仪。根据《国家卫星导航产业中长期发展规划》，到2020年，我国卫星导航系统产值将超过4000亿元，国内以往由GPS垄断市场的局面就此改变。

随着汽车、手机等高档消费品的普及，中国正在成为GPS产业增长最快的市场之一。然而，由于GPS在我国尚处于起步阶段，与产业发展相配套的环境还不完善，制约了企业的创新和发展。致力于GPS产业发展的有识之士时刻关注着这些问题，并亲自实践探索其发展和突破之道。北京东方联星科技有限公司总经理张峻林是众多探索者中的一员。有了更多这样的有识之士，中国GPS产业的明天值得期待。然而，由于GPS在我国处于起步阶段，与产业发展相配套的环境还不尽完善，制约了企业的创新和发展。

8.2 实训目的与要求

①了解车辆监控的相关知识要素。

②掌握车辆监控的要点与核心技能。

③掌握配送过程异常情况的处理办法。

8.3 实训内容与步骤

3D配送系统多人在线模式下，待所有分店的货物均已配货、配装完毕后，由司机将货物运送到各分店的收货处，由各分店的收货员协助完成卸货作业，将签收单据的信息及时传递到公司后台并带回配送中心。

步骤1：选择【监控员】角色，如图8-1所示，单击【确认选择】按钮即可跳转至角色选择界面。

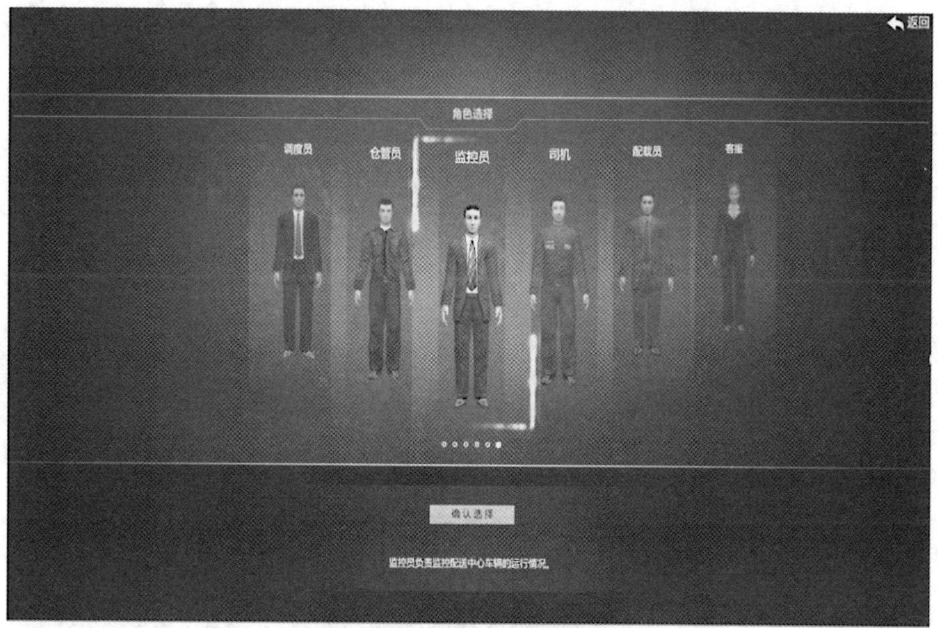

图8-1 选择【监控员】界面

步骤2：查看任务描述，如图8-2所示，描述结束后，单击【查看流程图】按钮即可跳转至系统流程图界面。

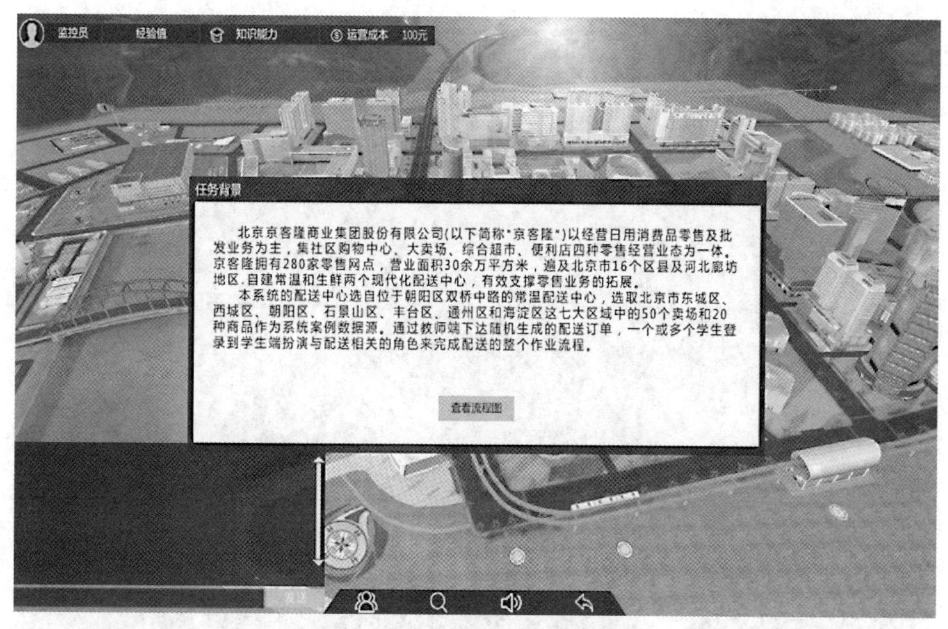

图8-2 “任务背景”描述界面

步骤3：查看流程图，如图8－3所示，单击【下一步】按钮即可跳转至物流城市界面。

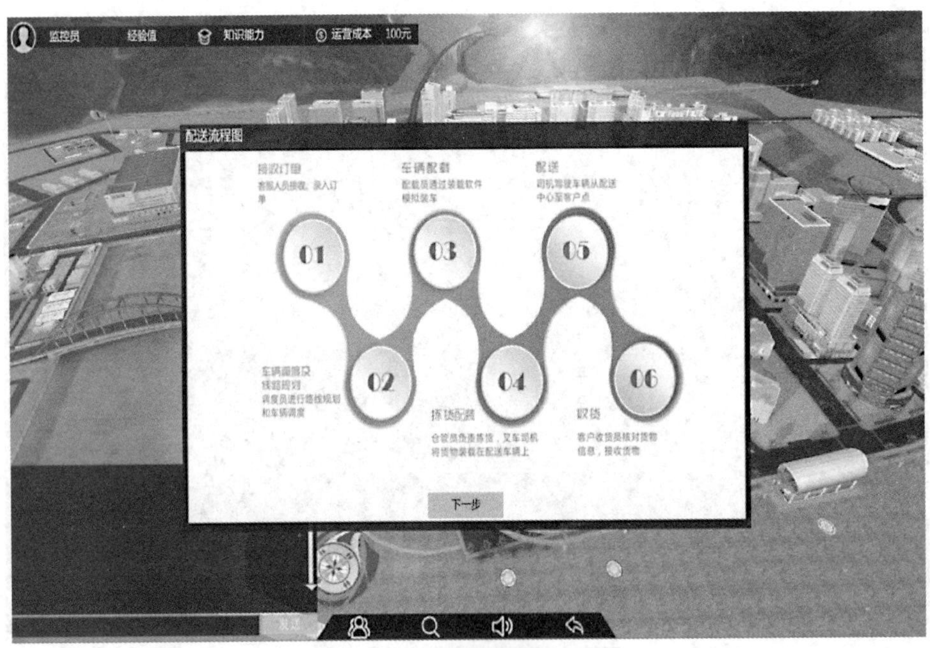

图8－3 “配送流程图”界面

步骤4：根据界面右侧的提示，如图8－4所示，单击【配送中心】链接即可跳转至配送中心界面。

图8－4 【配送中心】链接

步骤5：根据界面右侧的系统提示，可以查看标有文字的仓储设备，如图8－5所示，单击【办公室】链接即可跳转至监控员的工作场景。

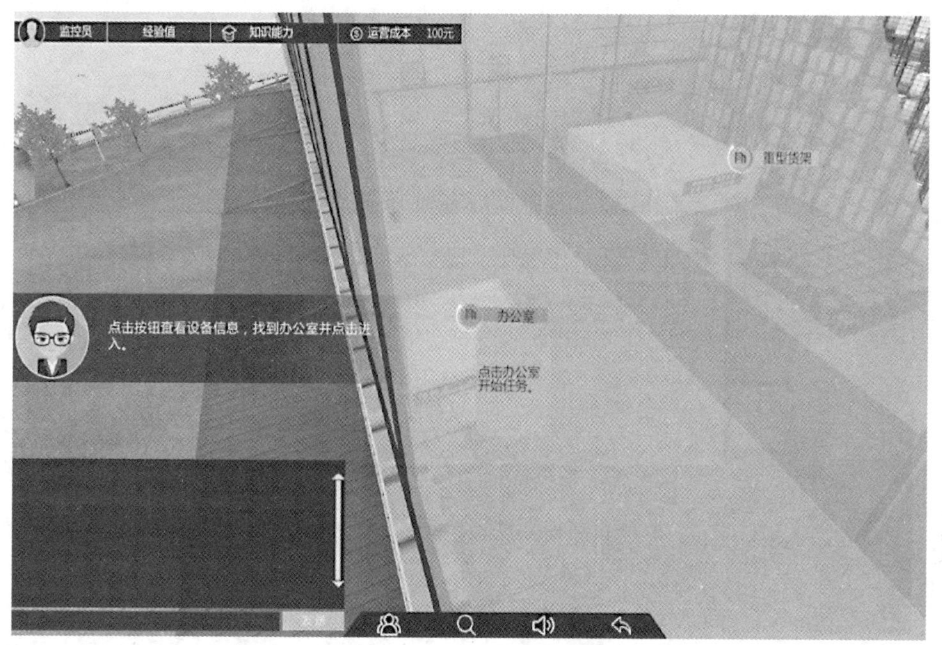

图8－5　【办公室】链接

步骤6：待系统界面中央的提示文字消失后，弹出右侧界面，单击书本，即可跳转至学习知识点界面，如图8－6所示。

图8－6　监控员工作场景1

步骤7：学习车辆监控知识点，如图8-7所示，学习完成后，单击【下一步】按钮即可跳转至考核题界面。

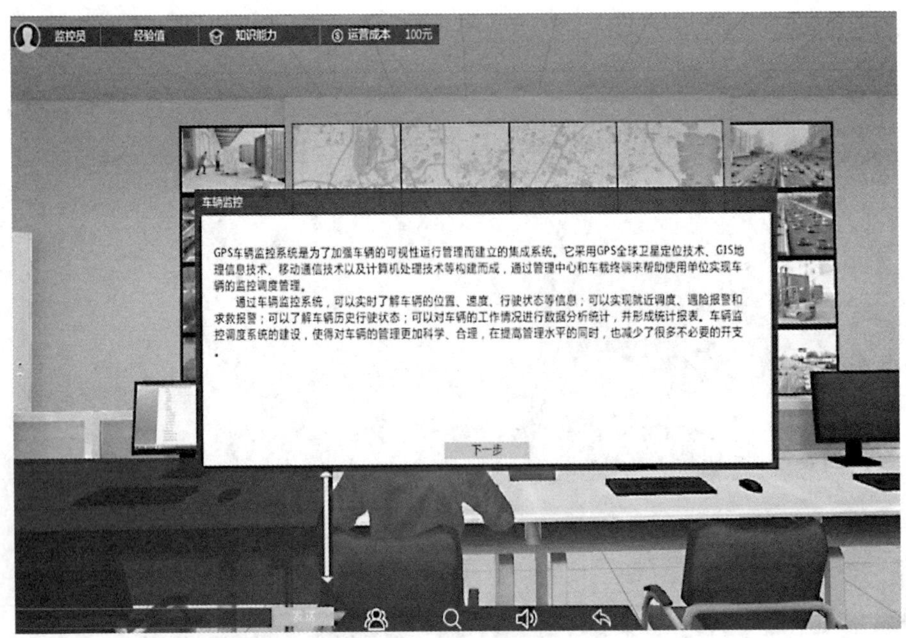

图8-7　知识点学习界面

步骤8：在考核界面判断题选择正确后，单击【提交】按钮，即可跳转至下一个界面，如图8-8所示。

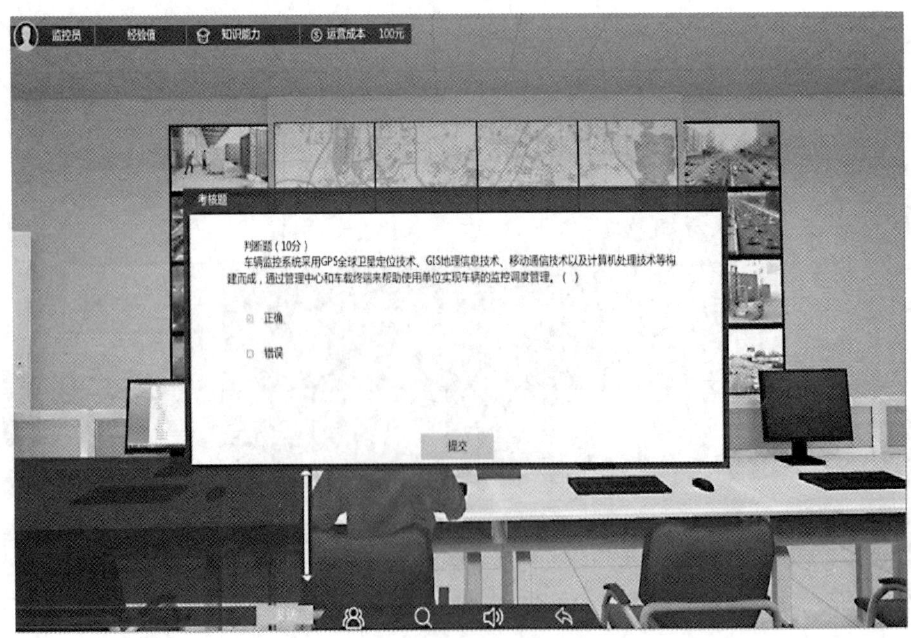

图8-8　判断题

步骤 9：如果在司机/监控员之前的角色未完成相关任务，系统会弹出“请等待上一级完成任务后，再开始您的任务”的提示，如图 8－9 所示，单击【确定】按钮。单击电脑即可跳转至监控员电脑桌面。

图 8－9　监控员工作场景 2

步骤 10：单击桌面上的【配送运输管理系统】图标即可进入其主界面，如图 8－10 所示。

图 8－10　进入配送运输管理系统主界面

步骤11：单击系统主界面上的车辆监控即可进入监控主界面。监控主界面右侧是地图，输入查询车辆后可以看到车辆所处的位置、车辆行驶速度等；左侧可以实现车辆的增加、删除、编辑及查询功能。

步骤12：在界面左侧输入需要查询的车辆信息后，右侧会出现圆点标示该车辆所处的位置，将鼠标移至圆点处，即可看到车辆的状态信息，如图8－11所示。

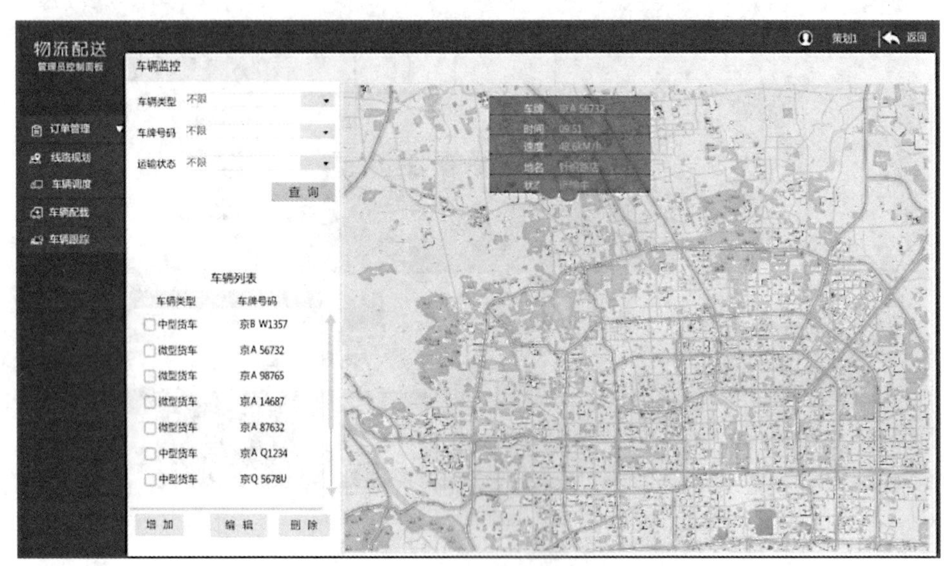

图8－11 车辆状态信息界面

步骤13：在监控的过程中，系统弹出记录表需要监控员根据系统给的案例描述进行填写，均填写完成后，单击【关闭】按钮，如果有填写错误的，错误项就会以红色字体显示；没有错误的，则监控员继续监控车辆的动态，直至货物配送完成。安全监控记录表如图8－12所示。

请查看车牌号为京B W1357的状态信息，并记录在下边<<GPS营运安全监控记录表>>中。

京客隆配送中心配送车辆GPS营运安全监控记录表

日期：2016-08-12　　制表:车辆监控部

监控时间（如：12:25）	车牌号码	监控情况						处理情况	记录人	备注
		行驶路段	即时速度(km/h)	是否按线路行驶	是否违法	是否发生交通事故	是否有停车休息			
9:48	京B W1357	配送中心	44.2	是 否	是 否	是 否	是 否	电话警告 通知相关负责人	策划1	

图8－12 系统记录表

8.4 思考题

1. 车辆监控业务流程主要包括哪些基本环节？
2. GPS在车辆监控业务中发挥了怎样的作用？

3. 车辆监控系统设计的基本原则有哪些？

本章小结

本章介绍了车辆监控相关背景知识，设计了关于车辆监控操作的模拟仿真实验。通过对本章的学习，能够使学生加深对车辆监控操作业务的认识与了解。

9 配送中心选址仿真模拟实训

9.1 背景介绍

9.1.1 选址影响因素①

1. **社会因素**

（1）交通运输。

交通运输是影响配送成本及效率的重要因素之一，需考虑对外的运输通路，进出的流畅，才能提高配送效率，降低物流成本。对于一般的物流配送中心，可选在高速公路、国道、快速道路及城市主干道路附近；对于综合型物流配送中心，一定要选择在两种以上运输方式的交会地，如铁路、公路、水运或是航空等运输方式的交会处。

（2）产业布局。

生产企业、流通企业、各类开发区和大市场等，是物流配送服务需求的直接拉动者和货源产生地，因此需考虑周边产业布局和商业布局，如制造业服务的配送中心选址应在生产制造企业集中的工业区和高新技术开发区，农副产品配送中心应选在农副产品的生产及加工基地，商贸类配送中心选址应着眼于大型市场和批发市场附近。

（3）货物流向。

对于供向物流，配送中心只是为生产企业提供原材料、零部件，所以应当选择靠近生产企业地点，便于降低生产企业的库存，随时为生产企业提供服务。对销向物流来说，配送中心的主要职能是将产品集结、分拣、配送到每位客户或门店，故应选在靠近客户的地方。

（4）人力资源。

考虑各种人才的可得性、易得性和廉价性。

（5）城市规划和发展。

配送中心的选址不但要符合城市的规划，而且要考虑城市的扩张速度和方向。譬如中国物资储运总公司的许多仓库20世纪70年代以前都设在处于城乡结合部，大型货车进出造成交通压力，但随着城市的发展，这些仓库被包围于闹市中，大型货车的进出受管制，专用线的使用也受到限制，在这种情况下要考虑到外迁。

---

① 左元斌．物流配送中心选址问题的理论、方法与实践［M］．北京：中国铁道出版社，2007.

（6）政策法规。

政策法规包括产业政策、环保政策、土地政策、优惠措施（如用地、税收）等。

（7）社会影响。

配送中心操作过程中产生的噪声、尾气、粉尘会对周边居民的生活带来影响，交通方面也会造成较大的干扰，易引起车流紊乱、交通拥挤与阻塞，还要考虑周边的人文环境和城市景观的协调程度，不能破坏周边城市景观的协调程度，以免给社会带来负面影响。

2. 自然因素

（1）用地。

配送中心的位置、面积、地价，既要考虑到如今的发展情况，又要考虑今后的扩展空间。

（2）地质条件。

配送中心一般应设置在地形高的地段，容易保持物资干燥，减少物资保管费用；临近河海地区，必须注意当地的水位，不得有地下水上溢；土地承载力要高，注意地面以下存在淤泥层、流沙层、松土层等不良地质条件。

（3）气候影响。

配送中心周边不应有产生腐蚀的气体、粉尘和辐射热的工厂，至少应处于这些企业的上风方向，还应与易发生火灾的单位保持一定的距离，如油库、加油站、化工厂。除此之外还要考虑水资源、温度、湿度、能源利用、地质灾害等。

9.1.2 选址分析方法

1. 定性分析法

定性分析法主要是根据上述影响因素和选址原则，依靠专家和管理人员丰富的经验、知识及综合能力和分析能力，确定配送中心的具体位置。使用这类方法要注意尊重客观实际，切忌主观判断。定性分析法主要有优缺点比较法和德尔菲法。

（1）优缺点比较法。

罗列出最优、优次、一般、较差、极坏五个等级对各个方案的特点进行评分，对每个方案的各项得分加总，得分最多的为最优方案。

优缺点比较法再辅以经济概算，在我国应用很普遍，优点是简单、方便很快得出初步结论，缺点是缺乏量化比较，对非成本因素考虑较少。

（2）德尔菲（Delphi）法。

德尔菲法是美国兰德公司赫尔默博士于20世纪40年代末首创的，主要包括以下组成部分：

①组成专家小组，20人左右。

②向所有专家提出配送中心选址的相关问题及要求，并附上选址方案的所有背景材料，同时让专家提交材料清单。

③各个专家根据他们收到的材料，提出自己的意见。

④将专家的意见汇总，进行分析和处理。

⑤将分析结果反馈给每个专家，专家根据反馈的资料修改自己的意见和判断，这一过程需要进行 3 ~4 次，直到每位专家不再改变自己的意见为止。

⑥对专家的意见进行综合的处理，确定方案。

2. 定量分析法

定量分析法有多种，如重心法、运输问题法、量本利分析法、加权分析 Baumol - Wolfe 模型、CFLP 模型等。

（1）重心法是一种模拟方法，它将物流系统中的需求点和资源点看成是分布在某一平面范围内的物流系统，各点的需求量和资源量分别看成是物体的质量，物体系统的重心作为物流网点的最佳设置点，利用求物体系统重心的方法来确定物流网点的位置。

（2）运输问题法是针对多个供应商，多个客户，辐射范围较大，需要建立两个及两个以上的配送中心的情况。

（3）量本利分析法，全称为产量成本利润分析，也叫保本分析或盈亏平衡分析，是通过分析生产成本、销售利润和产品数量这三者的关系，掌握盈亏变化的规律，指导企业选择能够以最小的成本生产最多产品并可使企业获得最大利润的经营方案。

9.1.3 配送网点布局

配送网点布局是指以企业的物流系统建设和经济效益为目标，用系统学的理论和系统工程的方法，综合考虑商品的供需状况、运输条件、自然环境等因素，对配送网点的设置、规模、供货范围等进行研究和设计。①

1. 配送网点布局的主要问题

一般来讲，企业配送网点布局应考虑的主要问题有以下几个方面：

（1）直达供货和中转供货的比例。

在现实中，有的企业利用直销的方式进行直达供货，有的企业则直达供货和中转供货兼而有之。如果企业考虑面向分销市场自主建设企业的物流配送体系，则在配送网点布局中首先要考虑上述比例或者在规划中确定这一比例。

（2）目标区域内应设置配送网点的数目。

根据历史上各种销售数据及科学的市场预测数据，并比照同行业中的企业或参考相关行业的发展经验，研究目标区域内配送网点建设的数目问题。数目要求既能满足现有的和潜在的销售需求，又能在一定的成本可控范围之内。

（3）配送网点的选址及渐次开发方案。

配送网点布局建设是一个统筹规划、渐次开发的过程，除了配送中心的选址以外，还要考虑配送网点的建设规模（吞吐能力）及各网点的进货与供货关系等问题，甚至包括二级网点的建设等问题。

---

① 如何布局配送网点．智慧流通网 http：//www. 56135. com/index. html.

（4）配送网点的建设与维护费用。

确定网点布局的模型时，通常是以系统总成本最低为目标函数，在建立模型时主要应考虑以下几项费用：网点建设投资，包括建筑物、设备和土地征用等费用；网点内部的固定费用，即网点设置以后的人员工资、固定资产折旧以及行政支出等；网点经营费用，即网点在经营过程中发生的费用，如进出库费、保管维护费等；运杂费，物资运输过程中所发生的费用，主要包括运价、途中换乘转装以及支垫物资等发生的费用。

2. 配送网点布局的常用方法

在配送网点布局规划中研究和解决这些问题，一般先通过详细的系统调查，收集资料并进行系统分析，确定一些可能设置网点的备选地址，建立模型，然后对模型优化求解，最后进行方案评价并确定最佳布局方案。概括而言，进行网点布局的常用方法可归纳为以下三大类：

（1）解析方法。

解析方法是通过数学模型进行物流网点布局的方法。采用这种方法，首先应根据问题的特征、外部条件和内在联系建立数学模型或图解模型，然后对模型求解，获得最佳布局方案。解析方法的特点是能获得精确的最优解。但是，这种方法对某些复杂问题难以建立起恰当的模型，或者由于模型太复杂，往往求解困难，或要付出相当高的代价。因而这种方法在实际应用中会受到一定的限制。采用解析方法建立的模型通常有微积分模型、线性规划模型和整数规划模型等。对某个问题究竟建立什么样的模型，要根据具体情况而定。

（2）模拟方法。

网点布局的模拟方法是将实际问题用数学方程和逻辑关系的模型表示出来，然后通过模拟计算和逻辑推理确定最佳布局方案。这种方法比用数学模型寻找解析解简单。采用这种方法进行网点布局时，分析者必须提供预定的各种网点组合方案以供分析评价，从中找出最佳组合。因此，决策的效果依赖于分析者预定的组合方案是否接近最佳方案，这也是该方法的不足之处。

（3）启发式方法。

启发式方法是针对模型的求解方法而言的，是一种逐次逼近最优解的方法。这种方法对所求得的解进行反复判断、实践修正，直至满意为止。启发式方法的特点是模型简单，需要进行方案组合的个数少，因此便于寻求最终答案。此方法虽不能保证得到最优解，但只要处理得当，可获得决策者满意的近似最优解。用启发式方法进行网点布局时，一般应包括以下几个步骤：定义一个计算总费用的方法；拟定判别准则；规定方案改选的途径；建立相应的模型；迭代求解。

3. 配送网点布局合理化

物流配送网点布局合理化，就是为了在变化的物流配送环境中，确保优质的物流配送服务，降低总的物流成本。

（1）确保提供优质物流配送服务。

在激烈的竞争中，作为销售战略的一环，优质的物流配送服务是不可缺少的。如果没有完善的物流体制，企业就难以将接受的订货迅速、准确地送出，也难以在销售竞争中取胜。因此，企业必须适应顾客需求小批量、交货期缩短、交货快的要求。也就是说，按期交货，提高库存服务效率，在销售战略上是非常重要的。

（2）降低物流配送总成本。

将物流配送网点集中，可以减少库存，使运输计划化、大型化，可以扩大多品种货物配送范围，通过协同配送降低运输费用，可以减少土地购买费、建设费、机器设备费、人力费用等物流配送网点。

过去物流配送网点集中，则必然延长运输距离、增加运输时间，办理订货、下达发货指令、向外订货、处理商品过多、拣选商品等也都耗费时间。由于高速公路网更加完善，时间和距离都已不成为障碍，而且开发出大量处理多批次、小批量的系统，作业速度加快。又由于信息化的发展，各处企业均已联网，可以及时联系。正是由于这种信息和作业速度的提高，集中物流配送网点已成为可能和合理。经费减少，从而减少物流总成本。

9.1.4 本节应用方法简介

1. 重心法

重心法（The centre - of - gravity method）是一种选择销售中心位置，从而使销售成本降低的方法。

它把销售成本看成运输距离和运输数量的线性函数。此种方法利用地图确定各点的位置，并将一坐标重叠在地图上确定各点的位置。

重心法是一种模拟方法，它将物流系统中的需求点和资源点看成是分布在某一平面范围内的物流系统，各点的需求量和资源量分别看成是物体的重量，物体系统的重心作为物流网点的最佳设置点，利用求物体系统重心的方法来确定物流网点的位置。

（1）重心法是一种设置单个厂房或仓库的方法，这种方法主要考虑的因素是现有设施之间的距离和要运输的货物量，经常用于中间仓库或分销仓库的选择。商品运输量是影响商品运输费用的主要因素，仓库尽可能接近运量较大的网点，从而使较大的商品运量走相对较短的路程，就是求出本地区实际商品运量的重心所在的位置。

（2）重心法是指在物理中，如果要想使一个物体在垂直不动或是做匀速直线运动，那么这个点为重心。

2. 迭代法

迭代法也称辗转法，是一种不断用变量的旧值递推新值的过程，跟迭代法相对应的是直接法，即一次性解决问题。迭代法又分为精确迭代和近似迭代。“二分法”和“牛顿迭代法”属于近似迭代法。迭代法是用计算机解决问题的一种基本方法。它利用计算机运算速度快、适合做重复性操作的特点，让计算机对一组指令（或一定步骤）进行重复执行，在每次执行这组指令（或这些步骤）时，都从变量的原值推出它的一个新值。

9.2 实训目的与要求

根据长风物流公司五个配送点的位置坐标、需求量、运输距离等相关数据，通过重心法计算确定配送中心的理论最佳坐标；然后对其周边合理范围内的三个备选地块的交通、地价、劳动力等因素进行打分评定，综合得出配送中心的建造地址。

根据长风物流公司配送货物的特点和数量，通过计算及分析选择仓库的种类和规模；然后依据各建筑设施的密切程度将办公楼、仓库、道路、停车场拖拽至合理位置，完成配送中心的建造。

9.3 实训内容与步骤

9.3.1 配送中心选址

1. 了解选址周围的供货信息

来到3D配送中心规划系统实战大演练区模块，出现旋转地球界面。

等待地球旋转完毕，到如图9－1所示的提示界面。

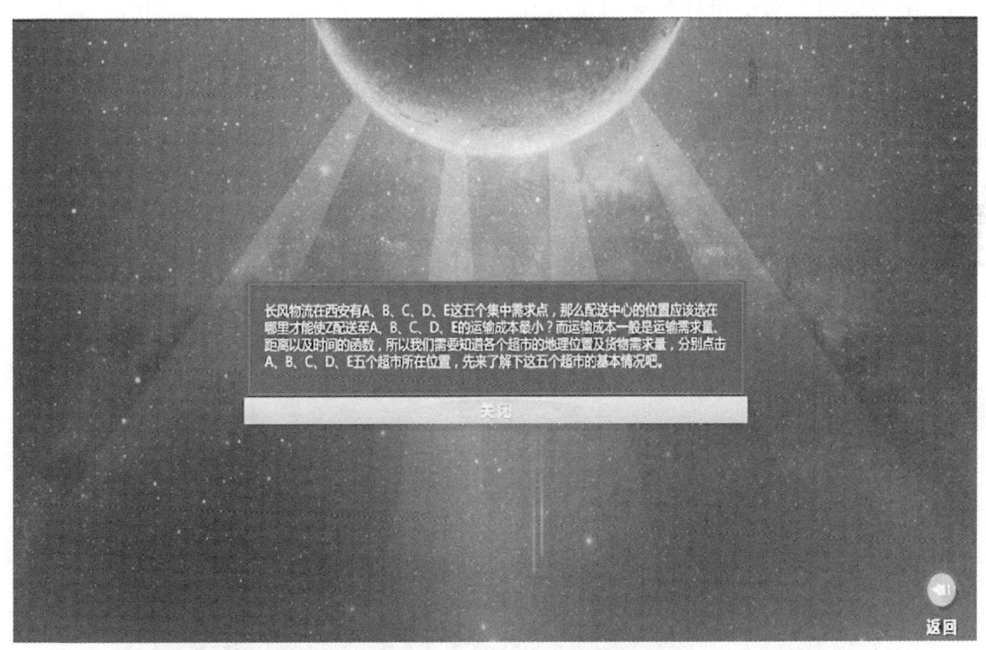

图9－1 系统提示界面

单击该界面右下角的【返回】按钮，可以返回到模块选择界面，通过提示语了解了本次模拟选址的基本情况后，单击该界面的【关闭】按钮，切换到地图的界面。

地图上显示本次供货的5个超市，单击这些点，可以查看超市的一些基本信息，鼠标滚轮可以放大和缩小地图，按住鼠标左键可以拖动地图，“系统提示”主要显示完成的步骤，鼠标滚轮可以滚动查看。单击右下角的【下一步】按钮，进入如图9－2所示界面。

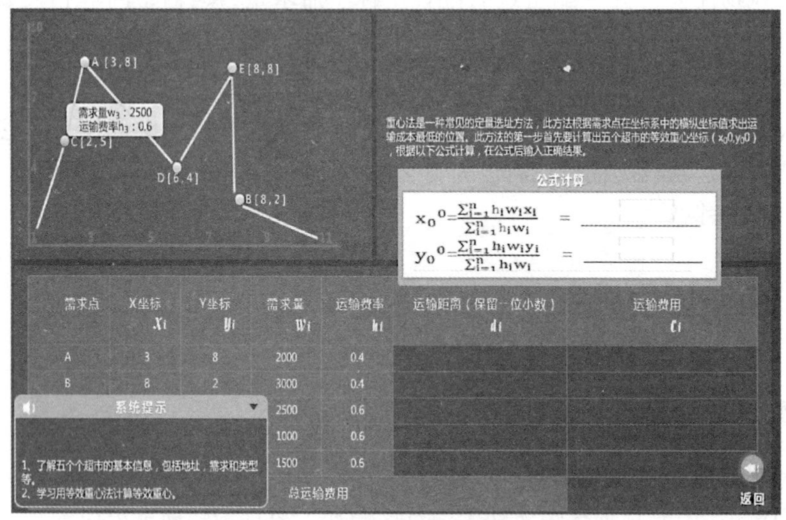

图9－2　公式计算界面1

2. **学习如何用重心法计算等效重心点**

如图9－3所示，该界面左上角显示各个超市的基本信息，单击超市对应的按钮，可以查看对应的信息，根据提示和等效重心法计算公式，计算出等效重心坐标，填写到公式计算的横线上。填写完毕后，根据公式计算等效重心点和各个超市的距离和运输费用，并将对应的数据填写到下图中红色的区域内，如图9－3所示。

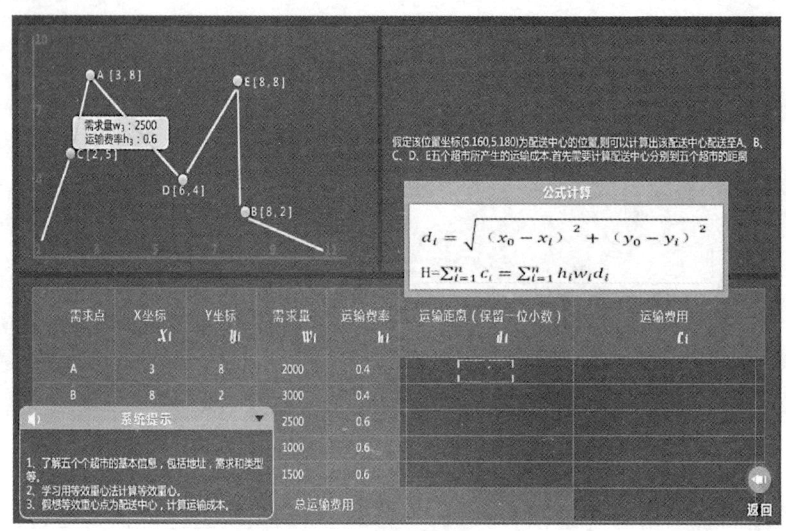

图9－3　公式填写界面

填写完毕，单击图 9 –4 中的【下一步】按钮。

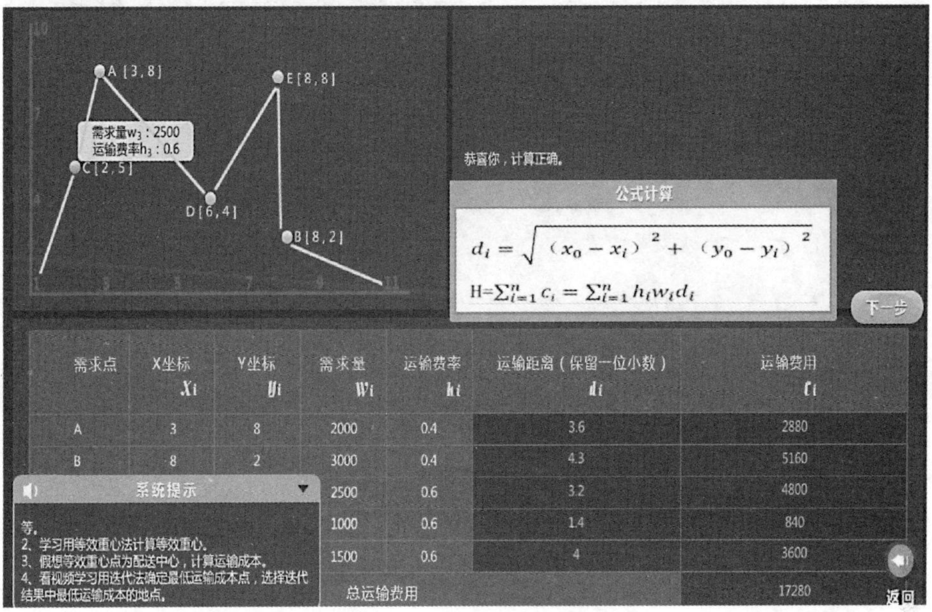

A [3,8]
E [8,8]
需求量w3：2500
运输费率h3：0.6
C [2,5]
D [6,4]
B [8,2]
恭喜你，计算正确。
公式计算
$d_i=\sqrt{(x_0-x_i)^2+(y_0-y_i)^2}$
$H=\sum_{i=1}^{n}c_i=\sum_{i=1}^{n}h_iw_id_i$
下一步
需求点
X坐标 Xi
Y坐标 Yi
需求量 Wi
运输费率 hi
运输距离（保留一位小数） di
运输费用 Ci
A 3 8 2000 0.4 3.6 2880
B 8 2 3000 0.4 4.3 5160
2500 0.6 3.2 4800
1000 0.6 1.4 840
1500 0.6 4 3600
总运输费用 17280
系统提示
等。
2、学习用等效重心法计算等效重心。
3、假想等效重心点为配送中心，计算运输成本。
4、看视频学习用迭代法确定最低运输成本点，选择迭代结果中最低运输成本的地点。
返回

图 9 –4　公式计算界面 2

学习迭代法计算最佳重心坐标，如图 9 –5 所示。

A [3,8]
E [8,8]
需求量w3：2500
运输费率h3：0.6
C [2,5]
D [6,4]
B [8,2]
（4）提示语：假定的五个超市的等效重心坐标（x_0^0，y_0^0）并不一定是总运输费用最小的位置。所以需要采用迭代法，通过不断调整配送中心的位置坐标，
$x_0^*=\frac{\sum_{i=1}^{n}h_iw_ix_i/d_i}{\sum_{i=1}^{n}h_iw_i/d_i}$
$y_0^*=\frac{\sum_{i=1}^{n}h_iw_iy_i/d_i}{\sum_{i=1}^{n}h_iw_i/d_i}$
直至计算得出最小的总运输费用，此时得到的位置坐标即为建造该配送中心的最佳位置，请观看学习迭代法计算过程的视频。
下一步
公式计算
$d_i=\sqrt{(x_0-x_i)^2+(y_0-y_i)^2}$
$H=\sum_{i=1}^{n}c_i=\sum_{i=1}^{n}h_iw_id_i$
需求点
X坐标 Xi
Y坐标 Yi
需求量 Wi
运输费率 hi
A 3 8 2000 0.4
B 8 2 3000 0.4 4.3 5160
2500 0.6 3.2 4800
1000 0.6 1.4 840
1500 0.6 4 3600
总运输费用 17280
系统提示
等。
2、学习用等效重心法计算等效重心。
3、假想等效重心点为配送中心，计算运输成本。
4、看视频学习用迭代法确定最低运输成本点，选择迭代结果中最低运输成本的地点。
返回

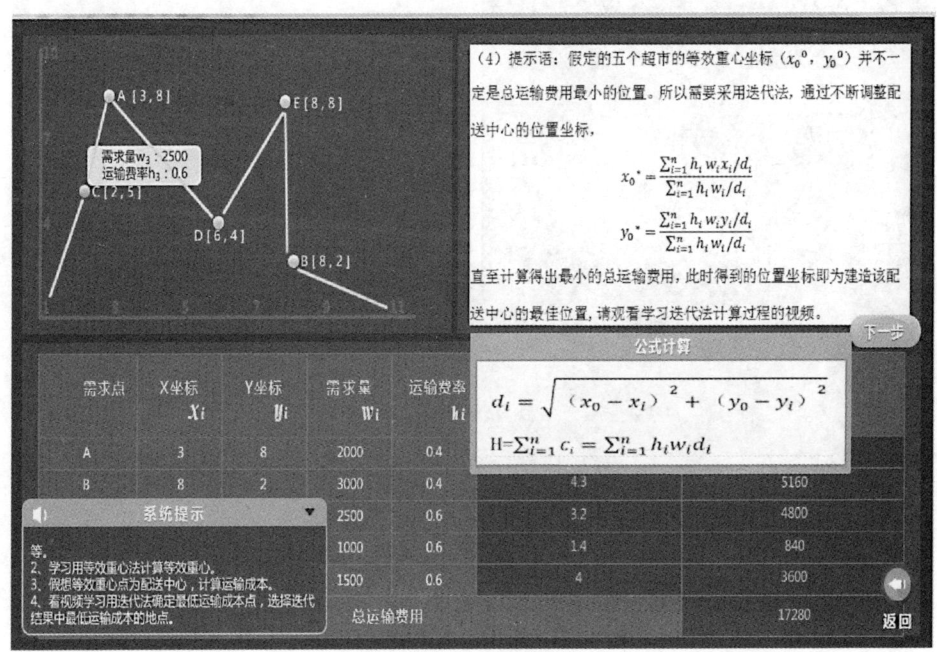

图 9 –5　公式学习

再次单击【下一步】按钮，出现迭代法计算的视频界面，如图 9 –6 所示。

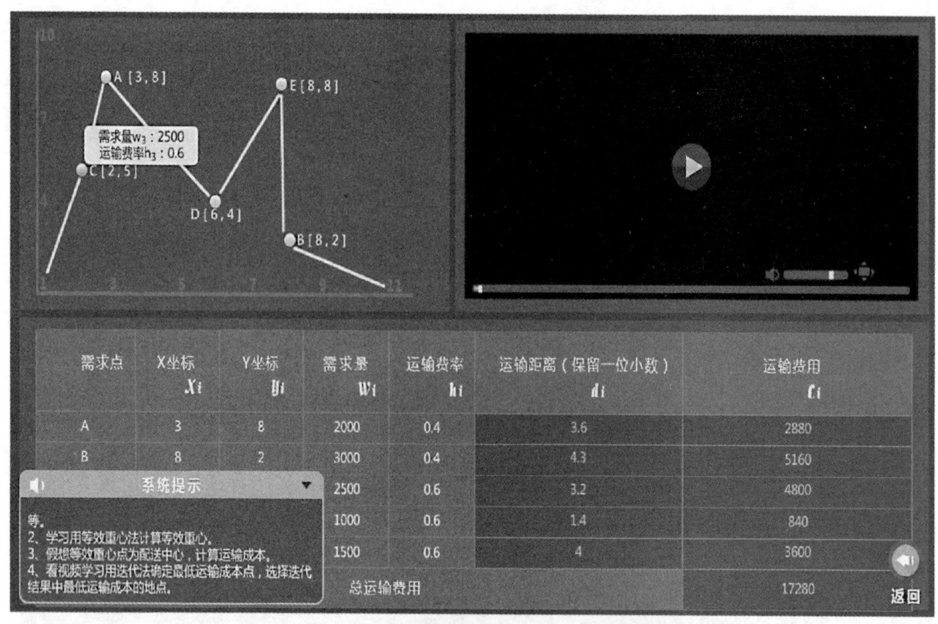

图 9－6　迭代法计算视频界面

单击视频中【播放】按钮，学习迭代计算过程，如图 9－7 所示。

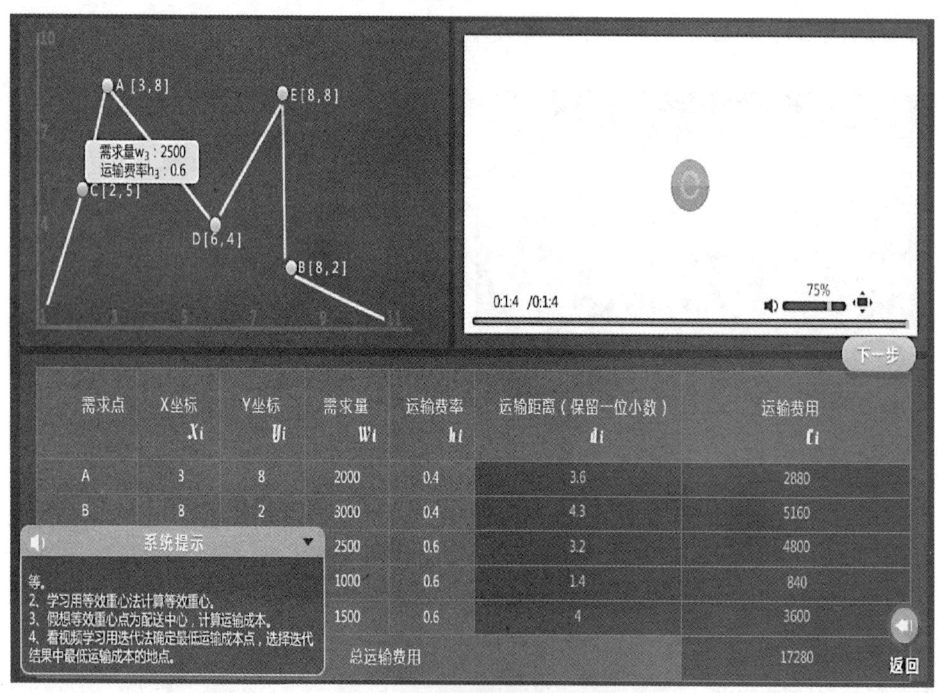

图 9－7　迭代法视频播放界面

学习完毕后，单击【刷新】按钮，重新学习迭代视频，单击【下一步】按钮，查看迭代结果，如图 9－8 所示。

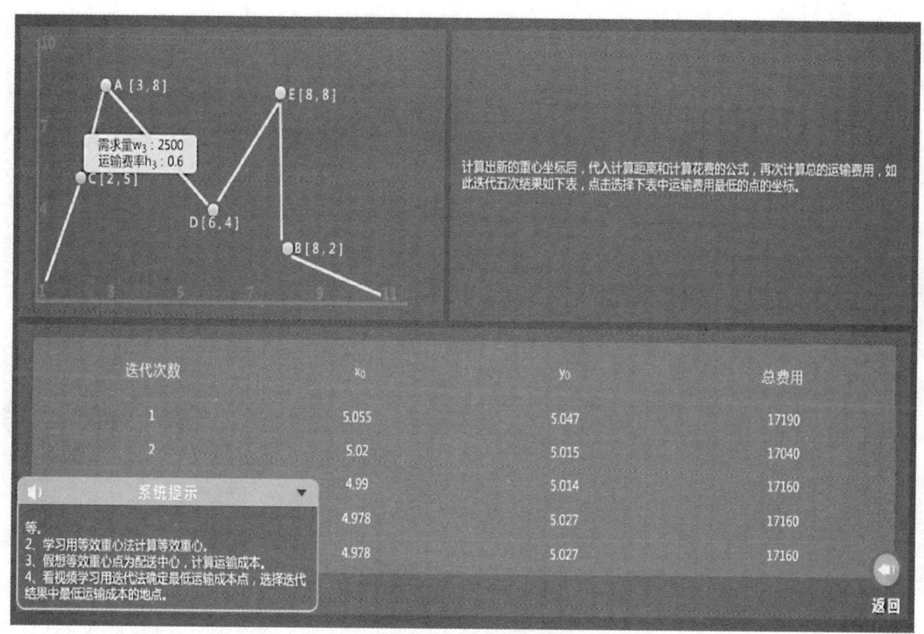

图 9 -8　迭代结果

在迭代结果中单击选择运输费用最低的点，界面如图 9 -9 所示。

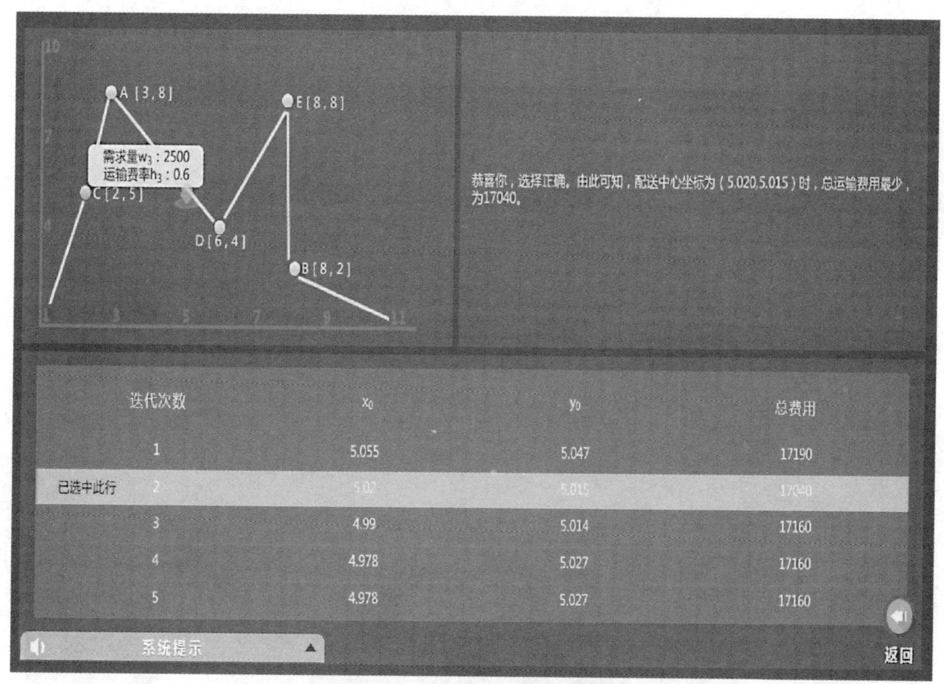

图 9 -9　运费最低计算界面

左上角的坐标系中出现闪动的点，等待 2 秒，自动转到如图 9 -10 所示的界面。

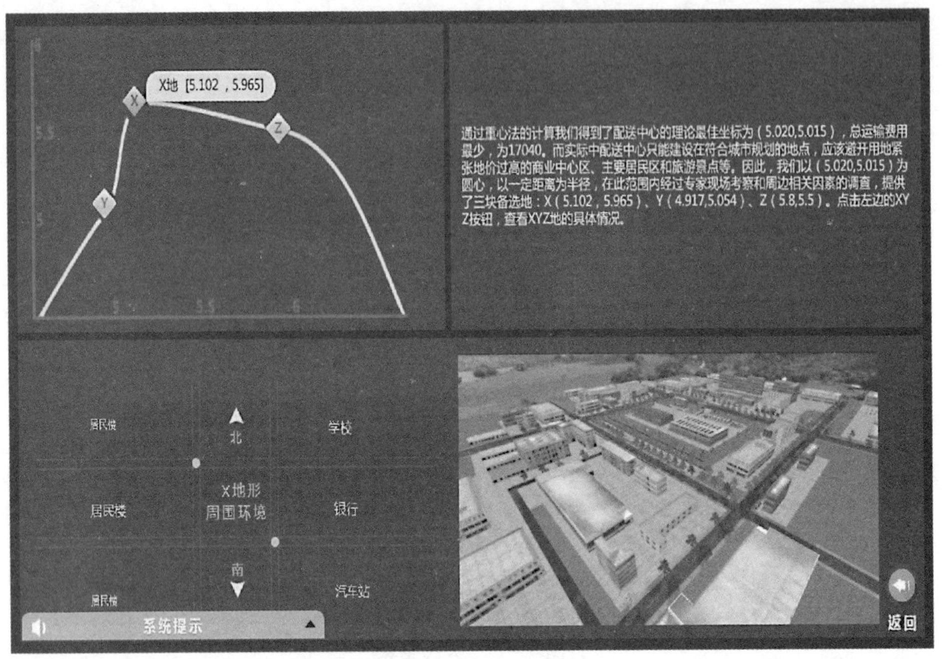

图 9－10　坐标轴

仔细阅读该界面右上角的提示语，单击左上角坐标系中 XYZ 按钮，了解 XYZ 地区的基本情况如图 9－11 所示。右上角描述单击地点的情况，下边是对应区域的图片。

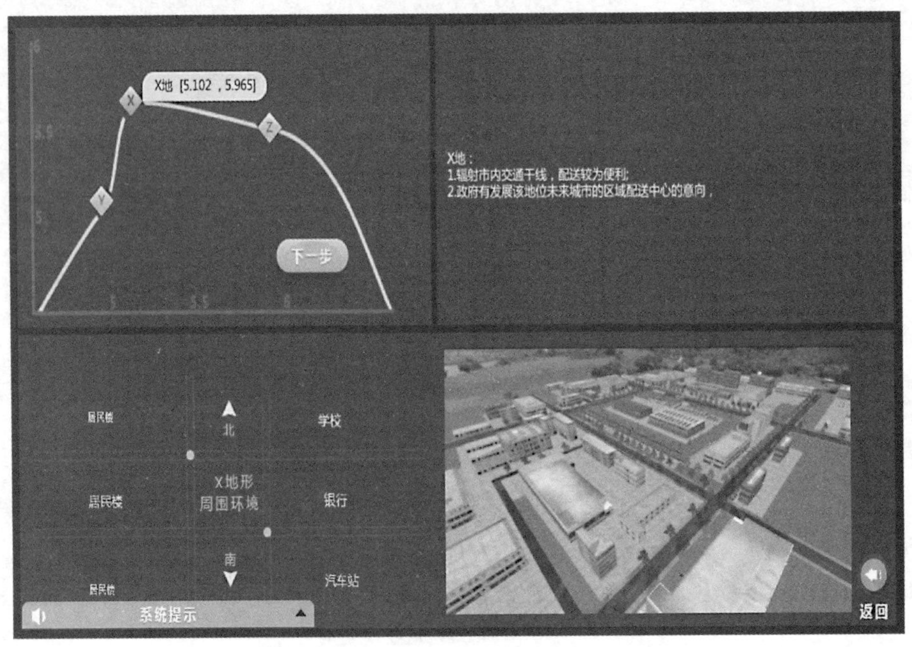

图 9－11　对应区域示意

掌握 XYZ 三个区域的情况后，单击【下一步】按钮，开始为 XYZ 三个地点打分。

考虑实际因素，为 XYZ 三地打分，选择最佳点，如图 9－12 所示。

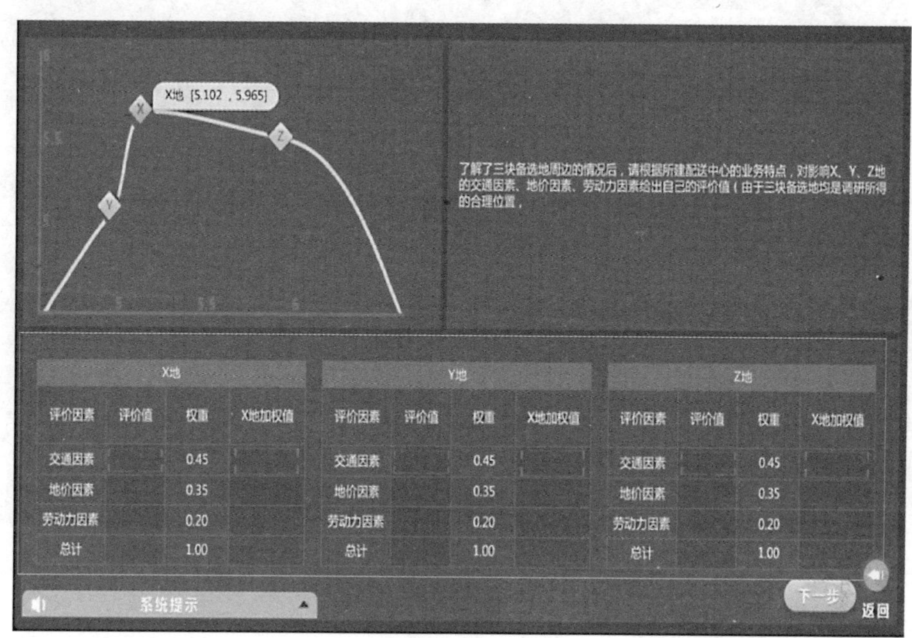

图 9－12　打分表

用户给出介于 60～100 的评价值，评价值×权重得到加权值，将各个因素的加权值相加，就得到这个区域的总分，将对应的数据填到图 9－13 红色标注的区域，举例如图 9－13 所示。

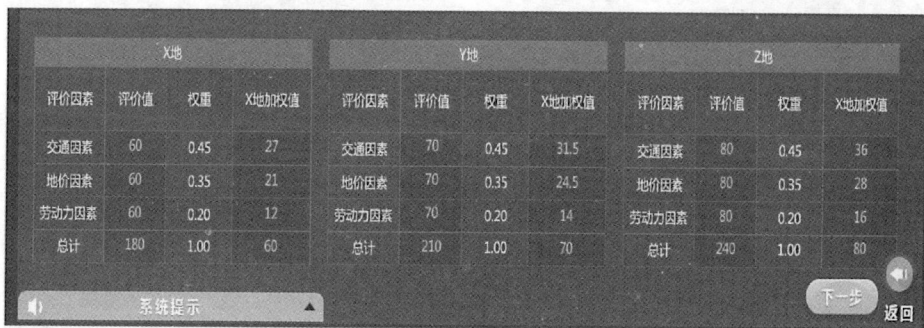

X地				Y地				Z地			
评价因素	评价值	权重	X地加权值	评价因素	评价值	权重	X地加权值	评价因素	评价值	权重	X地加权值
交通因素	60	0.45	27	交通因素	70	0.45	31.5	交通因素	80	0.45	36
地价因素	60	0.35	21	地价因素	70	0.35	24.5	地价因素	80	0.35	28
劳动力因素	60	0.20	12	劳动力因素	70	0.20	14	劳动力因素	80	0.20	16
总计	180	1.00	60	总计	210	1.00	70	总计	240	1.00	80

系统提示　下一步　返回

图 9－13　总分计算

填写完毕后，单击【下一步】按钮，比较各区域的分数，单击右上角的对应的按钮选择一个最佳点，如图 9－14 所示。

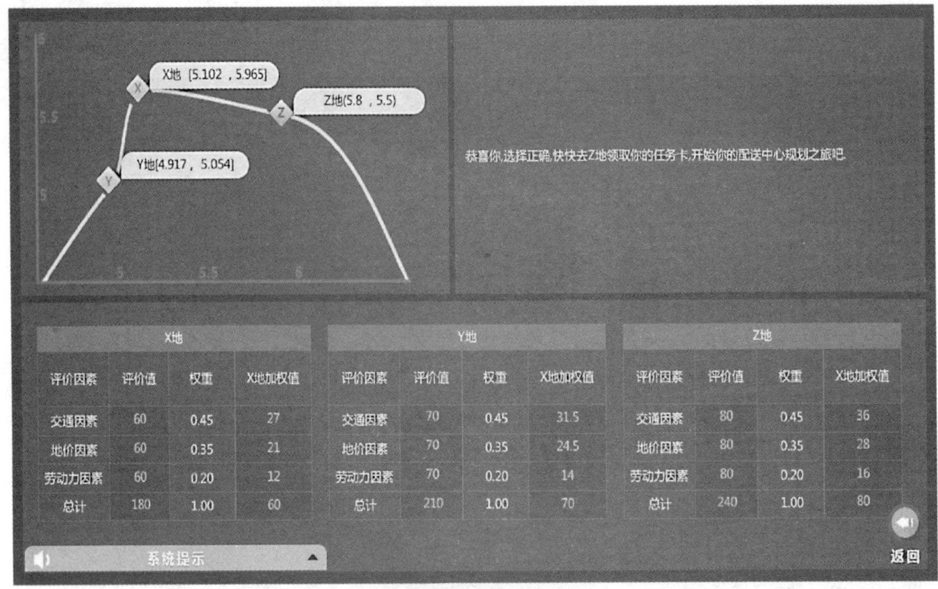

X地			
评价因素	评价值	权重	X地加权值
交通因素	60	0.45	27
地价因素	60	0.35	21
劳动力因素	60	0.20	12
总计	180	1.00	60

Y地			
评价因素	评价值	权重	X地加权值
交通因素	70	0.45	31.5
地价因素	70	0.35	24.5
劳动力因素	70	0.20	14
总计	210	1.00	70

Z地			
评价因素	评价值	权重	X地加权值
交通因素	80	0.45	36
地价因素	80	0.35	28
劳动力因素	80	0.20	16
总计	240	1.00	80

图 **9 – 14**　分数比较

选择完毕，进入规划之旅。

9.3.2　配送中心规划

进入该模块，首先出现的是如图 9 – 15 所示的界面。

图 **9 – 15**　配送中心界面

关闭界面并继续下面的任务，如图 9 – 16 所示。

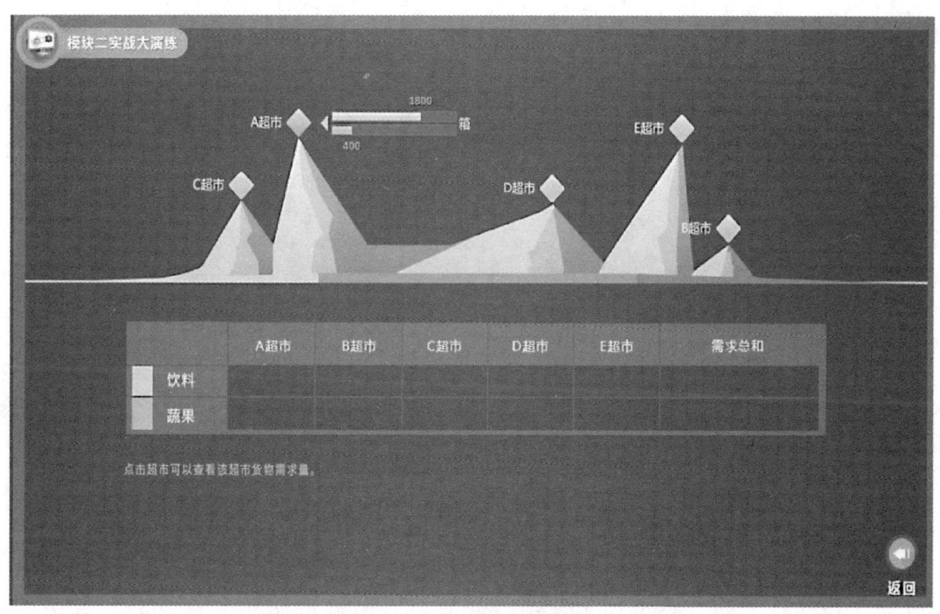

图 9 – 16　功能界面

1. 界面功能介绍

这里是对应的5个超市，如图9 – 17所示。图标右侧需填加对应超市对不同货品的需求数量。

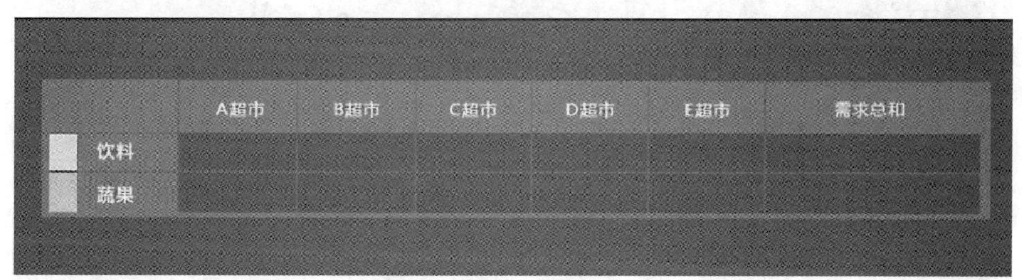

图 9 – 17　需求表格

这里为统计各个超市需求量的表格，需要用户把超市对应的需求数量填入对应的表格，部分操作提示以及输入结果提示在表格下方显示，根据表格中输入的数字颜色也可看出是否正确，正确时为浅绿色，错误时为红色，也会出现操作错误提示等。

单击【返回】按钮，会出现【确定】、【确定返回吗?】、【取消】三个按钮，单击【确定】按钮，会返回主界面，单击【取消】按钮会关闭当前界面继续在当前模块。

2. 超市需求量信息展示

分别单击A超市、B超市、C超市、D超市、E超市链接，在出现的界面中把数字填入超市对应的表格中。输入所有超市的信息后，求出总和填入表格中，单击任意地方或回车键继续。

3. **建造界面及功能界面**

建造开始前，首先出现的是介绍界面，如图 9－18 所示。

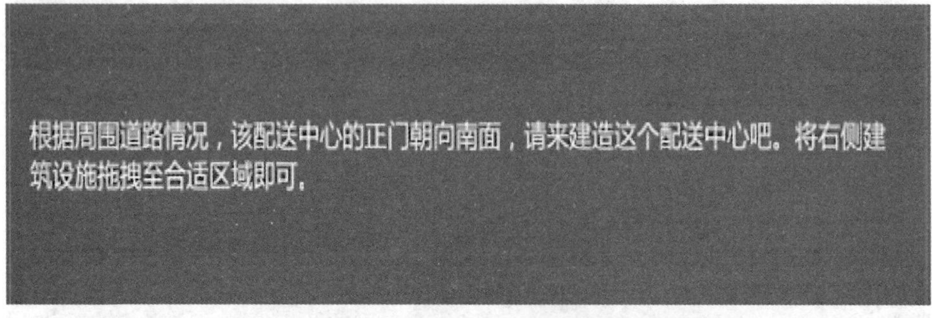

根据周围道路情况，该配送中心的正门朝向南面，请来建造这个配送中心吧。将右侧建筑设施拖拽至合适区域即可。

图 9－18　介绍界面

单击【下一步】按钮可以关闭介绍，进入图 9－19 所示的建造场景。

单击【建造】按钮，会出现子菜单，此时只有挖掘机按钮是亮着的，表示可以选择，鼠标移动到挖掘机按钮会出现该按钮对应的提示，单击该按钮会出现对应的图标，此图标会跟随鼠标移动，当移动到可以处理的空地时，对应的空地会出现效果和作用范围提示。

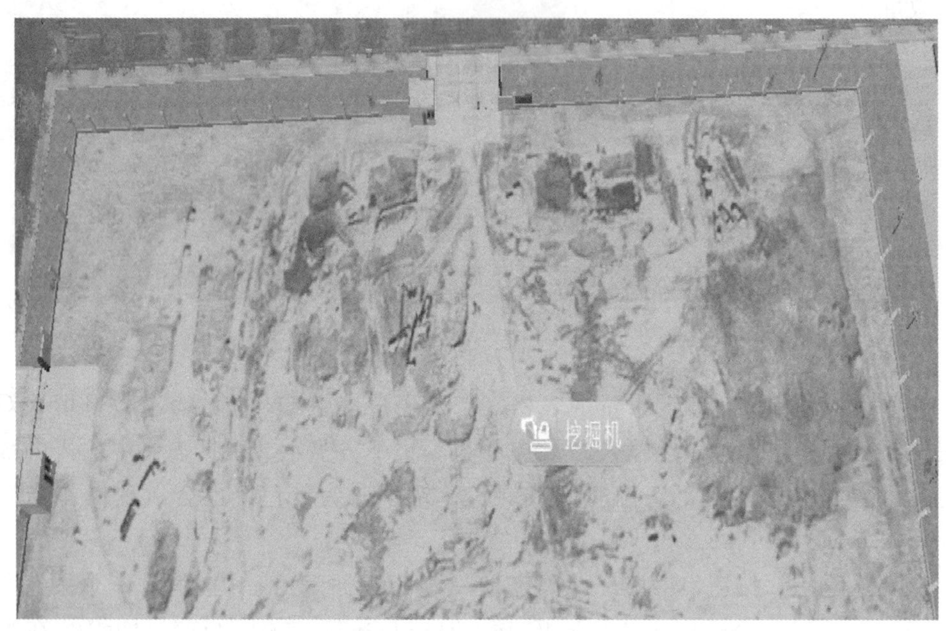

图 9－19　建造界面

此时单击鼠标左键完成对空地的修整，单击右键取消操作。修整完成后的场地是可以用来建造建筑的，如图 9－20 所示。

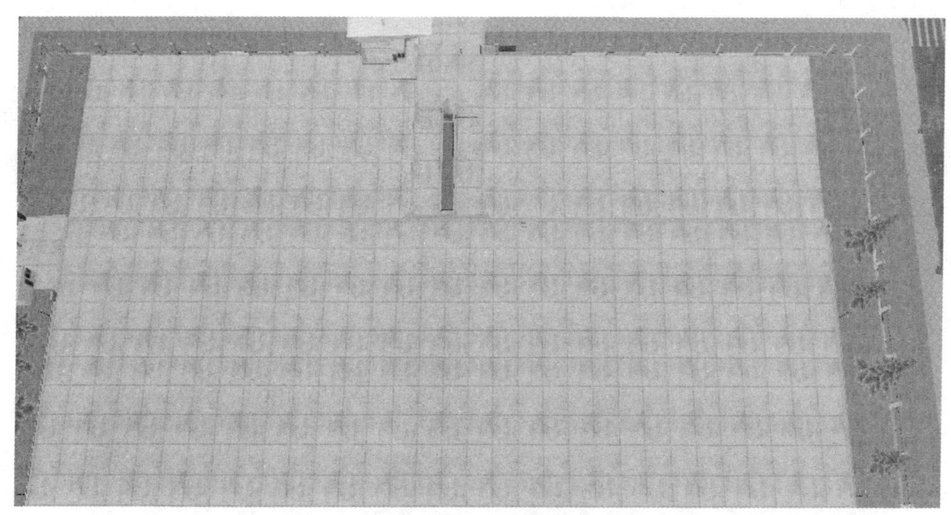

图 9－20　空地修整

当完成对场地的修整之后，【地基】这个按钮会变灰，此时单击它是无效的，与此同时其他几个按钮会亮起来，这些亮起来的按钮当鼠标移动上去之后是该按钮对应的可以建造的建筑的介绍，当单击【仓库】按钮之后会出现仓库的子菜单，单击其他按钮时，在场景中会出现对应建筑的简易模型，当为红色时表示此位置不适合建造，此模型在场地内部会随着水表移动，当移动到合适位置时颜色变成绿色，此时单击右键取消，该简易模型会消失；单击左键确定建造，地形上会建造出如下建筑，同时对应的按钮也会变灰。

建造完成的建筑如图 9－21 所示。

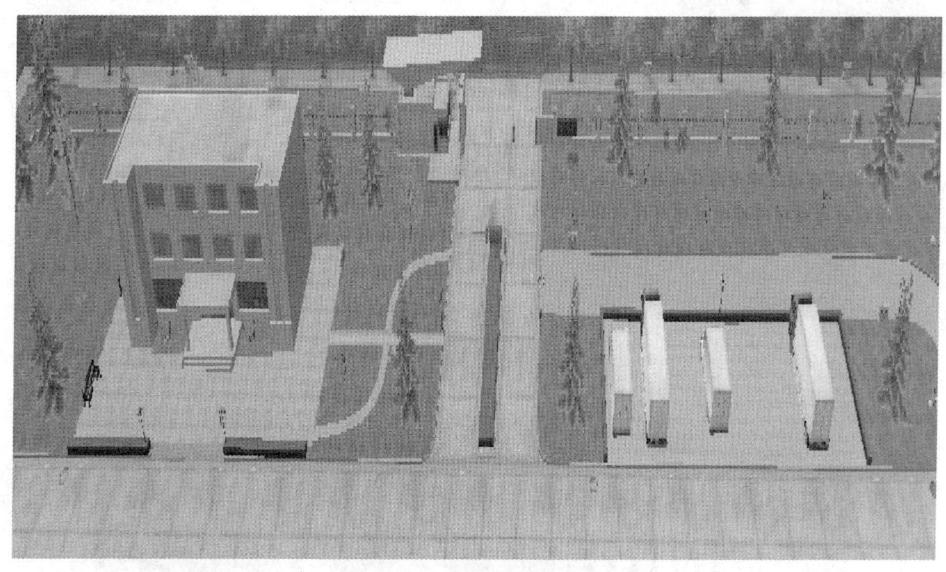

图 9－21　建造完成示意

右键单击建造完成的建筑，出现的菜单中单击【撤销】按钮可以撤销该建筑。

4. 用户自主建造配送中心

认真阅读完基本介绍后，单击【下一步】按钮关闭界面，单击【建造】按钮下拉菜单中的【地基】按钮，出现挖掘机图标，该图标移动到场地上时，场地显示出不同的颜色，此时单击鼠标左键，完成对场地的修整，场地中间会出现如下空场地，如图 9－22 所示。

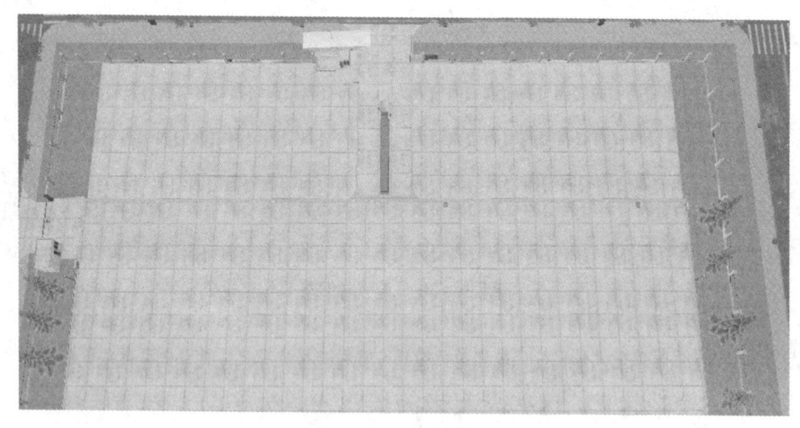

图 9－22　修整场地

此时单击【停车场】按钮，出现停车场的简易模型，当它移动到合适的位置时，颜色变绿，单击鼠标左键完成建造；单击【办公楼】按钮，出现办公楼的简易模型，当他移动到合适的位置时，颜色变绿，单击鼠标左键完成建造；单击【仓库】按钮，会出现仓库子菜单，单击【蔬菜冷藏库 A】按钮，出现蔬果冷藏库 A 的简易模型，当它移动到合适的位置时，颜色变绿，单击鼠标左键完成建造；单击【普通仓库 A】按钮，出现蔬果冷藏库 A 的简易模型，当它移动到合适的位置时，颜色变绿，单击鼠标左键完成建造，如图 9－23 所示。当所有建筑建造完成以后会出现结束页面，如图 9－24 所示。

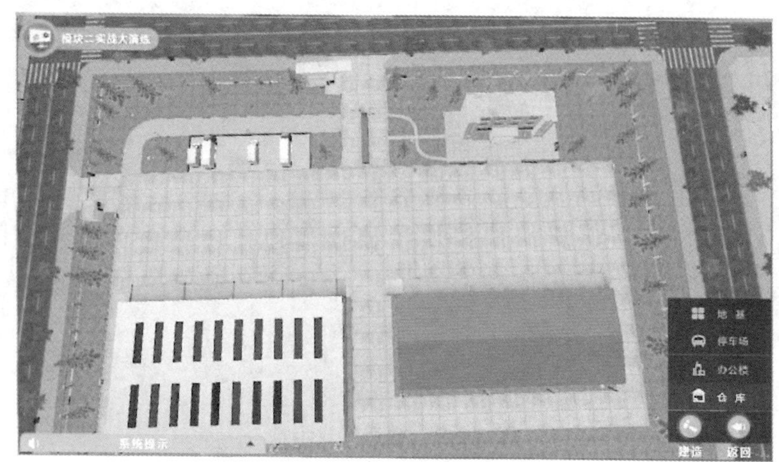

图 9－23　完成建造效果图

图 9－24 结束界面

单击【重新学习此模块】按钮，会重新进入该模块，从头开始再学一遍。

单击【返回到主界面】按钮，会回到选择主界面，你可以选择其他的操作。

9.4 思考题

1. 配送中心选址过程中需要考虑哪些因素？
2. 配送中心的功能主要有哪些？
3. 简述配送中心在现代物流中的作用。
4. 配送中心选址模拟仿真实验包括哪些基本环节？

本章小结

本章介绍了配送中心选址相关背景知识，设计了关于配送中心选址操作的模拟仿真实验。通过对本章的学习，能够使学生加深对配送中心选址操作业务的认识与了解。

10 配送中心运营仿真模拟实训

10.1 背景介绍

10.1.1 配送中心运营目标[①]

1. **管理规范**

要求配送中心遵循现代物流的经营理念，配送内部的各业务流程、各种资源管理、现场管理、质量管理都体现规范化、高效化、标准化，营造现代化的物流配送中心。管理是生产力，是企业经营的基础，配送全体员工需遵循现有各项业务、管理规范，同时不断集思广益、不断提升。高效、规范的管理是企业低成本运作的基础，是企业赢得竞争力的一个重要因素。低成本运作是需要配送各环节都重视的，不断优化流程、提升各环节运作效率、做好设施设备维护保养、节约各类物料使用等。

2. **服务优质**

配送中心作为企业内部为门店服务的一个部门，必须做好服务工作，判断配送中心工作的唯一标准是“客户（门店、供应商）的满意，对配送中心服务（商品、物料运送，服务态度，服务方式）的满意，低成本运作的满意”。优质的服务主要表现为：快速、准确、高满足率、低成本地将商品送达门店；微笑服务、耐心服务，门店的需求需要尽量满足；门店不清楚需要耐心解释；门店不懂需要做好培训（告知门店如何操作或与门店探讨如何操作）。服务优质还包含配送中心内部上道工序为下道工序服务的内容，配送中心内部环节较多、业务综合，要做好配送为门店服务的工作，必须首先做好上道工序为下道工序的服务工作。务必树立一种服务理念，把各自环节的每一个细节工作都做到位，多一些换位思考，多一些沟通与交流，下道工序发现问题，要及时告知上道工序，共同探讨解决模式。

3. **配送及时**

将门店的要货需求、各类带货、各类物料、各类赠品、企划用品、积分商品按时送达。必须按照流程关注到细节，关注到每一个环节，做好及时配送。

4. **保障安全**

每一个配送中心员工都必须重视人身安全、商品安全、设施设备安全。汽车驾驶

---

① 道客巴巴，http：//www. doc88. com/p－149668528601. html.

员、叉车手、电动搬运车手、柴油叉车手都必须确保安全行驶，严格按照各项操作规范进行操作，确保自身以及他人的人身安全；配送中心有几千万的商品和设施设备。因此，全体员工需做好商品安全工作，做到全员都参与商品防损、做好商品保质期管理、规范堆垛、轻装轻卸等各项工作；每一个操作员、每一个员工，都应做好相应的维护保养工作，尽量减少设施设备的损耗、延长设备使用年限。

10.1.2　配送中心主要业务流程①

1. 订货流程

订货员根据分管品类，在自动补货中输入补货条件，自动补货生成建议需补货的商品→订货员根据建议补货量，结合实际情况，进行最后订货量确认→审核订货申请单，生成订货单→订货单上传至商业客户系统或传真给供应商→供应商在收到订单后在规定的有效期内送货至配送。

2. 进货流程

供应商在商业客户系统中确认订单并打印→凭打印的订单配货至配送中心→将商品送至规定的月台等待收货→收货员持采购订单进行收货→凭订单对送货方的送货单确认数量、单价→交于信息部录入验收单→录入完成后签字盖章→收货人员及送货方人员在验收单、送货单签字盖章→供应商凭打印的验收单结算联进行财务结算。

3. 门店要货信息接收

门店在系统上将要货信息上传→配送中心接收并根据商品物流模式生成中转订单和出货通知单。如配送库房库存不足→配送中心将所缺商品转采购部→采购部人员下订单到供应商→送至配送中心→再次配送到店。

4. 拣货任务下发

中转商品出库由供应商的送货单生成的中转出货单出库，统配商品则由销货通知单与调拨通知单生成的拣选任务出库。

①中转商品：供应商送货成功后会自动生成中转出货单，将此单确认至系统生成中转出货任务。

②统配商品：将销货通知单与调拨通知单审核确认至仓库管理系统——仓库管理系统进行库存比对数据处理后，根据商品各区属性生成拣选任务清单。

5. 拣选出库

①中转商品：根据拣选任务整托出库。

②统配商品：统一将门店的商品根据提示的仓位以及数量码放到一个栈板上，则结束托盘，等待搬运，一张单据上的商品必须全部拣选完毕。

6. 补货流程

根据拣货任务情况生成补货作业单——补货员根据补货单按提示信息进行补货——将商品从储存位补到拣选位并确认补货数量。

---

①　道客巴巴，http：//www. doc88. com/p－149668528601. html.

7. **集货搬运**

将已经拣选完毕的商品搬运到指定的地方，并核对栈板上的商品件数，进行再次确认工作，集货完毕的栈板等待装车。

8. **装车发车**

根据仓库管理系统提示的门店件数调度车辆，根据满载原则将栈板上的商品装车发车。

9. **门店退货流程**

门店按退货规定将退货商品装箱退回配送，同时将退货信息发送→退货部员工与驾驶员交接总件数→将退货信息下传到系统→退货部员工按退货制度进行验货→验货完毕堆放到退货区域。

10. **退货流程**

①供应商持退货通知单前来退货→将该供应商退货信息下传仓库管理系统→商品下架→供应商确认退货数量→退货单结单，打印退货单。

②查询仓将供应商退货信息下传仓库管理系统→商品下架→退货单结单，打印退货单→形成账外库存→电话通知供应商提货→供应商凭退货通知单前来提货/逾期弃货。

11. **转仓流程**

转仓流程分为转入与转出两个环节，可以由统配仓转查询仓，也可以由查询仓转统配仓。根据转仓清单目录将商品下架→录入商品生成转仓单→与接收仓交接、验收→按实际验收数将转仓单审核→商品上架。

12. **损溢流程**

由经理室审批主管填写的损溢单→指定授权人员在仓库管理系统内进行损溢录入工作（仓位条码、商品编码、数量、损溢原因）→确认审核。损溢的目的是使账面库存与实际库存保持一致。损溢作业的原因包括商品串码、破损、临期不能退换的商品、过保质期、质检不合格及来货空盒，还有盘点结束后的商品差异。

10.2 实训目的与要求

以货物配送运输的业务操作流程为主线，对配送中心进行模拟运营。

①接收订单，判断库存量是否充足。

②根据订单量选择配送路线及车辆类型。

③采用播种式或摘果式拣选货物并装车配送。

④分析计算配送中心运营的成本与利润。

10.3 实训内容与步骤

10.3.1 订单处理 1

进入 3D 配送中心规划系统，单击选择主界面的【模拟大运营】图标，如图 10－1 所示。

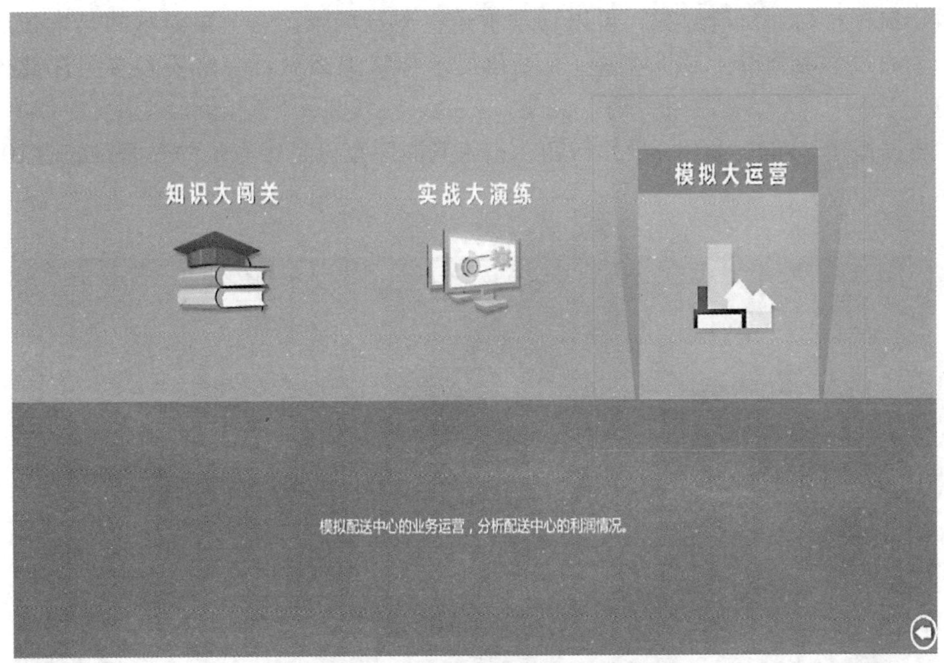

图 10－1 【模拟大运营】图标

进入如图 10－2 所示模拟大运营模块。

图 10－2 模拟大运营模块

进入该模块，按住鼠标左键，可以上下左右旋转视角，滚轮键可以控制视角的远近，鼠标移动到窗口边缘，可以移动视角，浏览场景。右上角显示的是学习所得金币，通过学习金币会不断增多。左下角提示你该怎么做，一定要多多关注此处的信息。

根据提示，单击【下一步】按钮，进入判断库存量是否充足的界面，如图 10－3 所示。

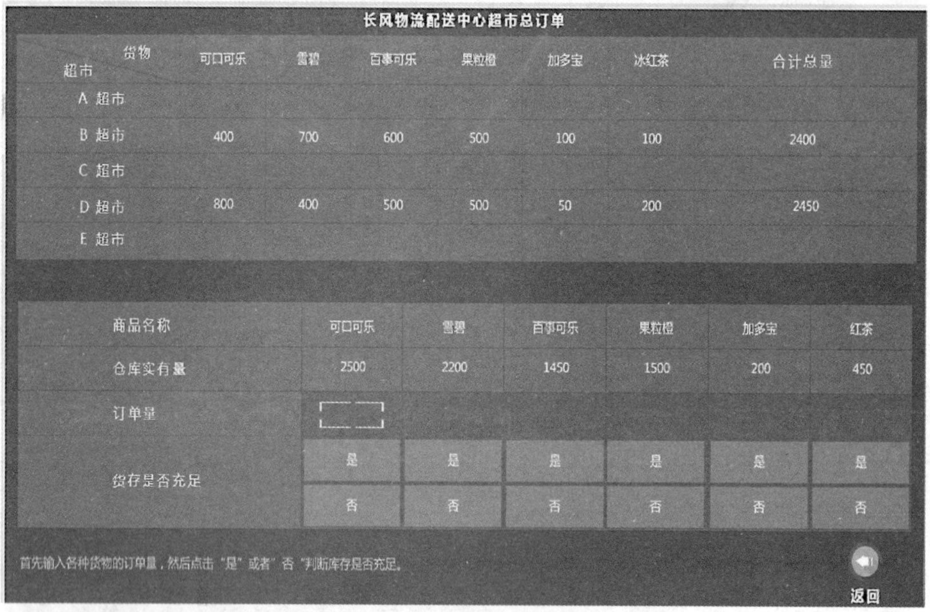

长风物流配送中心超市总订单

超市＼货物	可口可乐	雪碧	百事可乐	果粒橙	加多宝	冰红茶	合计总量
A 超市							
B 超市	400	700	600	500	100	100	2400
C 超市							
D 超市	800	400	500	500	50	200	2450
E 超市							

商品名称	可口可乐	雪碧	百事可乐	果粒橙	加多宝	红茶
仓库实有量	2500	2200	1450	1500	200	450
订单量						
货存是否充足	是／否	是／否	是／否	是／否	是／否	是／否

首先输入各种货物的订单量，然后点击“是”或者“否”判断库存是否充足。

返回

图 10－3　学习界面

在闪动的空格所处的行中，填入各种货物的订单总量，各种货物的总量是将各个超市中相同的货物数量相加后得到，然后单击【是】或【否】按钮来选择库存量是否充足。如图 10－4 所示。

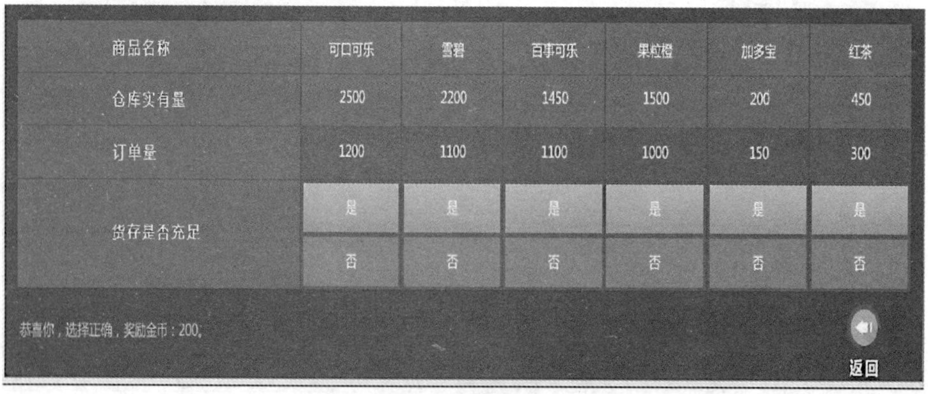

商品名称	可口可乐	雪碧	百事可乐	果粒橙	加多宝	红茶
仓库实有量	2500	2200	1450	1500	200	450
订单量	1200	1100	1100	1000	150	300
货存是否充足	是／否	是／否	是／否	是／否	是／否	是／否

恭喜你，选择正确，奖励金币：200。

返回

图 10－4　货物量信息

判断完成后，自动跳到如图 10－5 所示的界面。

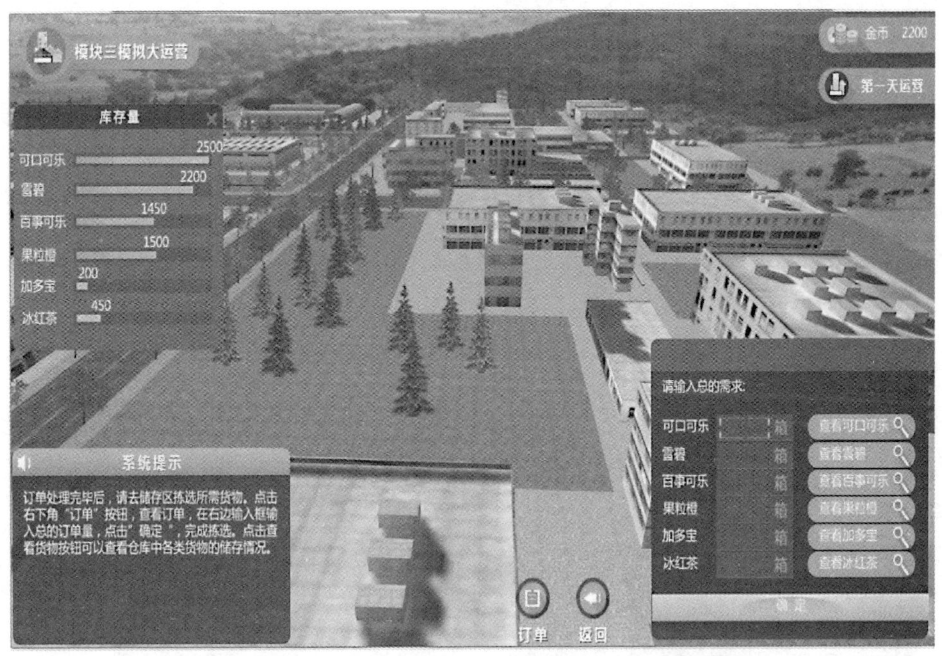

图 10－5　仓库外部场景

该界面中左上角显示库存量，单击☒可以关闭库存量界面，右下角为拣选货物的输入框，单击【查看】按钮可以在仓库查看对应的货物。根据提示在右边的输入框输入货物总的需求，然后单击【确定】按钮完成拣选，进入如图 10－6 所示的界面。

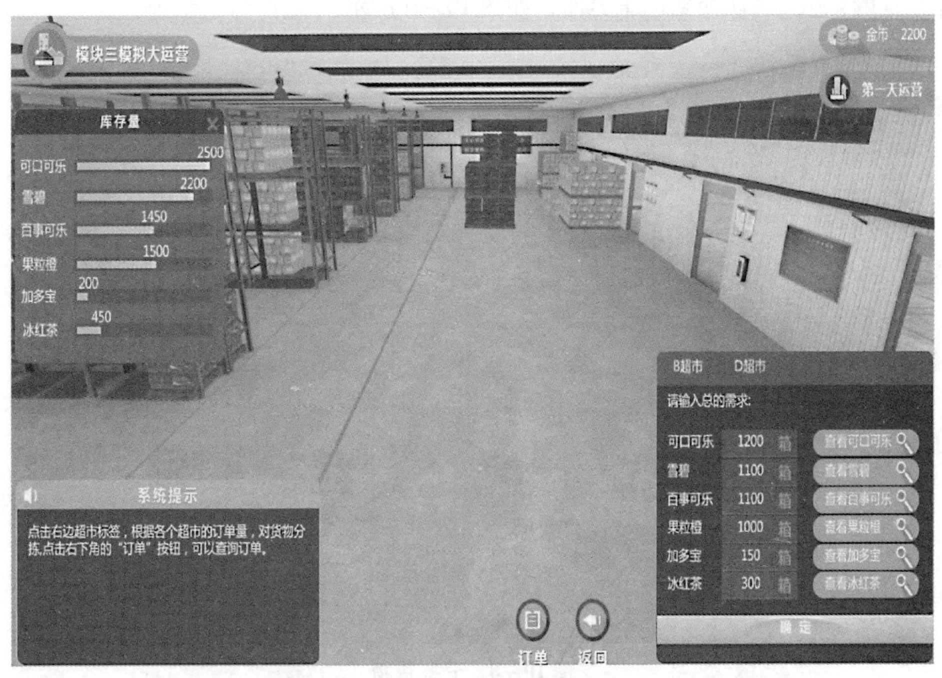

图 10－6　仓库内部场景

根据提示，开始分拣各个超市的货物，如图 10 – 7 所示。

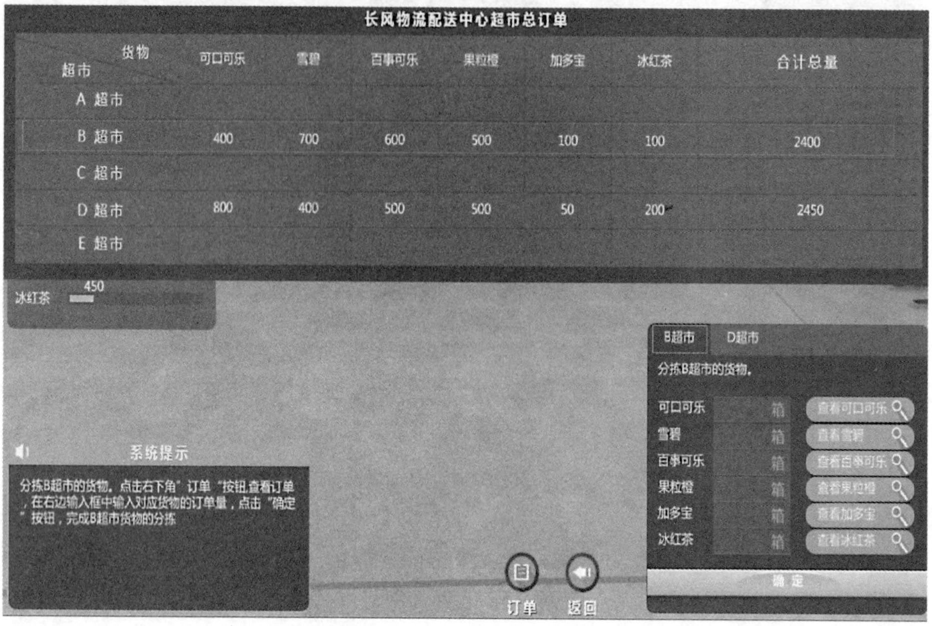

长风物流配送中心超市总订单
货物 超市
可口可乐
雪碧
百事可乐
果粒橙
加多宝
冰红茶
合计总量
A 超市
B 超市 400 700 600 500 100 100 2400
C 超市
D 超市 800 400 500 500 50 200 2450
E 超市
冰红茶 450
系统提示
分拣B超市的货物。点击右下角"订单"按钮,查看订单,在右边输入框中输入对应货物的订单量,点击"确定"按钮,完成B超市货物的分拣
B超市
D超市
分拣B超市的货物。
可口可乐 箱 查看可口可乐
雪碧 箱 查看雪碧
百事可乐 箱 查看百事可乐
果粒橙 箱 查看果粒橙
加多宝 箱 查看加多宝
冰红茶 箱 查看冰红茶
确定
订单
返回

图 10 – 7　超市货物信息

同样的操作，完成对 B、C、D 超市货物的分拣。

装车配送。如图 10 – 8 所示，所有超市货物分拣完毕后，在左下角的横线上输入所需车辆的个数 7，切换到选车界面，如图 10 – 9 所示。

模块三模拟大运营
金币 2200
第一天运营
系统提示
货物分拣完毕，配送中心的货物均采取整托进出的方式，普通货车的最大装载量为20托盘，每个托盘可以堆放20箱货物，所以所需车辆数 = 订单总量除以400，根据提示在下边横线上输入所需车辆数，按"回车键"确认。
所需车辆数 = 7
订单
返回

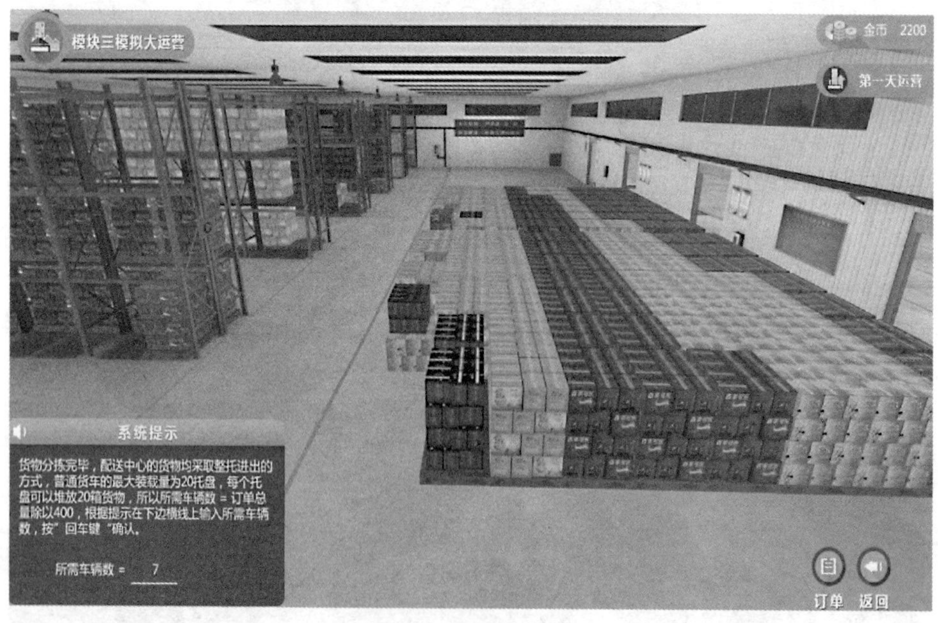

图 10 – 8　分拣货物

模块三模拟大运营
金币 2200
第一天运营
系统提示
点击场景中闪烁的车辆,开始装车。
订单
返回

图 10-9　选车界面

鼠标单击闪动的车辆，开始装车，等待装车完毕，进入运营分析界面。

10.3.2　运营分析 1

运营分析公式如图 10-10 所示，根据公式，将计算出的数据填写到右上角的横线上，填写正确，开始第二天的运营。

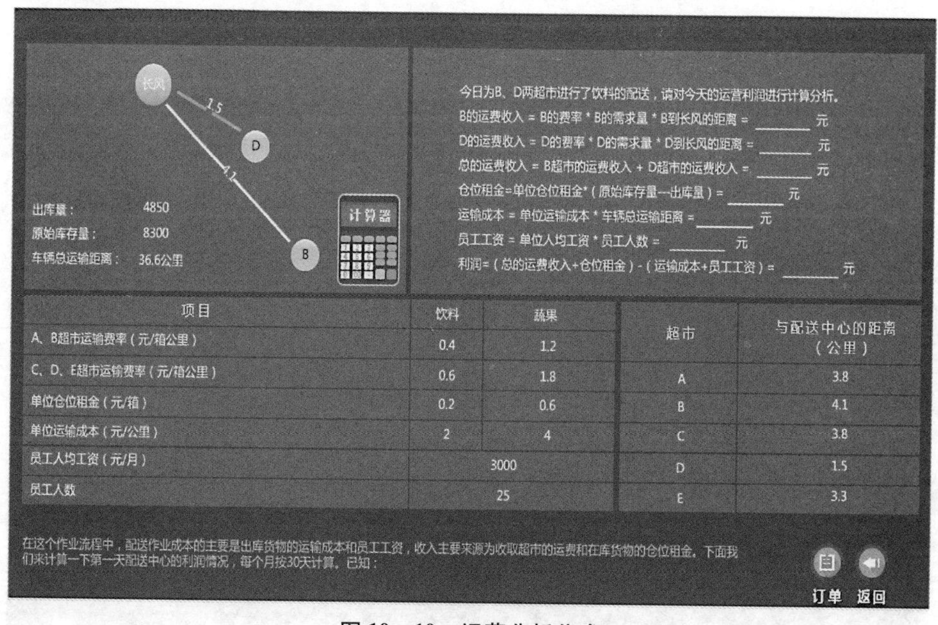
长风
1.5
D
4.1
B
出库量： 4850
原始库存量： 8300
车辆总运输距离： 36.6公里
计算器
今日为B、D两超市进行了饮料的配送，请对今天的运营利润进行计算分析。
B的运费收入 = B的费率 * B的需求量 * B到长风的距离 = ______ 元
D的运费收入 = D的费率 * D的需求量 * D到长风的距离 = ______ 元
总的运费收入 = B超市的运费收入 + D超市的运费收入 = ______ 元
仓位租金=单位仓位租金*（原始库存量—出库量）= ______ 元
运输成本 = 单位运输成本 * 车辆总运输距离 = ______ 元
员工工资 = 单位人均工资 * 员工人数 = ______ 元
利润=（总的运费收入+仓位租金）-（运输成本+员工工资）= ______ 元
在这个作业流程中，配送作业成本的主要是出库货物的运输成本和员工工资，收入主要来源为收取超市的运费和在库货物的仓位租金。下面我们来计算一下第一天配送中心的利润情况，每个月按30天计算。已知：
订单
返回

项目	饮料	蔬果
A、B超市运输费率（元/箱公里）	0.4	1.2
C、D、E超市运输费率（元/箱公里）	0.6	1.8
单位仓位租金（元/箱）	0.2	0.6
单位运输成本（元/公里）	2	4
员工人均工资（元/月）	3000	
员工人数	25	

超市	与配送中心的距离（公里）
A	3.8
B	4.1
C	3.8
D	1.5
E	3.3

图 10-10　运营分析公式

10.3.3 订单处理2

收到订单后，需对订单进行处理，系统给出订单处理信息如图10－11所示。

图10－11　订单处理系统提示

单击【下一步】按钮，进入判断库存量是否充足界面，如图10－12所示。

长风物流配送中心超市总订单

超市＼货物	土豆	胡萝卜	番茄	黄瓜	梨	苹果	合计总量
A 超市	40	20	20	20	40	40	180
B 超市	30	12	20	20	30	28	140
C 超市	40	20	20	40	20	60	200
D 超市	60	30	30	10	20	30	180
E 超市	4	16	22	6	10	22	80

商品名称	土豆	胡萝卜	番茄	黄瓜	梨	苹果
仓库实有量	300	115	200	300	200	300
订单量	174	98	112	96	120	180
货存是否充足	是	是	是	是	是	是
	否	否	否	否	否	否

恭喜你，选择正确，奖励金币：200。

返回

图10－12　超市库存量信息

1. 选择配送路线

判断方法和第一天相同，判断完毕后自动进入最短里程计算界面，如图 10 - 13 所示。

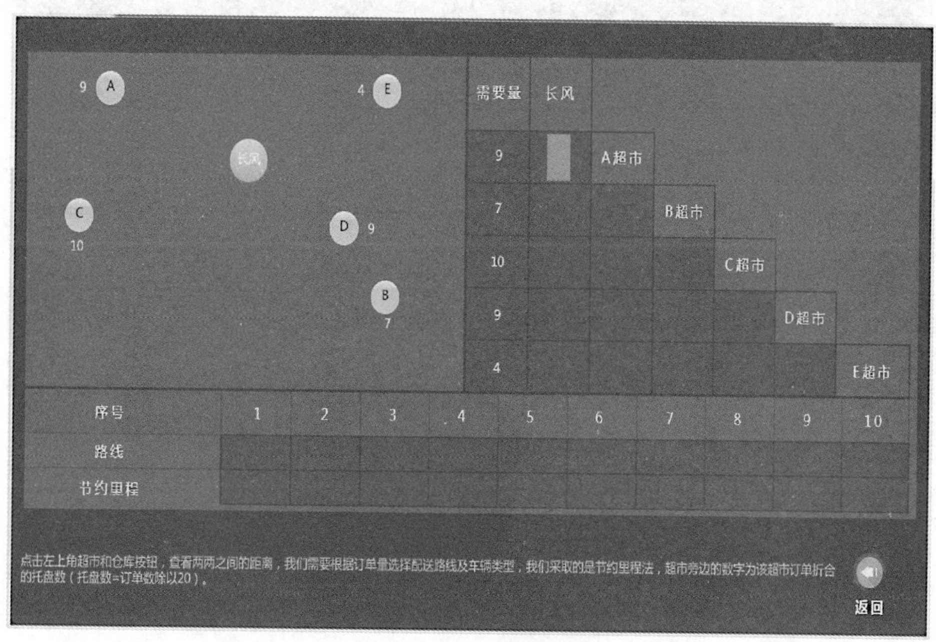

图 10 - 13　计算模型

分别单击左上角 A、B、C、D、E 超市和【长风】按钮，查看两两之间的距离，查看完毕，开始计算节约里程，如图 10 - 14 所示。

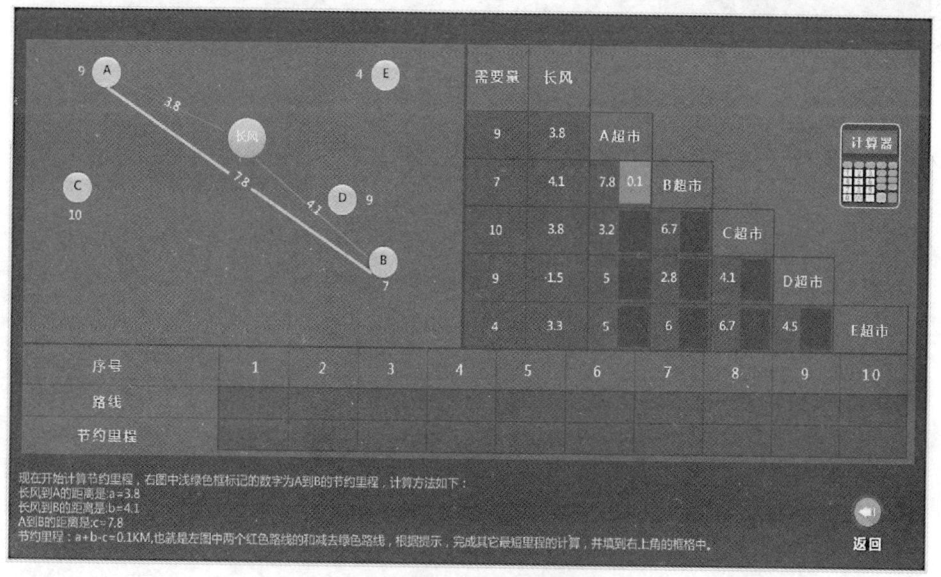

图 10 - 14　里程计算模型

在红色标记的输入框中输入计算的最短里程，单击【计算器】图标，可以调出系统自带的计算器工具。计算完毕后，开始选择配送路线，如图 10－15 所示。

9 A　4 E　长风　C 10　D 9　B 7

需要量	长风					
9	3.8	A超市				
7	4.1	7.8　0.1	B超市			
10	3.8	3.2　4.4	6.7　1.2	C超市		
9	1.5	5　0.3	2.8　2.8	4.1　1.2	D超市	
4	3.3	5　2.1	6　1.4	6.7　0.4	4.5　0.3	E超市

计算器

序号	1	2	3	4	5	6	7	8	9	10
路线	AC	BD	AE	BE	BC	CD	CE	AD	DE	AB
节约里程	4.4	2.8	2.1	1.4	1.2	1.2	0.4	0.3	0.3	0.1

按照节约里程数由大到小选择配送线路，注意配送中心车辆的最大装载量（托盘数量）为20托盘。我们可以看出选择AC配送路线节约里程数最大，所以可以考虑由长风配送中心出发，配送AC超市，请点击左上角AC按钮，先连接AC线路。

返回

图 10－15　输入数据

根据提示，单击左上角的按钮，连接最优的配送路线如图 10－16 所示。

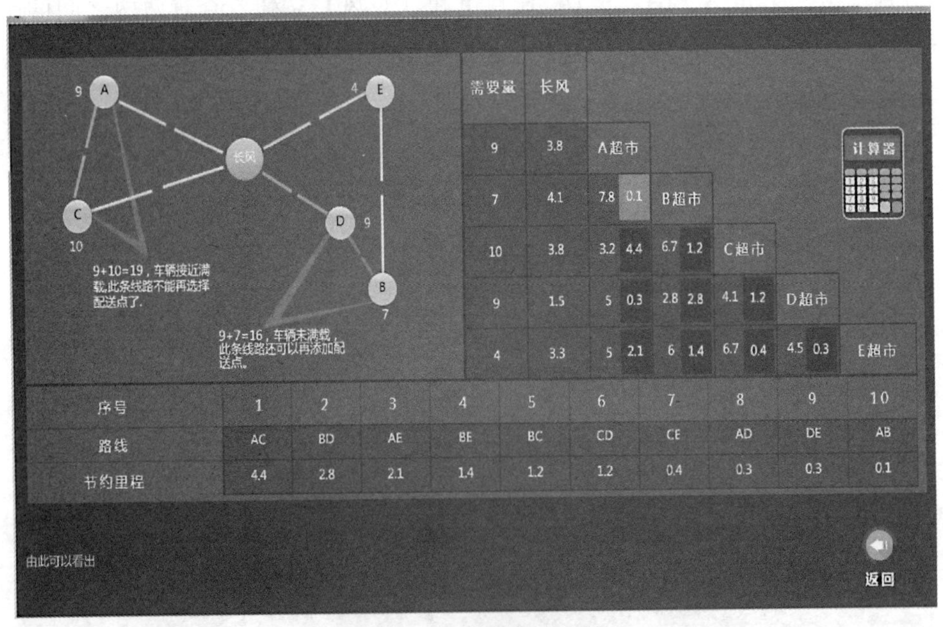

图 10－16　最优线路计算

选择完毕，自动跳转到车辆调度场景。

2. **车辆调度**

存车场场景如图 10－17 所示。

图 10－17　存车场场景

根据提示，选择车辆，开始分拣货物。

3. **拣货装车**

车辆信息如图 10－18 所示。

图 10－18　车辆信息

单击【A 超市】按钮，单击【订单】按钮查看 A 超市的订单量，并将对应货物的数量输入右边的输入框中，单击【确定】按钮，完成拣选，如图 10－19 所示。

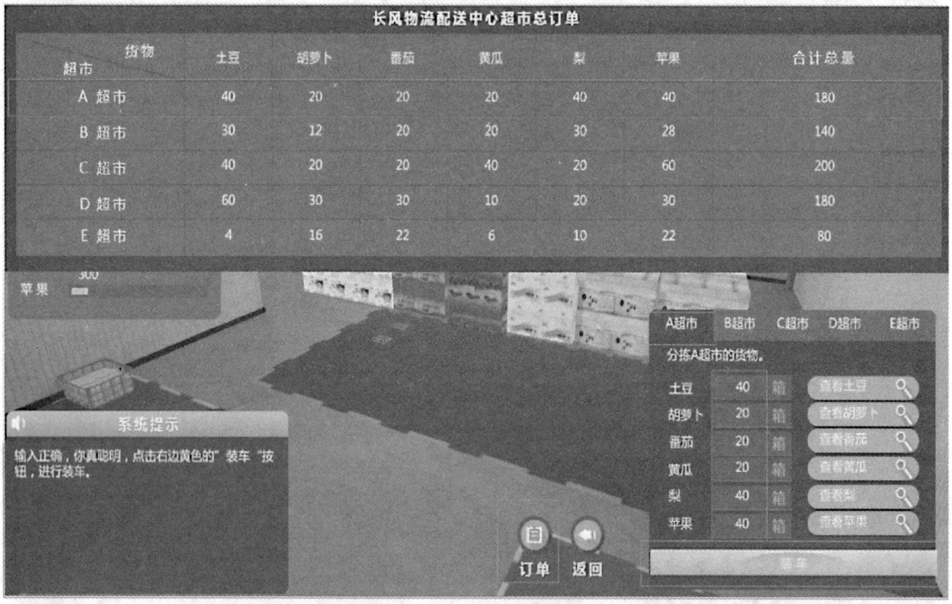

长风物流配送中心超市总订单
货物 超市 土豆 胡萝卜 番茄 黄瓜 梨 苹果 合计总量
A 超市 40 20 20 20 40 40 180
B 超市 30 12 20 20 30 28 140
C 超市 40 20 20 40 20 60 200
D 超市 60 30 30 10 20 30 180
E 超市 4 16 22 6 10 22 80
苹果
A超市 B超市 C超市 D超市 E超市
分拣A超市的货物。
土豆 40 箱 查看土豆
胡萝卜 20 箱 查看胡萝卜
番茄 20 箱 查看番茄
黄瓜 20 箱 查看黄瓜
梨 40 箱 查看梨
苹果 40 箱 查看苹果
装车
系统提示
输入正确，你真聪明，点击右边黄色的"装车"按钮，进行装车。
订单
返回

图 10－19　拣选货物

单击【装车】按钮，将 A 超市的货物装载到车上，如图 10－20 所示。

模块三模拟大运营
5000
第二天运营
库存量
土豆 300
胡萝卜 115
番茄 200
黄瓜 300
梨 200
苹果 300
A超市 B超市 C超市 D超市 E超市
分拣A超市的货物。
土豆 40 箱 查看土豆
胡萝卜 20 箱 查看胡萝卜
番茄 20 箱 查看番茄
黄瓜 20 箱 查看黄瓜
梨 40 箱 查看梨
苹果 40 箱 查看苹果
装车
系统提示
正在装载货物，请稍等！
订单
返回

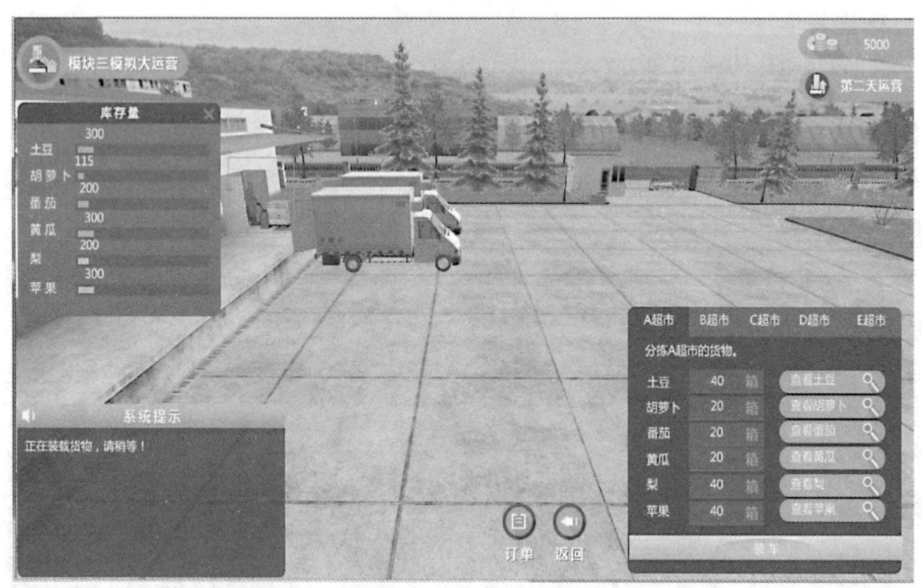

图 10－20　装载货物

按照上述操作，依次完成 B、C、D、E 货物的分拣和装载，完成后进入运营分析界面。

10.3.4 运营分析 2

运营分析公式学习如图 10 - 21 所示。

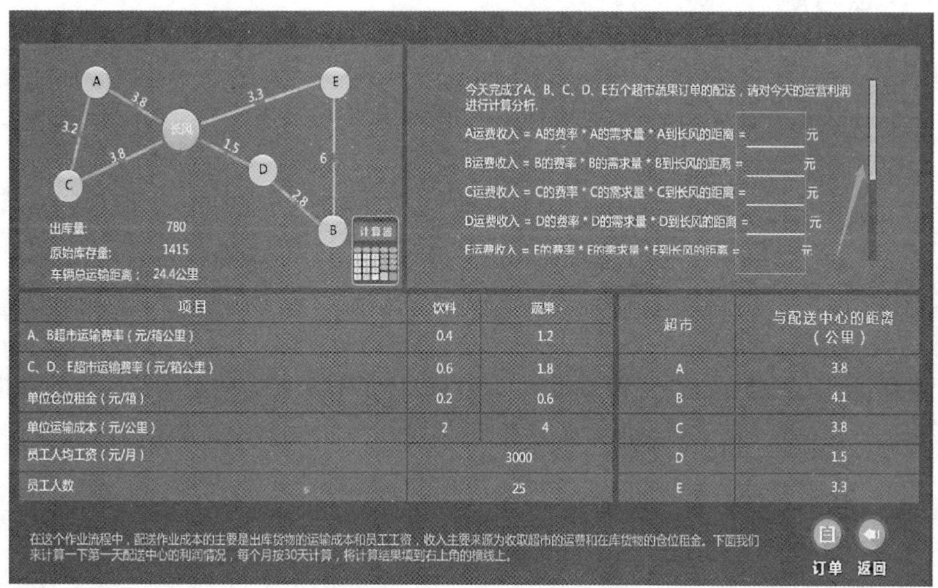

图 10 - 21 公式学习界面

根据计算公式，将计算结果填写到右上角的横线上，单击箭头所指的拖动条可以向下拖动计算界面，完成所有的分析计算，自动转到本模块学习完毕界面，如图 10 - 22 所示。

图 10 - 22 模拟大运营完成界面

单击【重新学习此模块】按钮，会重新进入该模块，重新开始再学一遍。

单击【返回到主界面】按钮，会回到选择主界面，你可以选择其他的操作。

10.4 思考题

1. 配送中心模拟运营的基本流程有哪些？
2. 拣选货物需要注意哪些基本事项？
3. 装车配送的基本流程包括哪些步骤？
4. 如何在模拟系统中实现最优线路计算？

本章小结

本章介绍了配送中心运营相关背景知识，设计了关于配送中心运营操作的模拟仿真实验。通过对本章的学习，能够使学生加深对配送中心运营操作业务的认识与了解。

11　冷链配送中心仿真模拟实训

11.1　背景介绍

11.1.1　冷链的概念

冷链（cold chain）是指某些食品原料、经过加工的食品或半成品、特殊的生物制品和药品在经过收购、加工、灭菌、灭活后，在产品加工、储藏、运输、分销和零售、使用过程中，其各个环节始终处于产品所必需的特定低温环境下，减少损耗，防止污染和变质，以保证产品食品安全、生物安全、药品安全的特殊供应链系统。

11.1.2　冷链物流

冷链物流泛指冷藏冷冻类物品在生产、储藏、运输、销售，到消费前的各个环节中始终处于规定的低温环境下，以保证物品质量和性能的一项系统工程。它是随着科学技术的进步、制冷技术的发展而建立起来的，是以冷冻工艺学为基础、以制冷技术为手段的低温物流过程。①

冷链物流应遵循“3T 原则”，即产品最终质量取决于冷链的储藏与流通的时间（time）、温度（temperature）和产品耐藏性（tolerance）。“3T 原则”指出了冷藏食品品质保持所允许的时间和产品温度之间存在的关系。由于冷藏食品在流通中因时间—温度的经历而引起的品质降低的累积和不可逆性，因此对不同的产品品种和不同的品质要求都有相应的产品控制和储藏时间的技术经济指标。

11.1.3　冷链设备

冷链设备是从供应链的角度来定义的。各类产品有其独特性，产品的供应链也具有独特性。冷冻类产品，由于产品要求所处的环境通常为低温或低湿共同特性，所以称为冷冻产品，冷冻产品的供应链称为冷链；用于制造低温、低湿环境的设备，称为冷链设备。

具体的冷链设备有低温冷库、常温冷库、低温冰箱、普通冰箱、冷藏车、冷藏箱、疫苗运输车、备用冰排等。

---

①　北京市食品药品监督管理局．冷链即食食品生产审查实施细则：2015 版［S］．［2015－07－23］．http：//www. sda. gov. cn/WS01/CL005/124934. html.

11.1.4 冷链构成

食品冷链由冷冻加工、冷冻储藏、冷藏运输及配送、冷冻销售四个方面构成。

1. 冷冻加工

冷冻加工包括肉禽类、鱼类和蛋类的冷却与冻结，以及在低温状态下的加工作业过程；也包括果蔬的预冷；各种速冻食品和奶制品的低温加工等。这个环节主要涉及的冷链装备有冷却、冻结装置和速冻装置。

2. 冷冻储藏

冷冻储藏包括食品的冷却储藏和冻结储藏，以及水果、蔬菜等食品的气调储藏，它是保证食品在储存和加工过程中的低温保鲜环境。在此环节主要涉及的冷链装备有各类冷藏库/加工间、冷藏柜、冻结柜及家用冰箱等。

3. 冷藏运输及配送

冷藏运输及配送包括食品的中、长途运输及短途配送等物流环节的低温状态。它主要涉及铁路冷藏车、冷藏汽车、冷藏船、冷藏集装箱等低温运输工具。在冷藏运输过程中，温度波动是引起食品品质下降的主要原因之一，所以运输工具应具有良好性能，在保持规定低温的同时，更要保持稳定的温度，远途运输尤其重要。

4. 冷冻销售

冷冻销售包括各种冷链食品进入批发零售环节的冷冻储藏和销售，它由生产厂家、批发商和零售商共同完成。随着大中城市各类连锁超市的快速发展，各种连锁超市正在成为冷链食品的主要销售渠道，在这些零售终端中，大量使用了冷藏/冻陈列柜和储藏库，由此逐渐成为完整的食品冷链中不可或缺的重要环节。

11.1.5 冷链作用

对于易腐食品，通过冷链对冷藏温度进行监控，以保证其品质的优良性和食用的安全性。冷链在于能控制易腐产品温度，确保其使用的安全性，保证消费者在购买时产品仍具有良好的品质。假如对温度的控制不够准确的话，将会导致产品一系列品质降低，除了一般产品特征有变化外，还包括组织结构上的改变、颜色的改变、碰撞挤压中的损伤以及微生物的繁殖。冷链的每一个环节，从产品被采摘开始一直到被销售出去，都需要参与控制。链中的每个环节出错都会使冷链断裂，或在仓库的月台上，或在运输途中，或在存储过程中，或在零售超市里，都很容易出现问题。如果一个环节断裂了，那么便会影响到最终消费者的需求。

由于冷链是以保证冷藏冷冻类物品品质为目的，以保持低温环境为核心要求的供应链系统，所以它比一般常温物流系统的要求更高、更复杂，建设投资也要大很多，是一项庞大的系统工程。由于冷藏冷冻类物品的时效性要求冷链各环节具有更高的组织协调性，所以，冷藏冷冻类物品冷链的运作始终是和能耗成本相关联的，有效控制运作成本与冷藏冷冻类物品冷链的发展密切相关。①

---

① 白世贞，曲志华．冷链物流［M］．北京：中国财富出版社，2012.

11.2　实训目的与要求

以第三视角在冷库内进行漫游，对冷库的布局进行认知，学习冷库内各操作间，如预处理间、冻结间、脱盘间、包冰衣间、制冰间、出库暂存区、管理室、工人休息室、冻结物冷藏间、包装间、螃蟹间、螃蟹冷藏间、冷却物冷藏间、机房、配电室以及入库暂存区等，并对它们进行认知，同时对冷库使用的物流设备如托盘、搬运车、叉车、手推车及周转箱的作用、适用范围以及操作等进行学习。

11.3　实训内容与步骤

冷库外场景中的基本界面，如图 11－1 所示。

图 11－1　冷库外场景

右上角是地图指示框，黄色箭头图标指示的是任务点的方向，发光点所标示的是任务点的位置。

11.3.1　冷库的认知实训流程

使用键盘的 W、S、A、D 键控制角色前后左右跑动，进入场景以后，按照左下角提示框中的内容提示，单击图 11－1 中的【确定】按钮，关闭提示对话框，按照右上角地图黄色箭头图标指示位置，控制人物到达地图发光点所标示的位置，弹出对话框，如图 11－2 所示。

图 11－2　冷库月台知识显示界面

单击对话框中【开始学习】按钮，弹出知识点对话框，鼠标移动到对话框中滚动条位置，按下鼠标左键向下拖动到图 11－3 位置，单击【完成学习】按钮，关闭对话框。

图 11－3　冷库设施设备知识显示界面

根据右上角地图指示位置，控制人物到任务点，如图 11－4 所示。

图 11－4　冷库大门位置场景任务点

控制人物到黄圈中心位置，弹出冷库布局图，如图 11 -5 所示。

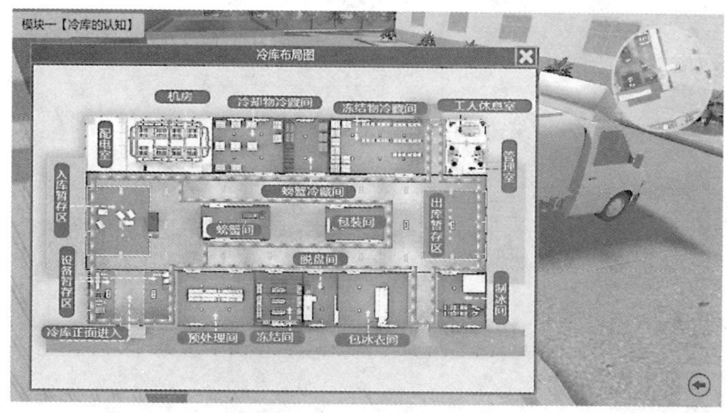

图 11 -5　冷库布局图界面

单击对话框中的【关闭】按钮，关闭对话框，根据右上角地图指示位置，控制人物到任务点，如图 11 -6 所示。

图 11 -6　冷库设备区域任务点

控制人物到设备暂存区任务中心位置，弹出对话框，如图 11 -7 所示。

图 11 -7　设备停放区介绍界面

单击对话框中的【确定】按钮，关闭对话框，按照提示，将鼠标移动到设备暂停区中的设备上时，设备变亮，如图 11－8 所示。

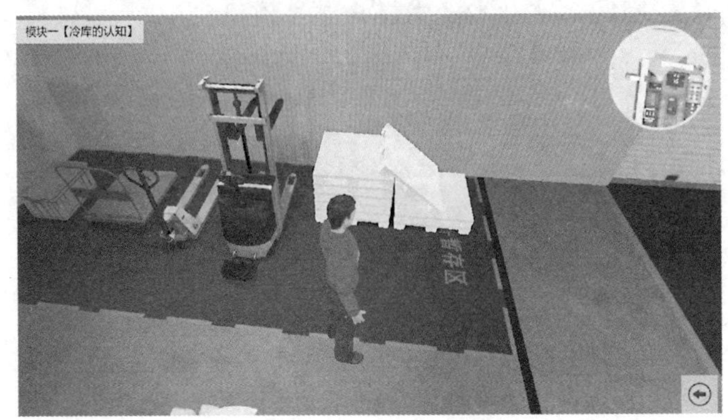

图 11－8　设备高亮场景

当设备变亮的时候，单击鼠标左键，左下角弹出对话框，如图 11－9 所示。

图 11－9　设备知识点介绍界面

单击对话框中的【确定】按钮，关闭对话框。其他几个变亮的设备如图 11－10 至图 11－13 所示。

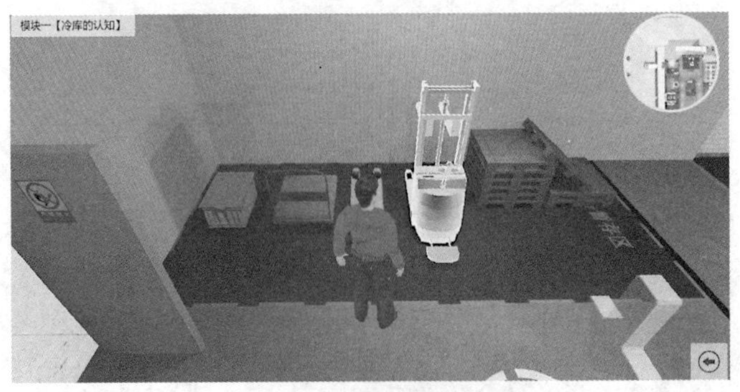

图 11－10　电动叉车高亮界面

图 11－11 地牛高亮界面

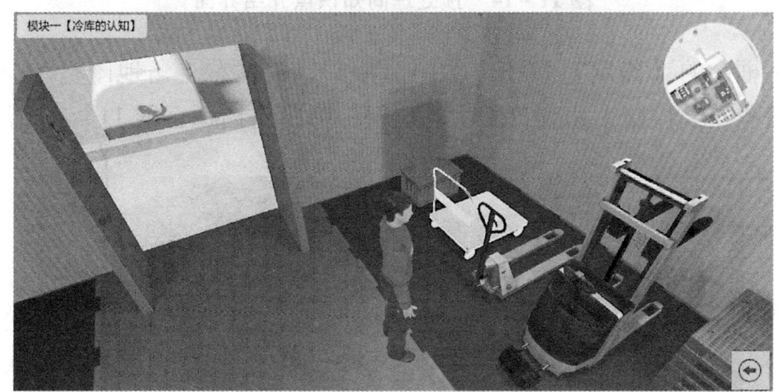

图 11－12 手推车高亮界面

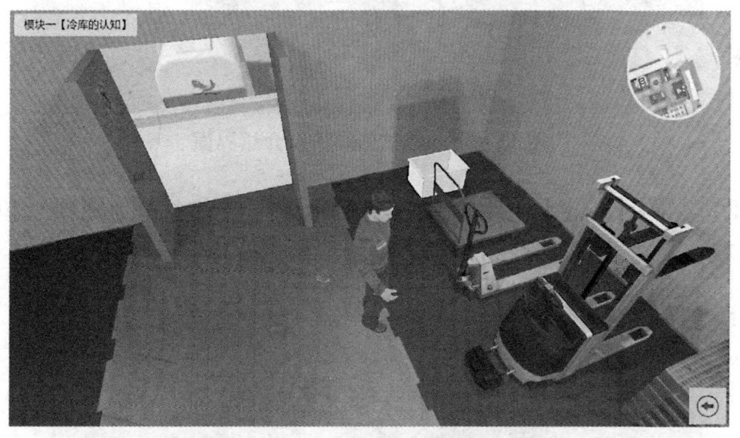

图 11－13 周转箱高亮界面

当设备查看完成以后，根据右上角地图指示位置，控制人物到预处理间任务点，控制人物到黄圈中心位置，弹出对话框，如图 11－14 所示。

图 11－14　预处理间知识点介绍界面

单击对话框中的【确定】按钮，关闭对话框，根据右上角地图指示位置，控制人物到冻结间任务点，控制人物到黄圈中心位置，弹出对话框，图 11－15 所示。

图 11－15　冻结间知识点介绍界面

单击对话框中的【确定】按钮，关闭对话框，根据右上角地图指示位置，控制人物到脱盘间任务点，控制人物到黄圈中心位置，弹出对话框，如图 11－16 所示。

图 11－16　脱盘间知识点介绍界面

单击对话框中的【确定】按钮，关闭对话框，根据右上角地图指示位置，控制人物到包冰衣间任务点，控制人物到黄圈中心位置，弹出对话框，如图 11－17 所示。

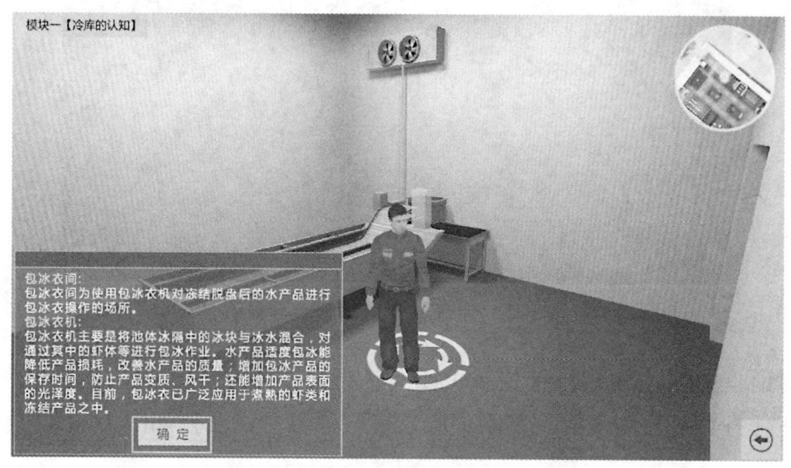

图 11－17　包冰衣间知识点介绍界面

单击对话框中的【确定】按钮，关闭对话框，根据右上角地图指示位置，控制人物到制冰间任务点，控制人物到黄圈中心位置，弹出对话框，如图 11－18 所示。

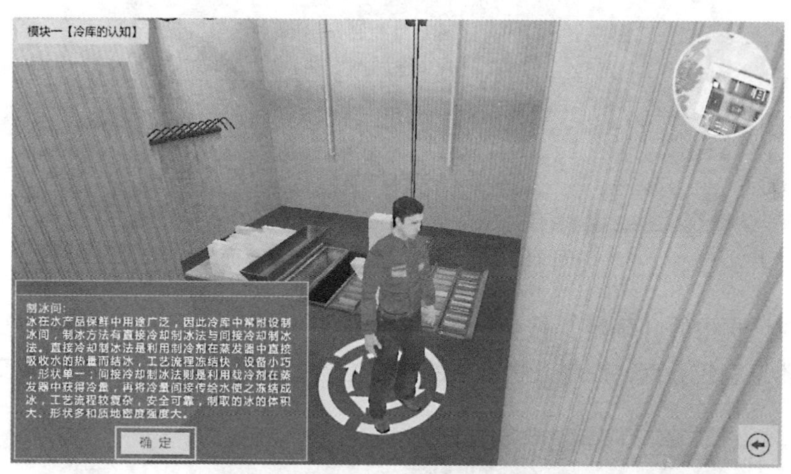

图 11－18　制冰间知识点介绍界面

单击对话框中的【确定】按钮，关闭对话框，根据右上角地图指示位置，控制人物到出库暂存区任务点，控制人物到黄圈中心位置，弹出对话框，如图 11－19 所示。

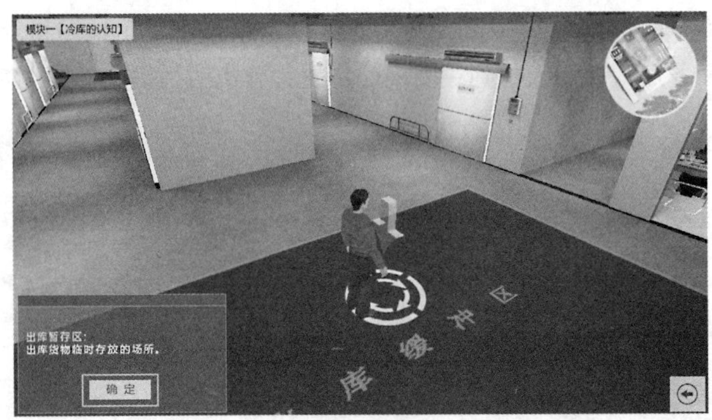

图 11－19　出库暂存区知识点介绍界面

单击对话框中的【确定】按钮，关闭对话框，根据右上角地图指示位置，控制人物到管理室任务点，控制人物到黄圈中心位置，弹出对话框，如图 11－20 所示。

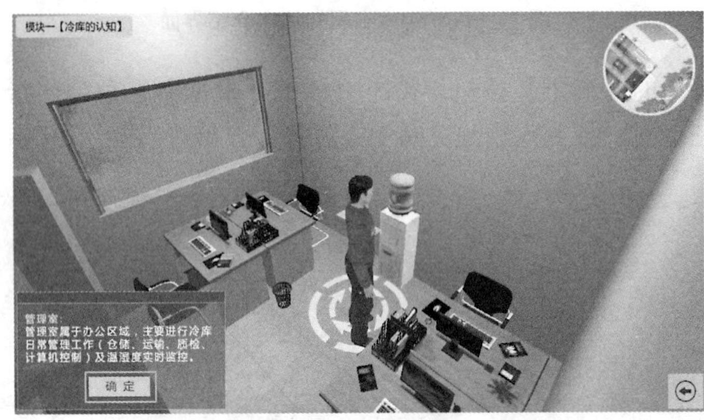

图 11－20　管理室知识点介绍界面

单击对话框中的【确定】按钮，关闭对话框，根据右上角地图指示位置，控制人物到工人休息室任务点，控制人物到黄圈中心位置，弹出对话框，如图 11－21 所示。

图 11－21　工人休息室知识点介绍界面

单击对话框中的【确定】按钮，关闭对话框，根据右上角地图指示位置，控制人物到冻结物冷藏间任务点，控制人物到黄圈中心位置，弹出对话框，如图 11－22 所示。

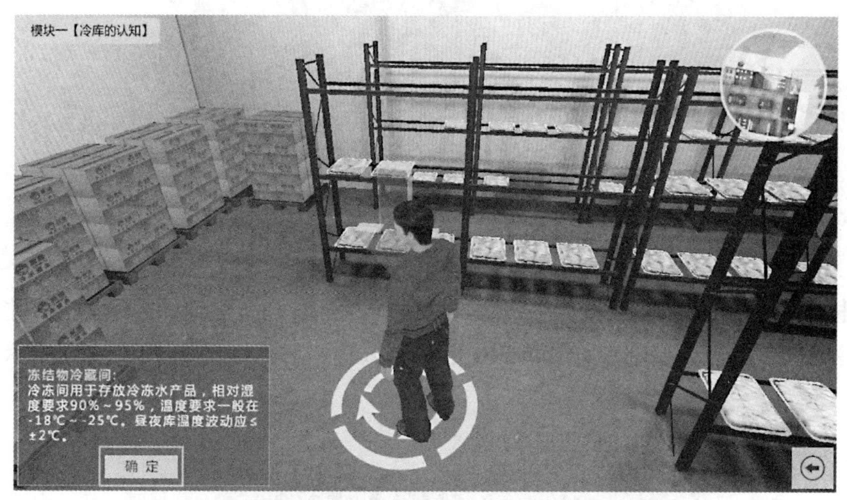

图 11－22　冻结物冷藏间知识点介绍界面

单击对话框中的【确定】按钮，关闭对话框，根据右上角地图指示位置，控制人物到包装间任务点，控制人物到黄圈中心位置，弹出对话框，如图 11－23 所示。

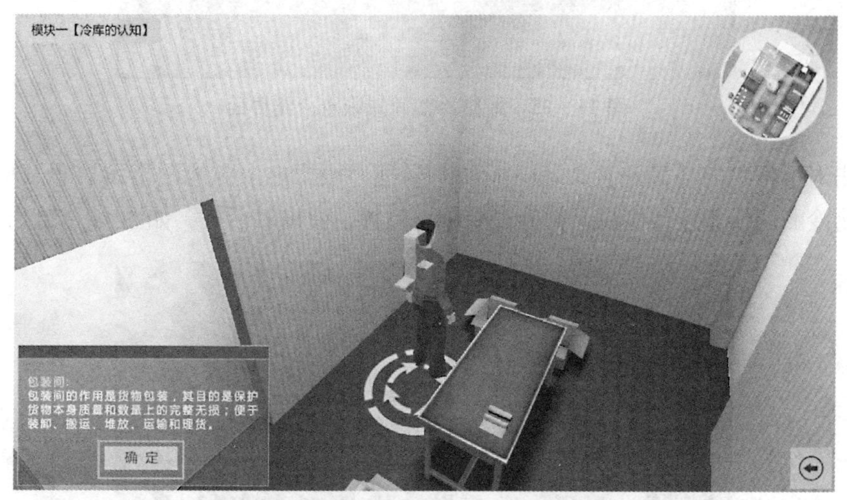

图 11－23　包装间知识点介绍界面

单击对话框中的【确定】按钮，关闭对话框，根据右上角地图指示位置，控制人物到达任务点，控制人物到黄圈中心位置，弹出对话框，如图 11－24 所示。

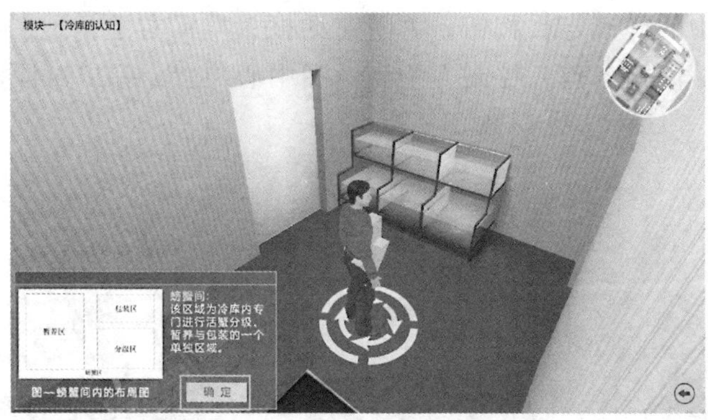

图 11－24　螃蟹间知识点介绍界面

单击对话框中的【确定】按钮，关闭对话框，根据右上角地图指示位置，控制人物到螃蟹冷藏间任务点，控制人物到黄圈中心位置，弹出对话框，如图 11－25 所示。

图 11－25　螃蟹冷藏间知识点介绍界面

单击对话框中的【确定】按钮，关闭对话框，根据右上角地图指示位置，控制人物到冷却物冷藏间任务点，控制人物到黄圈中心位置，弹出对话框，如图 11－26 所示。

图 11－26　冷却物冷藏间知识点介绍界面

单击对话框中的【确定】按钮，关闭对话框，根据右上角地图指示位置，控制人物到机房任务点，控制人物到黄圈中心位置，弹出对话框，如图 11－27 所示。

图 11－27　机房知识点介绍界面

单击对话框中的【确定】按钮，关闭对话框，根据右上角地图指示位置，控制人物到配电室任务点，控制人物到黄圈中心位置，弹出对话框，如图 11－28 所示。

图 11－28　配电室知识点介绍界面

单击对话框中的【确定】按钮，关闭对话框，根据右上角地图指示位置，控制人物到入库暂存区任务点，控制人物到黄圈中心位置，弹出对话框，如图 11－29 所示。

图 11－29　入库暂存区知识点介绍界面

单击对话框中的【确定】按钮，关闭对话框，根据右上角地图指示位置，控制人物到最后任务点冷库，控制人物到黄圈中心位置，弹出对话框，如图 11－30 所示。

图 11－30　冷库使用注意事项界面 1

单击对话框中的【确定】按钮，关闭对话框，弹出知识点对话框，如图 11－31 所示。

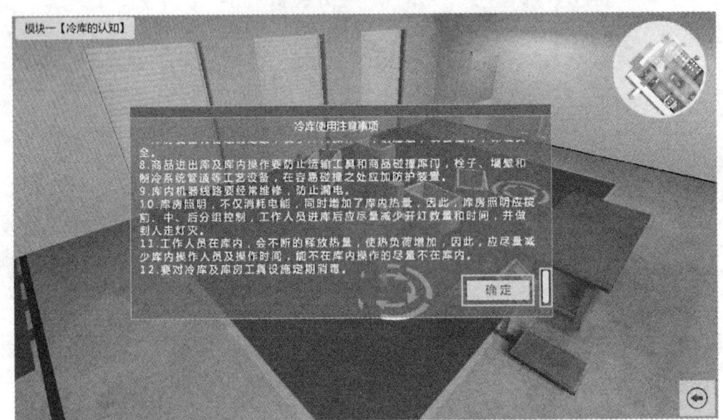

图 11－31　冷库使用注意事项界面 2

鼠标移动到对话框中滚条位置，按下鼠标左键向下拖动到对话框底部，单击【确定】按钮，关闭对话框，弹出对话框，如图 11－32 所示。

图 11－32　选择界面 1

单击【取消】按钮，会关闭对话框；单击【确定】按钮关闭对话框，跳转到模块选择界面，如图 11－33 所示。

图 11－33　任务选择界面 1

本模块操作完成。

11.3.2　活蟹冷链物流

场景中的基本界面如图 11－34 所示。

图 11－34　活蟹冷链物流开始界面 1

使用键盘的 W、S、A、D 键控制角色前后左右跑动，当场景中没有对话框的时候，单击【确定】按钮，左下角会弹出流程说明对话框，如图 11－35 所示。

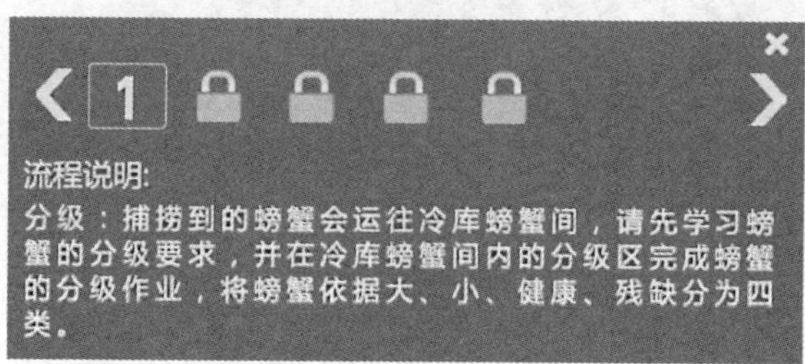

图 11－35　流程说明对话框

当场景中没有对话框的时候，单击【返回】按钮，在屏幕中间会弹出一个关闭对话框，如图 11－36 所示。单击【确定】按钮，会跳转到模块选择场景，单击【取消】按钮，会关闭退出对话框。

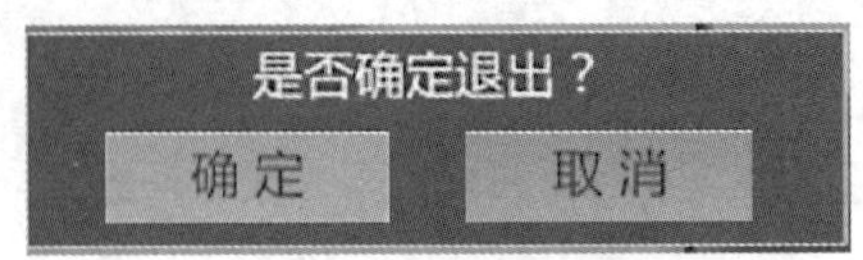

图 11－36　选择界面 2

右上角是地图指示框，黄色箭头图标指示的是任务点的方向，发光点所标示的是任务点的位置，如图 11－37 所示。

图 11－37　活蟹冷链物流开始界面 2

情景 1——分级

进入场景以后，按照左下角提示框中的内容提示，单击图 11－37 中的【查看知识】按钮，关闭提示框，弹出知识点提示框，如图 11－38 所示。

图 11－38　烤蟹的分段知识点界面

鼠标移动到对话框中滚动条位置，按下鼠标左键向下拖动到图 11－39 的位置。

图 11－39　完成学习界面

单击对话框中【完成学习】按钮，关闭知识点对话框，从左下角弹出对话框，如图 11－40 所示。

图 11－40　操作提示界面 1

情景 2——暂养

单击图 11－40 对话框中【确定】按钮，关闭提示对话框，按照右上角地图指示位置，控制人物到达地图发光点所标示的位置，如图 11－41 所示。

图 11－41　螃蟹分级操作间场景

控制人物到黄圈中心位置，弹出对话框，如图 11－42 所示。

图 11－42　螃蟹分级操作说明界面 1

单击对话框中【查看知识】按钮，弹出如图 11－43 所示的对话框。

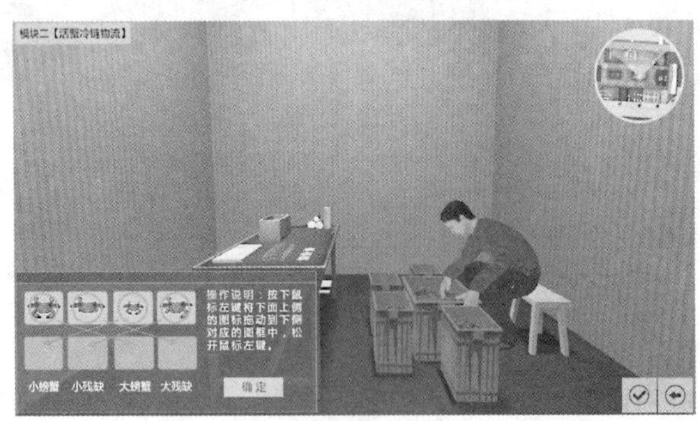

图 11－43　螃蟹分级操作说明界面 2

将鼠标移动到图中任意位置，按下鼠标左键，拖动图标到图 11－44 中指示的位置，当拖动到合适位置的时候，图标会停止在下面的小框内，否则会重新回到初始位置，当全部操作完成以后，会给出操作说明。

图 11－44　螃蟹分级操作说明界面 3

单击对话框中的【确定】按钮，弹出如 11－45 所示的对话框。

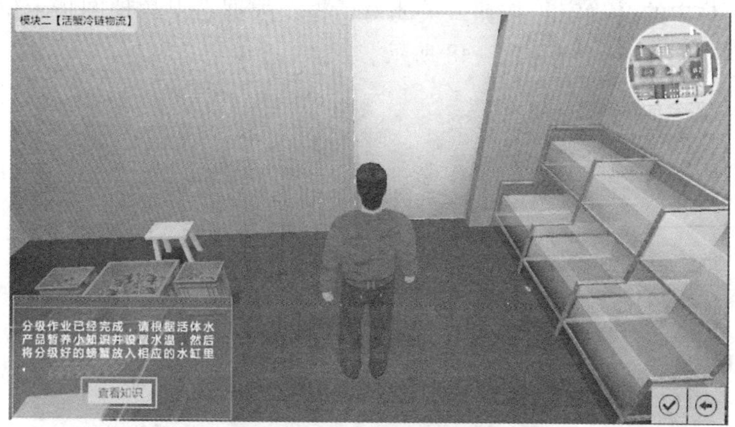

图 11－45　螃蟹分级操作说明界面 4

单击对话框中的【查看知识】按钮，弹出知识点对话框，如图 11－46 所示。

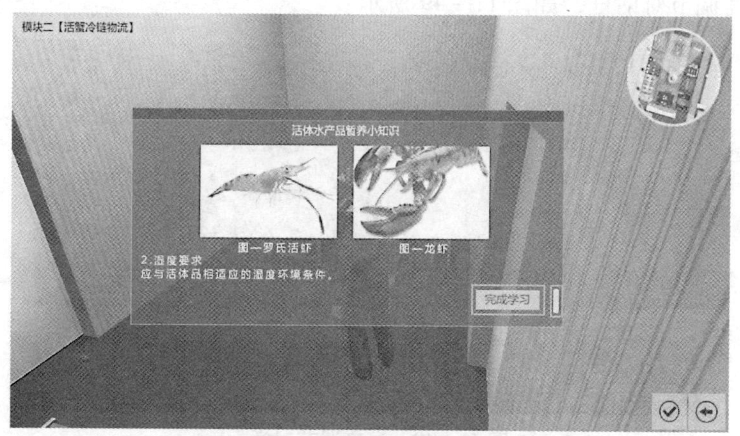

图 11－46　水产品暂养知识介绍界面

鼠标移动到对话框中竖行条位置，按下鼠标左键向下拖动到图 11 -48 位置，单击【完成学习】按钮，关闭对话框，左下角弹出如图 11 -47 所示的对话框。

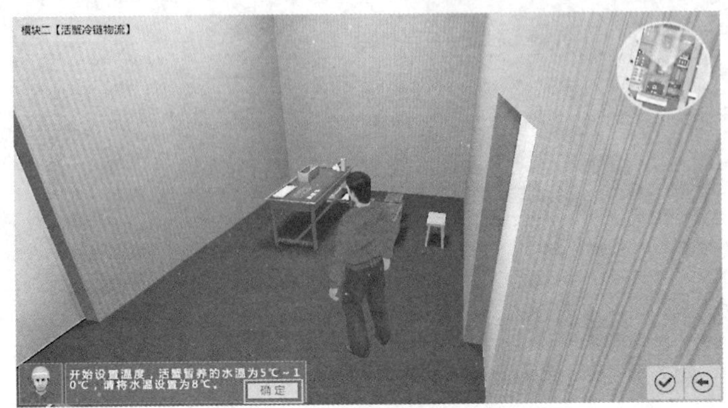

图 11 -47　暂养温度设置提示界面

单击对话框中的【确定】按钮，关闭对话框，根据右上角地图指示位置，控制人物行走到黄圈中心位置，如图 11 -48 所示。

图 11 -48　水产品暂养间场景

弹出温度调节对话框，如图 11 -49 所示。

图 11 -49　温度调节对话框

单击【重置】按钮，对话框中的温度数值会变为0℃，单击【减少】按钮，温度数值会减少，单击【增加】按钮，温度数值会增加，当温度数值增加到8℃时，单击【设置】按钮，关闭对话框，左下角弹出如图11－50所示的对话框。

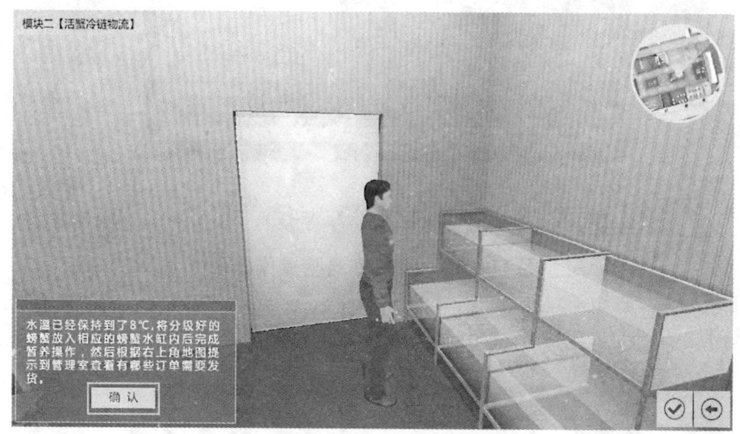

图11－50 操作提示界面2

情景3——接单

单击图11－50对话框中的【确认】按钮，按照右上角地图指示位置，控制人物到达地图发光点所标示的位置，如图11－51所示。

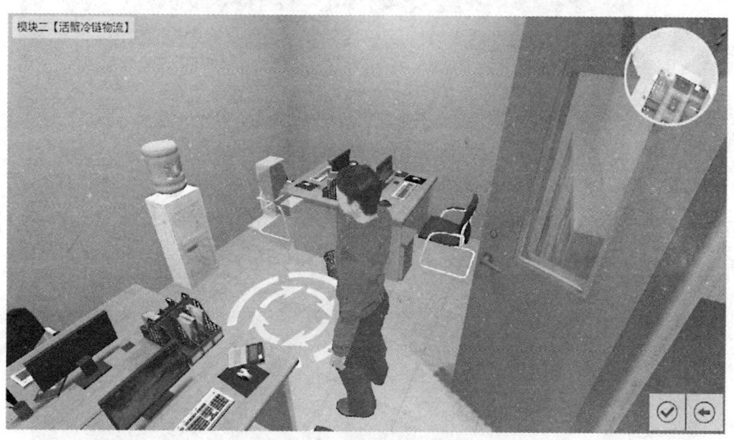

图11－51 管理室场景

人物到达黄圈中心后弹出界面，如图11－52所示。

图 11 - 52　管理室电脑操作界面

根据箭头指示，鼠标左键双击图标，弹出对话框，如图 11 - 53 所示。

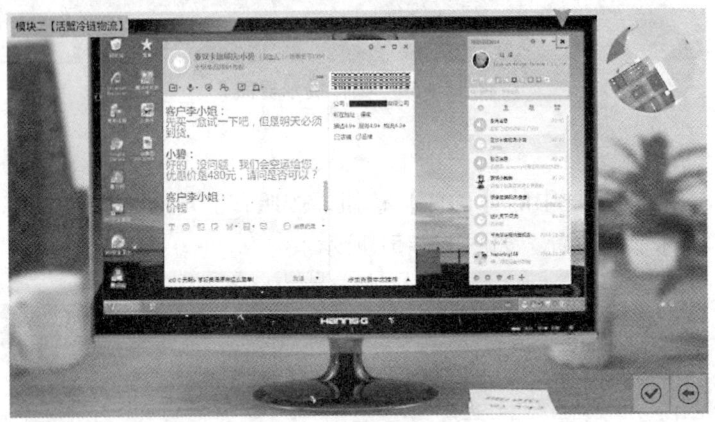

图 11 - 53　对话框界面

当对话框中的内容完成以后，根据箭头指示，单击关闭图标，关闭对话界面，回到原来场景界面，从左下角弹出对话框，如图 11 - 54 所示。

图 11 - 54　操作提示界面 3

情景 4——包装

单击图 11－54 对话框中的【确认】按钮，按照右上角地图指示位置，控制人物到达地图发光点所标示的位置，如图 11－55 所示。

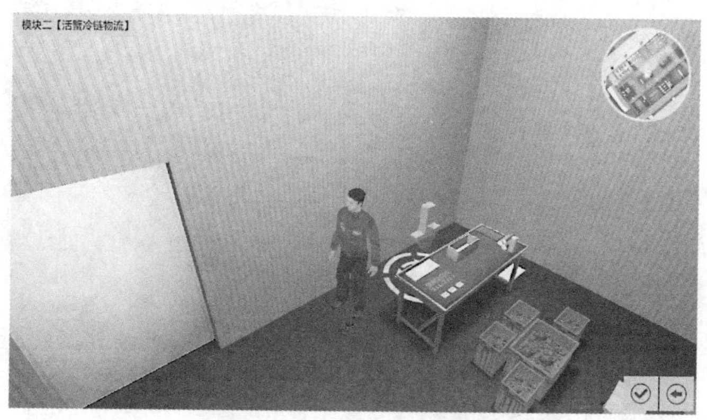

图 11－55 包装间场景

控制人物行走到黄圈中心位置，如图 11－55 所示；弹出换装界面，如图 11－56 所示。

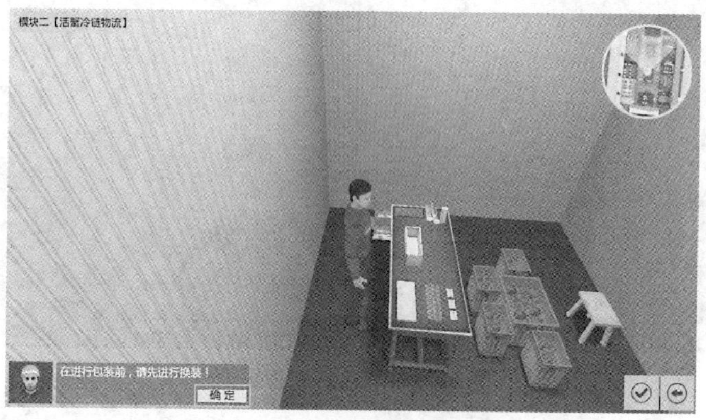

图 11－56 操作提示界面 4

单击对话框中的【确认】按钮，左下角弹出如图 11－57 所示的装备对话框。

图 11－57 装备显示界面

鼠标移动到背包列表下的图标框时，会有文字提示框弹出，单击装备对话框中的按钮“❎”，关闭装备对话框，如图 11－58 所示。

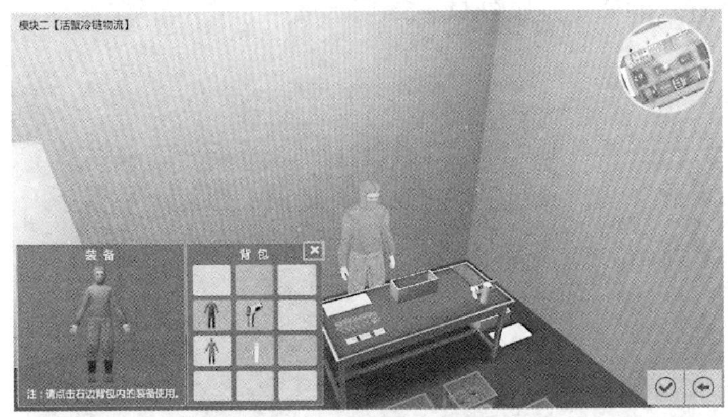

图 11－58　换装界面

关闭装备对话框后，左下角弹出新的对话框，如图 11－59 所示。

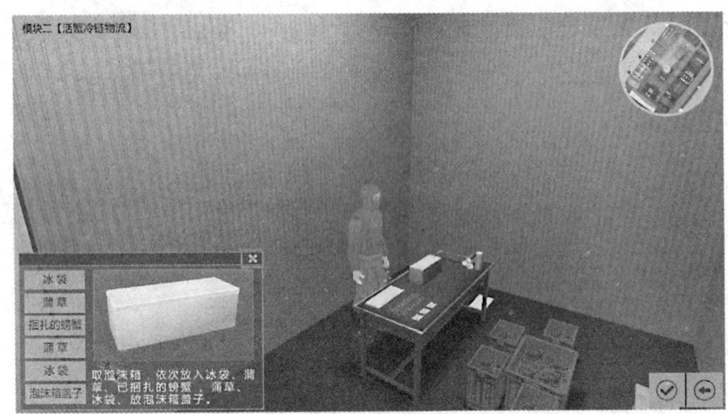

图 11－59　包装流程界面

单击对话框中的关闭按钮“❎”，关闭对话框，弹出知识点对话框，如图 11－60 所示。

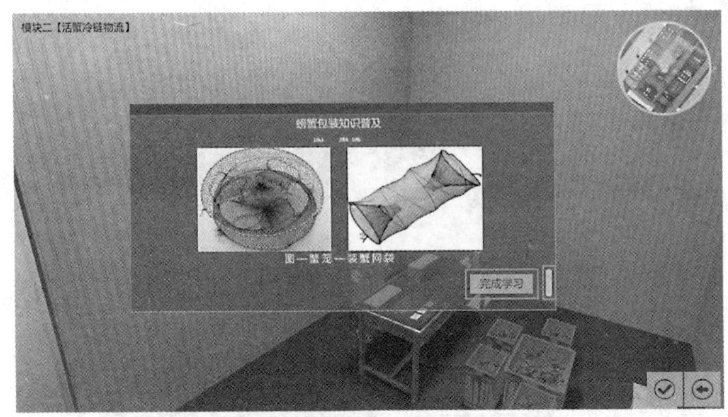

图 11－60　螃蟹包装知识点介绍界面

鼠标移动到对话框中竖行条位置，按下鼠标左键向下拖动到如图 11－60 所示位置，单击【完成学习】按钮，关闭对话框，左下角弹出对话框，如图 11－61 所示。

图 11－61　操作提示界面 5

情景 5——配送

单击图 11－61 对话框中的【确认】按钮，关闭对话框，进入飞机场场景，如图 11－62 所示。

图 11－62　航空配送场景

单击对话框中的【查看知识】按钮，弹出知识点对话框，如图 11－63 所示。

图 11－63　螃蟹运输技术知识介绍界面

鼠标移动到对话框中滚动条位置，按下鼠标左键向下拖动到如图 11 - 63 所示位置，单击【完成学习】按钮，关闭对话框，左下角弹出对话框，如图 11 - 64 所示。

图 11 - 64　判断题界面 1

勾选答案，当选择完成以后，单击【确认】按钮，如果错误，会提示选择错误，请重新选择；如果选择正确，会进入下一道选择题，如图 11 - 65 所示（第 1 题答案为：错误）。

图 11 - 65　判断题界面 2

勾选答案，当选择完成以后，单击【确认】按钮，如果错误，会提示选择错误，请重新选择；如果选择正确，对话框消失，弹出新的对话框，如图 11 - 66 所示（第 2 题答案为：正确）。

图 11－66 操作提示界面 6

单击对话框中的【确认】按钮，关闭对话框，跳转到新的场景，左下角同时弹出对话框，如图 11－67 所示。

图 11－67 送货到客户场景 1

单击对话框中的【确认】按钮，关闭对话框，左下角弹出新的对话框，如图 11－68 所示。

图 11－68 送货到客户场景 2

单击对话框中的【确认】按钮，关闭对话框，进入新的场景，如图 11－69 所示。

图 11－69　选择界面 3

单击【取消】按钮，会关闭对话框；单击【确定】按钮关闭对话框，跳转到模块选择界面，如图 11－70 所示。

图 11－70　任务选择界面 2

本模块操作完成。

11.3.3　冷冻/冷藏鱼冷链物流

选择冷冻/冷藏鱼冷链物流模块后，单击进入场景。进入场景以后，界面如图 11－71 所示。

图 11－71　冷冻/冷藏鱼物流开始界面

1. 入库验收情景

触发箭头后，出现任务框，单击【查看知识】按钮，系统出现知识学习面板，如图 11－72 所示。

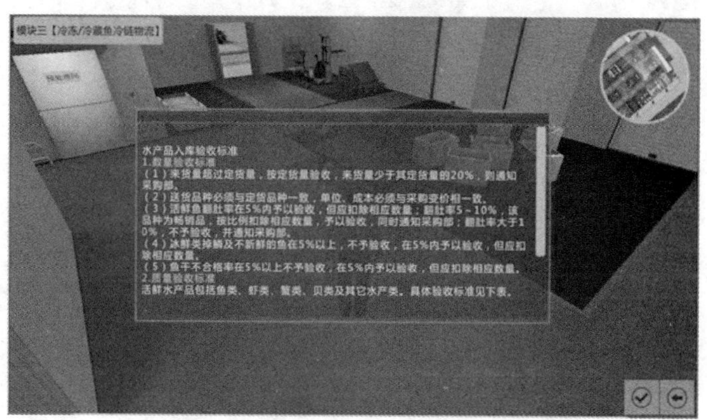

图 11－72　水产品入库验收标准学习界面 1

拖动知识点界面的滚动条直到底部，出现【完成学习】按钮，如图 11－73 所示。

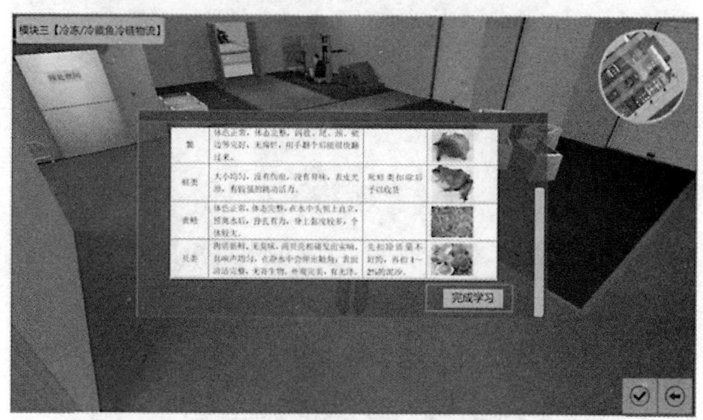

图 11－73　水产品入库验收标准学习界面 2

单击【完成学习】按钮，系统出现考核点界面，如图 11－74 所示。

图 11－74　判断题界面 3

选择选项，然后单击【提交答案】按钮，系统出现多项选择考核界面，如图 11－75 所示。

图 11－75　选择题界面 1

选择选项后单击【提交答案】按钮，知识点的理论考核完成，出现任务框，如图 11－76 所示。

图 11－76　活鱼入库验收界面

单击【确定】按钮，出现任务指示箭头，如图 11－77 所示。

图 11－77　任务箭头显示界面 1

操作角色碰撞地面上的绿色箭头后即可出现如图 11－78 所示的界面。

图 11－78　入库验收提示界面

单击后，角色会搬运鱼箱到操作台，根据验收标准将翻肚鱼取出，如图 11－79 所示。

图 11－79　验收活鱼场景

根据提示，单击鱼箱中的翻肚鱼，拣出所有翻肚鱼后，入库验收情景结束，并出现下一个需要进行的情景的提示，如图 11－80 所示。

图 11－80　活鱼入库验收完成界面

单击【确定】按钮完成入库验收情景。

2. 预处理情景

触发箭头后，出现任务框，如图 11－81 所示。

图 11－81　任务开始界面

单击【查看知识】按钮，系统出现知识学习面板，如图 11－82 所示。

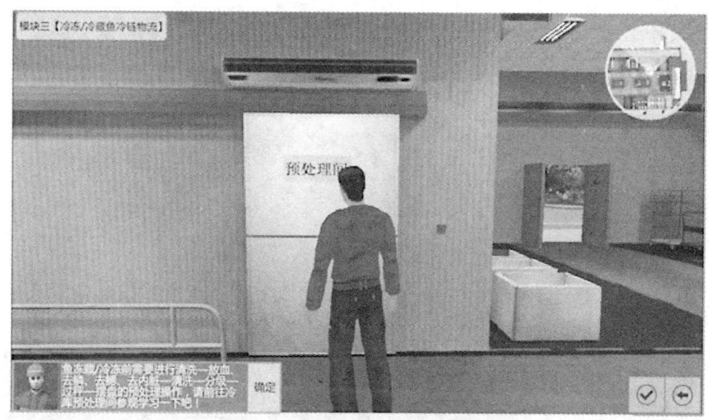

图 11－82　操作提示界面 7

单击【确定】按钮，出现任务指示箭头，进入预处理间，会出现未穿戴防护服的提示，单击【防护服人】按钮，如图 11－83 所示。

图 11－83　预处理间场景

操作角色碰撞地面上的绿色箭头后即可出现，如图 11－84 所示。

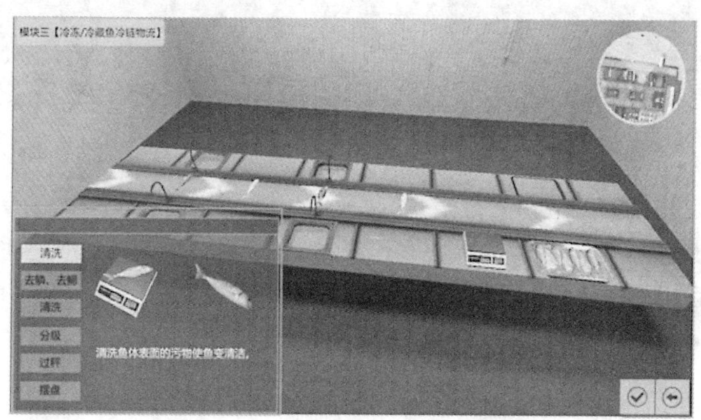

图 11－84　预处理清洗流程介绍界面

从上往下依次单击界面中的按钮，所有流程学习完成后，会出现【完成学习】按钮，如图 11－85 所示。

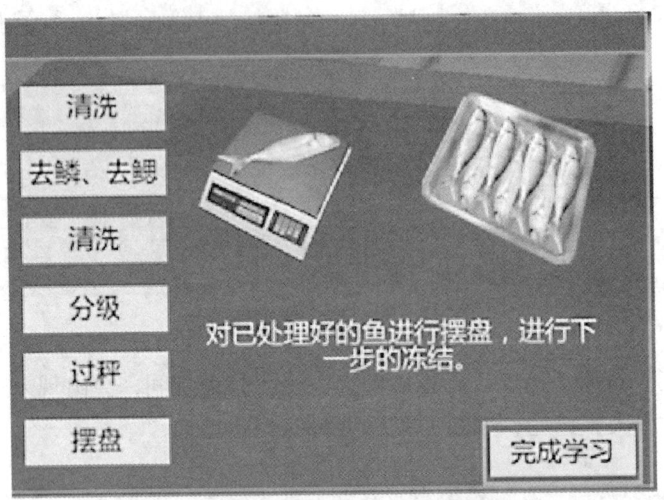

图 11－85　其他预处理流程介绍界面

单击【完成学习】按钮，出现预处理情景结束的提示，并出现下一个需要进行的情景的提示，如图 11－86 所示。

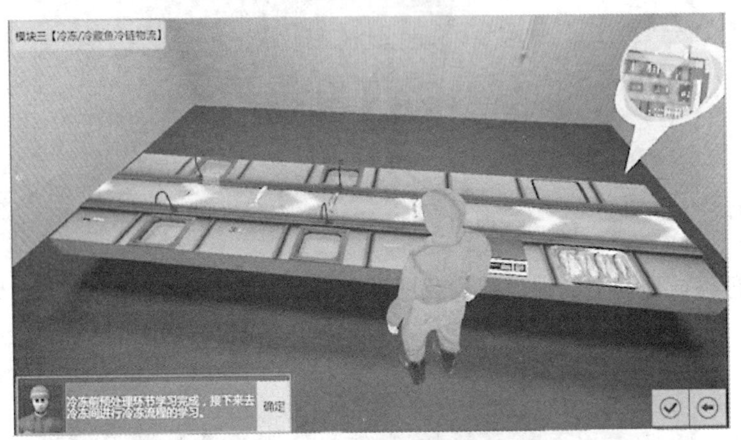

图 11－86　操作提示界面 8

单击【确定】按钮完成预处理情景。

3. **冷冻情景**

触发箭头后，出现任务框，如图 11－87 所示。

图 11－87　操作提示界面 9

单击【查看知识】按钮，系统出现知识学习面板，如图 11－88 所示。

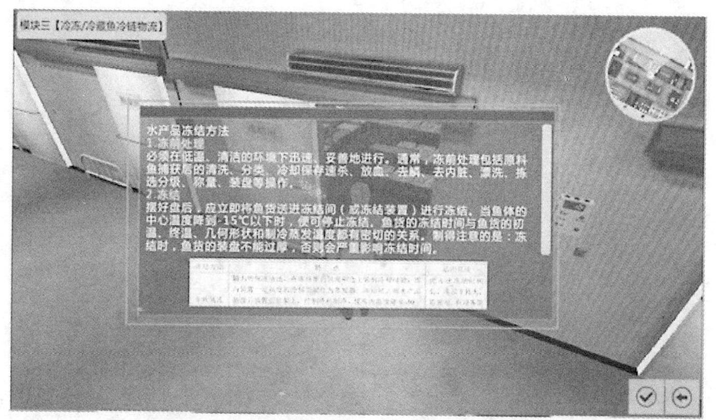

图 11－88　水产品冻结知识介绍界面 1

拖动知识点界面的滚动条直到底部，出现【完成学习】按钮，如图 11－89 所示。

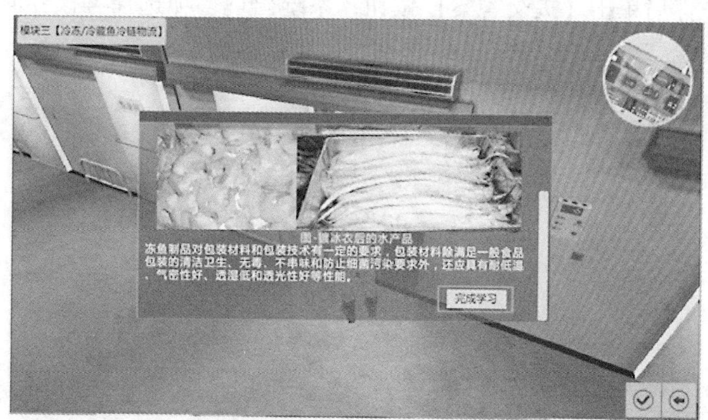

图 11－89　水产品冻结知识介绍界面 2

单击【完成学习】按钮，系统出现考核点界面，如图 11－90 所示。

图 11－90　判断题界面 4

选择选项，然后单击【提交答案】按钮，系统出现考核点界面，如图 11－91 所示。

图 11－91　判断题界面 5

选择选项，然后单击【提交答案】按钮，系统出现多项选择考核界面，如图 11－92 所示。

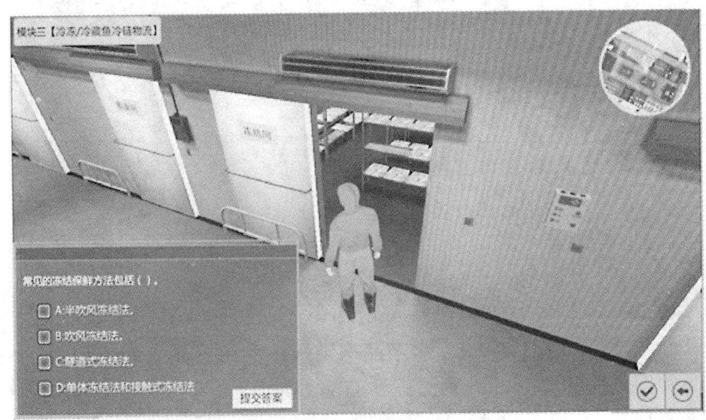

图 11－92　选择题界面 2

选择答案后单击【提交答案】按钮，知识点的理论考核完成。出现任务提示，如图 11－93 所示。

图 11－93　操作提示界面 10

单击【确定】按钮，出现任务指示箭头，如图 11－94 所示。

图 11－94　任务箭头显示界面 2

操作角色碰撞地面上的绿色箭头后即可出现如图 11－95 所示的界面。

图 11－95　温湿度控制界面 1

按照左下角的提示，单击温湿度控制器上的【▲】【▼】按钮，控制温度达到 -23℃，单击【OK】按钮，温度设置正确后，冻结情景结束，并出现下一个需要进行的情景的提示，如图 11 -96 所示。

图 11 -96　操作提示界面 11

单击【确定】按钮完成冻结情景。

4. **脱盘情景**

根据右上角地图的指示位置，进入脱盘间，如图 11 -97 所示。

图 11 -97　脱盘间场景

系统出现知识学习面板，如图 11 -98 所示。

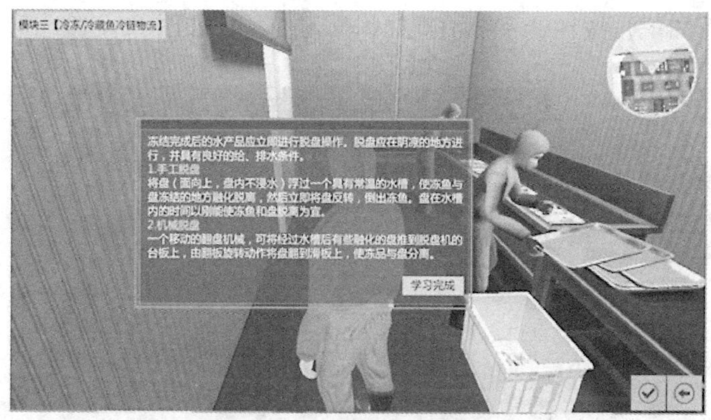

图 11－98　学习面板界面

单击【学习完成】按钮，出现操作提示，如图 11－99 所示。

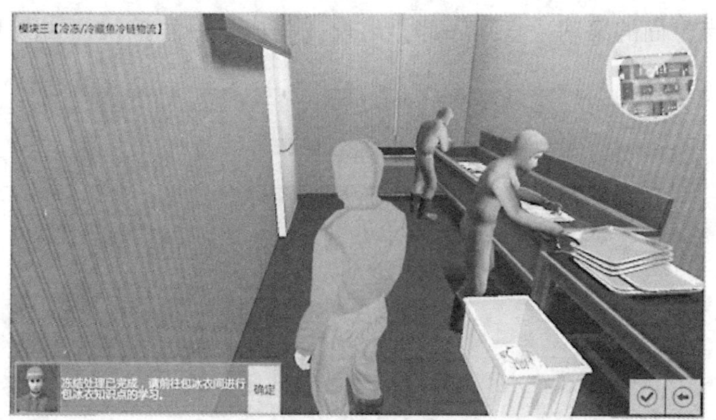

图 11－99　水产品冻结完成界面

单击【确定】按钮完成脱盘情景。

5. 包冰衣情景

触发箭头后，出现提示对话框，如图 11－100 所示。

图 11－100　操作提示界面 12

单击【查看知识】按钮，系统出现知识学习面板，如图 11－101 所示。

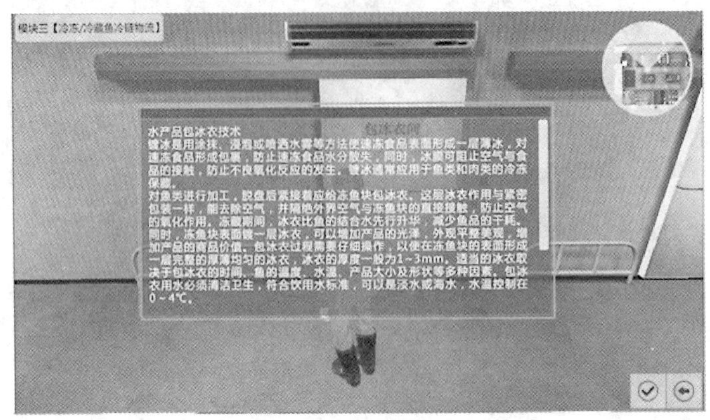

图 11－101　水产品包冰衣知识介绍界面 1

拖动知识点界面的滚动条直到底部，出现【完成学习】按钮，如图 11－102 所示。

图 11－102　水产品包冰衣知识介绍界面 2

单击【完成学习】按钮，系统出现考核点界面，如图 11－103 所示。

图 11－103　判断题界面 6

选择选项，单击【提交答案】按钮，出现下一道判断题，如图 11－104 所示。

图 11－104　判断题界面 7

选择选项，单击【提交答案】按钮，系统出现多项选择考核界面，如图 11－105 所示。

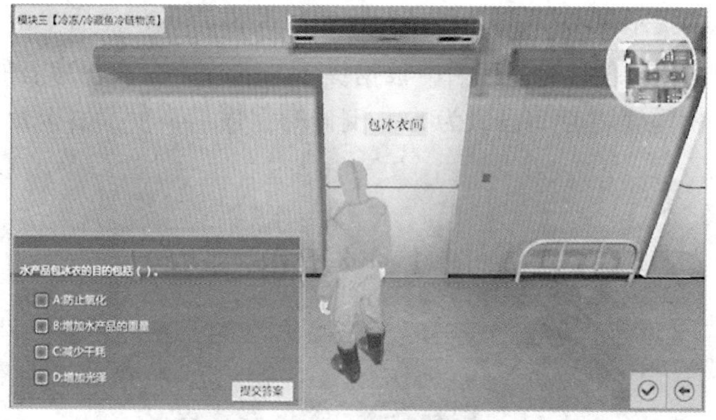

图 11－105　选择题界面 3

选择答案后单击【提交答案】按钮，知识点的理论考核完成，出现任务提示，如图 11－106 所示。

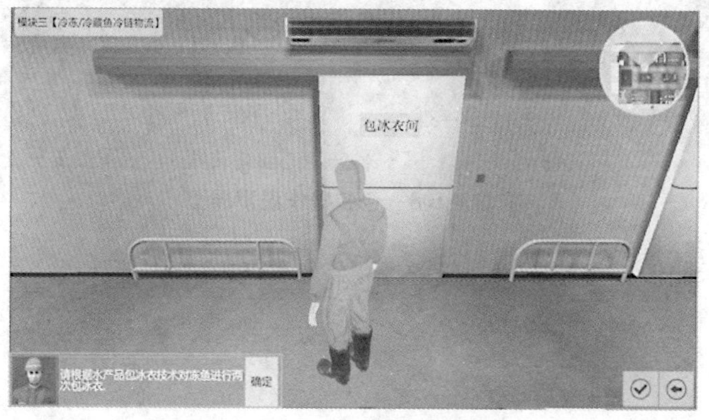

图 11－106　操作提示界面 13

单击【确定】按钮，出现任务指示箭头，操作角色碰撞地面上的绿色箭头后即可出现如图 11－107 所示的界面。

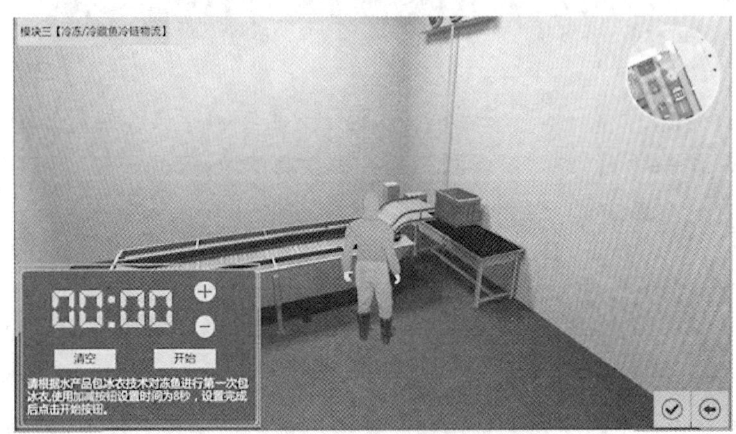

图 11－107　包冰衣温度设置界面

按照左下角的提示单击"⊕"按钮，将时间设置为 8s，然后单击【开始】按钮，系统自动进行倒计时，倒计时完成后，根据提示，进行第二次包冰衣的操作，方法同第一次，但第二次需要将时间设置为 5s。倒计时完成后，根据右上角地图提示位置，进入包装间。

6. **包装情景**

触发箭头后，出现任务框，如图 11－108 所示。

图 11－108　包装操作说明界面

单击【查看知识】按钮，出现任务提示，如图 11－109 所示。

图 11－109　操作提示界面 14

单击【确定】按钮，进入包装间，出现任务指示箭头，如图 11－110 所示。

图 11－110　任务箭头显示界面 3

操作角色碰撞地面上的绿色箭头后即可出现包装流程介绍界面，如图 11－111 所示。

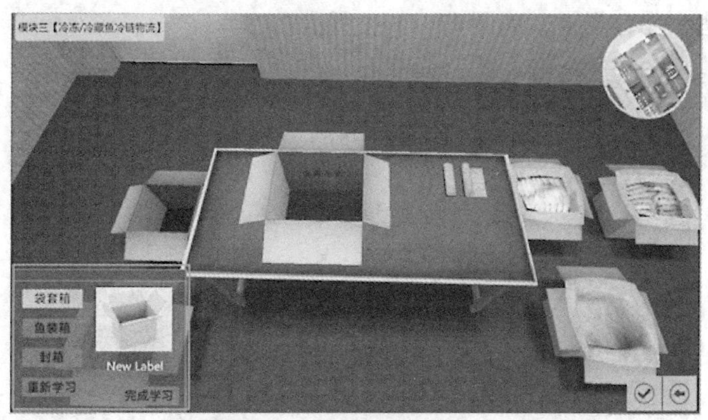

图 11－111　包装流程介绍界面

图 11－111 中左下方为操作界面，从上到下依次单击【操作】按钮，根据提示，使用鼠标点击包装箱，如图 11－112 所示。

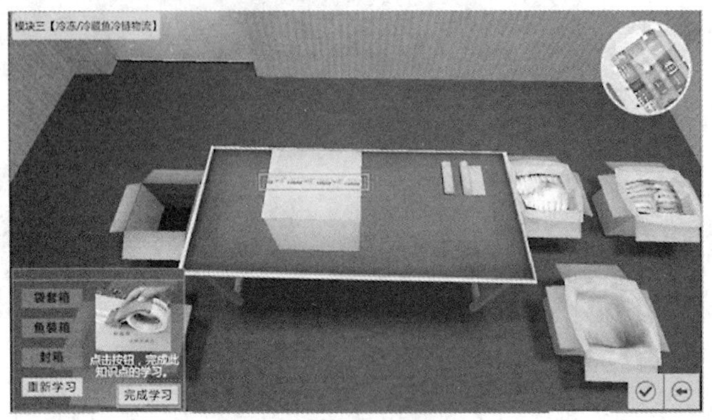

图 11－112　封箱操作

单击【完成学习】按钮，然后单击【确定】按钮完成包装情景。

图 11－113　完成包装情景

7. **储存情景**

工作人员进入储存场景，如图 11－114 所示。

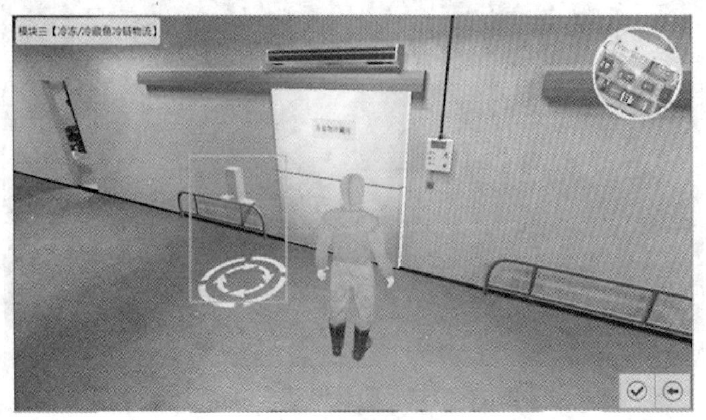

图 11－114　任务箭头显示界面 4

触发箭头后，出现任务框，如图 11－115 所示。

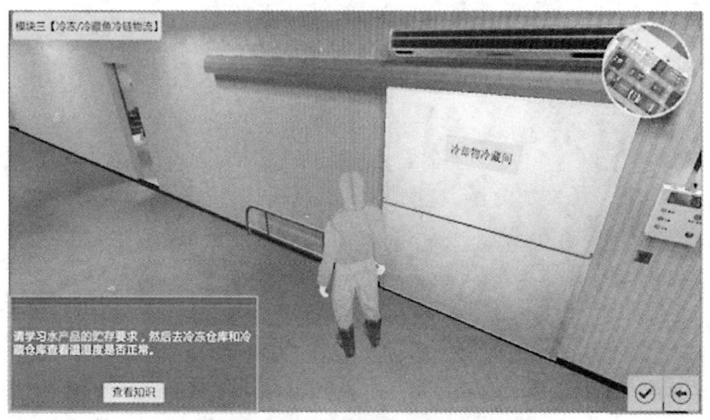

图 11－115　操作提示界面 15

单击【查看知识】按钮，系统出现知识学习面板，如图 11－116 所示。

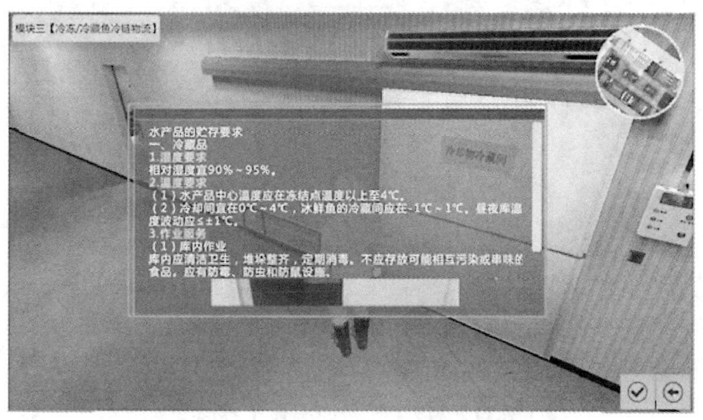

图 11－116　水产品储存要求知识介绍界面 1

拖动知识点界面的滚动条直到底部，出现【完成学习】按钮，如图 11－117 所示。

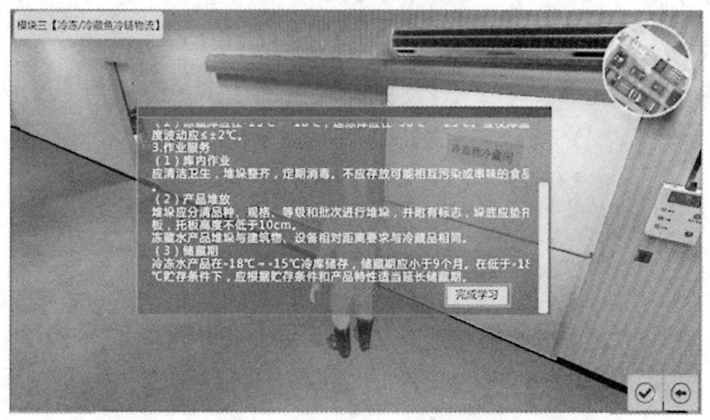

图 11－117　水产品储存要求知识介绍界面 2

单击【完成学习】按钮，出现设置温度系统提示界面，如图 11－118 所示。

图 11－118　设置温度提示界面

单击【确定】按钮，在温湿度控制器前出现箭头，如图 11－119 所示。

图 11－119　任务箭头显示界面 5

控制人物触发任务箭头，出现考核界面，询问温度控制器的温湿度是否合理，如图 11－120 所示。

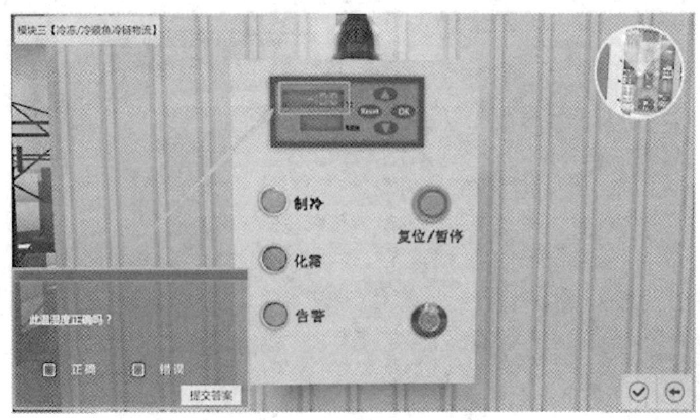

图 11－120　判断题界面 8

选择选项，然后单击【提交答案】按钮，出现任务提示，如图 11－121 所示。

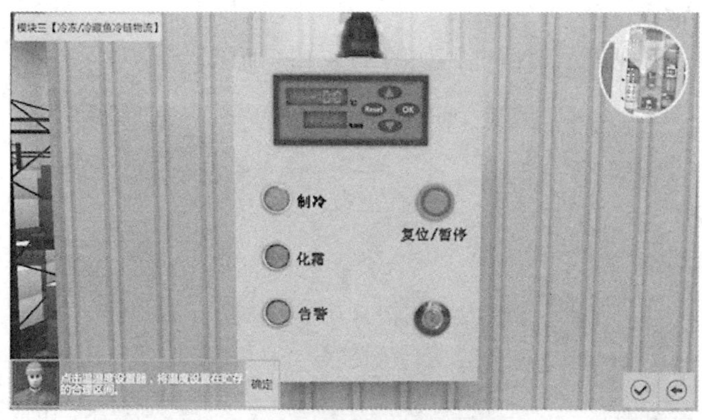

图 11－121　操作提示界面 16

单击【确定】按钮，出现温湿度控制界面，如图 11－122 所示。

图 11－122　温湿度控制界面 2

使用鼠标单击温湿度设置器上的【▲】【▼】按钮，将温度调整到 0℃，再单击【OK】按钮。温度设置正确，则储存情景结束，并出现下一个需要进行的情景的提示，如图 11－123 所示。

图 11－123　储存完成提示界面

单击【确定】按钮完成储存任务。

8. 室内监控情景

触发箭头后，出现提示对话框，如图 11 - 124 所示。

图 11 - 124　操作提示界面 17

单击【查看知识】按钮，系统出现知识学习面板，如图 11 - 125 所示。

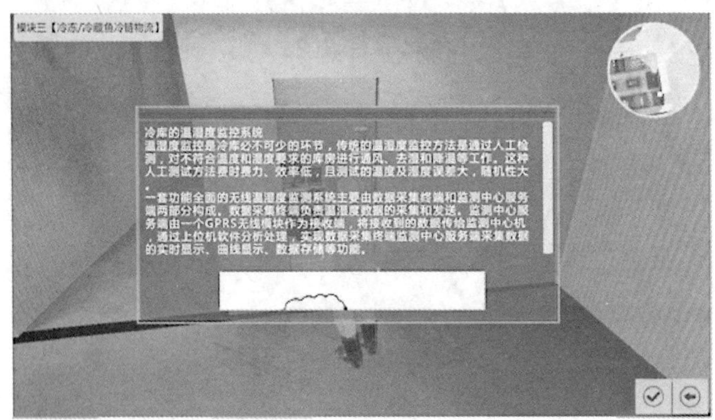

图 11 - 125　冷库温湿度控制系统介绍界面 1

拖动知识点界面的滚动条直到底部，出现【完成学习】按钮，如图 11 - 126 所示。

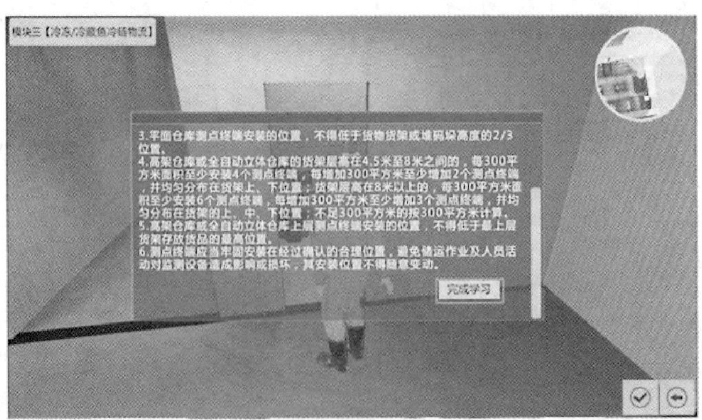

图 11 - 126　冷库温湿度控制系统介绍界面 2

单击【完成学习】按钮，系统出现考核点界面，如图 11－127 所示。

图 11－127　判断题界面 9

选择选项，然后单击【提交答案】按钮，系统出现下一道题考核界面，如图 11－128 所示。

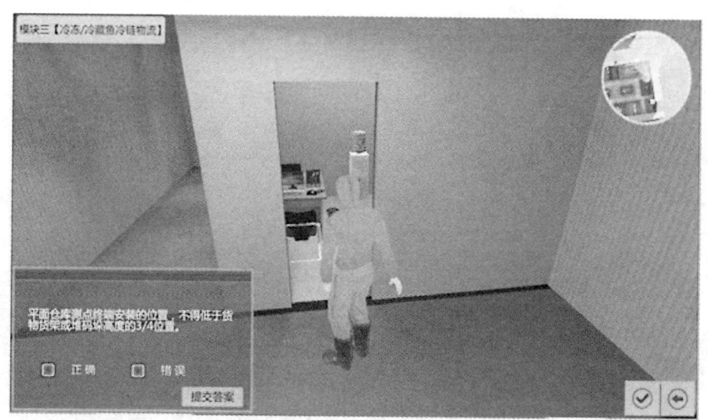

图 11－128　判断题界面 10

选择选项，然后单击【提交答案】按钮，系统出现多项选择考核界面，如图 11－129 所示。

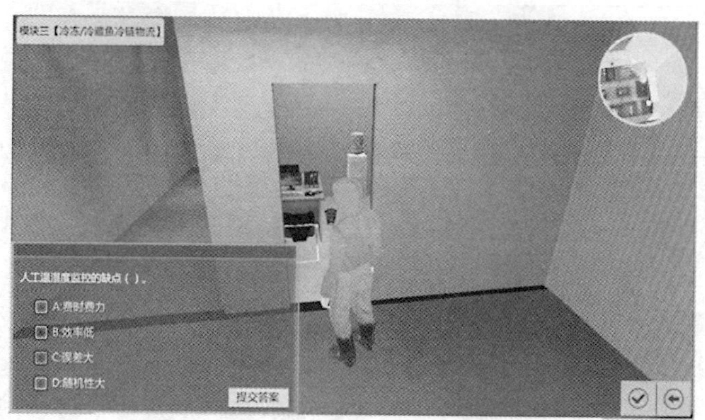

图 11－129　选择题界面 4

选择答案后单击【提交答案】按钮，出现下一道选择题题目，如图 11－130 所示。

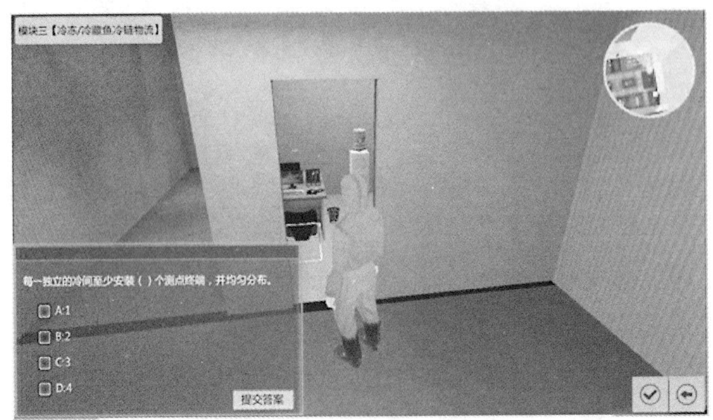

图 11－130　选择题界面 5

选择答案后单击【提交答案】按钮，知识点的理论考核完成。出现任务提示，如图 11－131 所示。

图 11－131　冷库温湿度任务提示界面

单击【确定】按钮，出现任务指示箭头，如图 11－132 所示。

图 11－132　任务箭头显示界面 6

操作角色碰撞地面上的绿色箭头后即可出现如图 11－133 所示的界面。

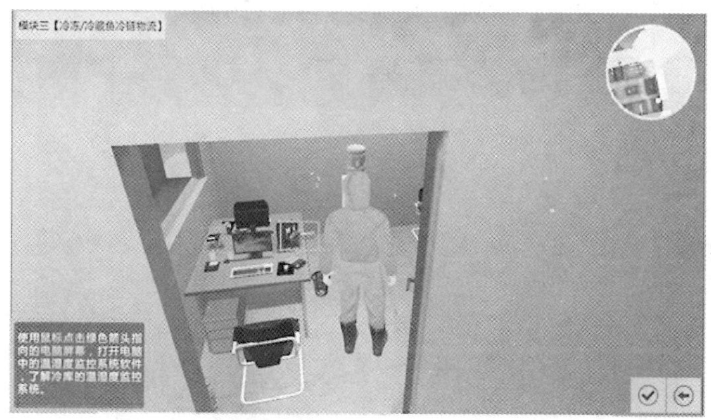

图 11－133　操作说明界面 1

根据左下角的提示和电脑显示器旁边的绿色箭头指引，单击电脑屏幕出现如图 11－134 所示的界面。

图 11－134　电脑界面

根据提示，使用鼠标左键双击电脑上的图标，出现如图 11－135 所示的界面。

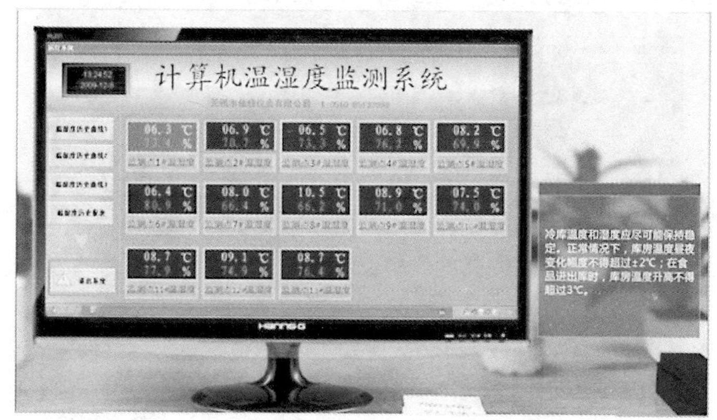

图 11－135　温湿度监控系统界面

鼠标悬浮在温湿度显示部分和监测点部分均可出现相关知识点，单击【退出系统】按钮退出此监控程序，并出现系统提示，如图 11－136 所示。

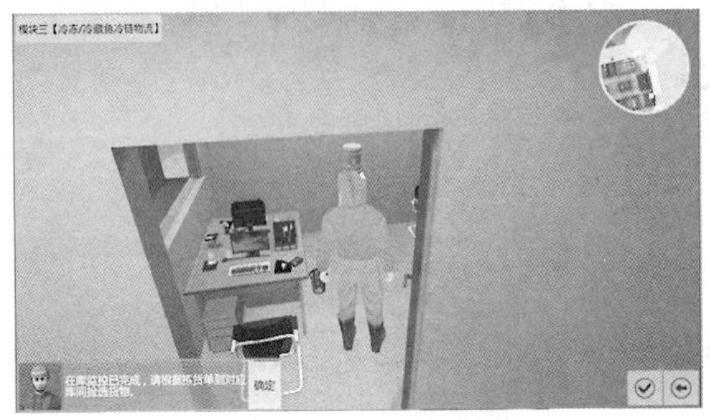

图 11－136　操作提示界面 18

单击【确定】按钮完成室内监控情景。

9. 拣货情景

触发箭头后，出现任务框，如图 11－137 所示。

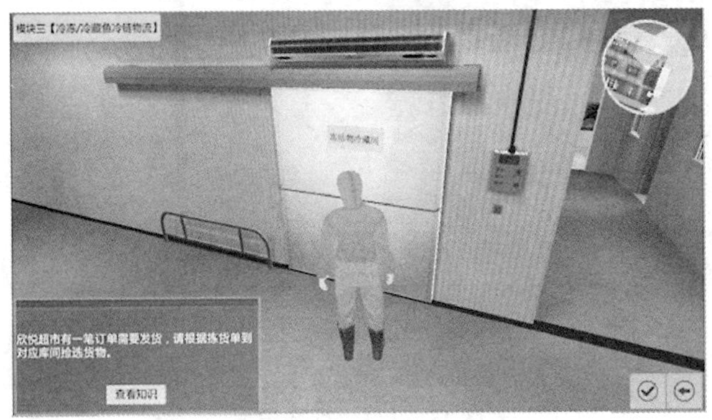

图 11－137　拣选货物操作提示界面

单击【查看知识】按钮，系统出现知识学习面板，如图 11－138 所示。

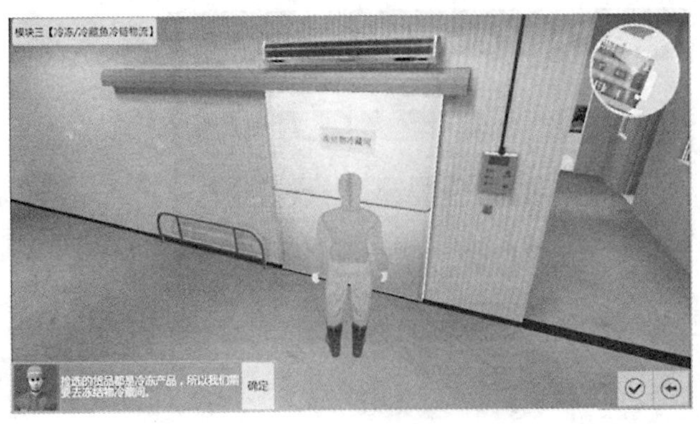

图 11－138　知识学习面板

单击【确定】按钮，出现任务指示箭头，如图 11－139 所示。

图 11－139　任务箭头显示界面 7

操作角色碰撞地面上的绿色箭头后即可出现如图 11－140 所示的界面。

根据左下方需要货物名称以及数量的显示，在货架上寻找到目标货物，单击鼠标即可自动搬放到托盘。单击数量符合要求后，界面左下方出现【拣货完成】按钮。

图 11－140　拣货任务列表

单击【拣货完成】按钮后，出现如图 11－141 所示的界面。

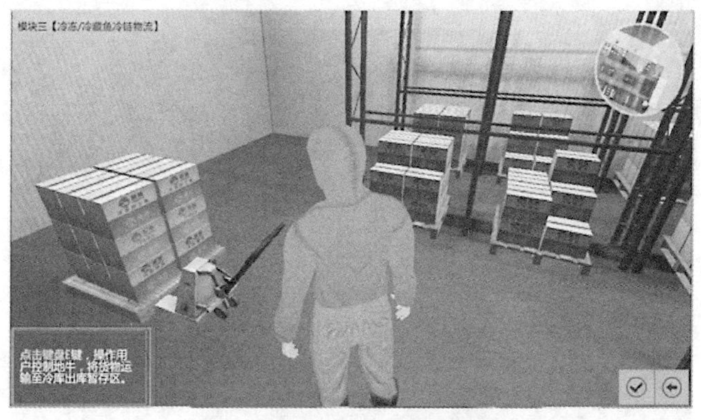

图 11－141　操作说明界面 2

根据提示，单击键盘上的 E 键，使用角色控制地牛根据右上角地图的指引将货物运送到出库缓存区，如图 11 – 142 所示。

图 11 – 142　拖动叉车场景

碰撞目标指引箭头，拣货情景结束，任务自动过渡到仓库外，并出现下一个需要进行的情景任务箭头，如图 11 – 143 所示。

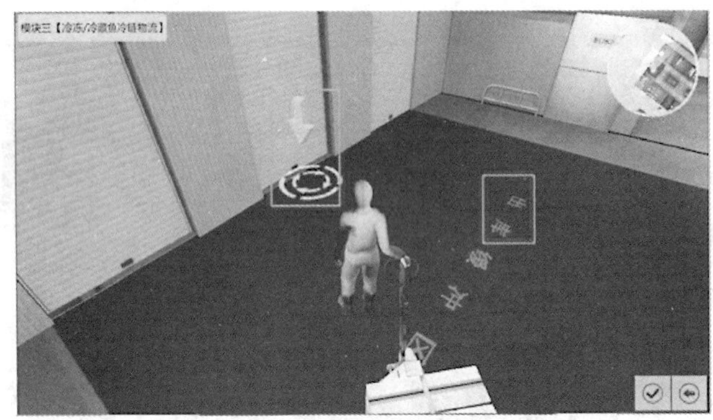

图 11 – 143　搬运货物至出库缓存区

10. **出库情景**

触发箭头后，出现提示对话框，如图 11 – 144 所示。

图 11 – 144　操作提示界面 19

单击【查看知识】按钮，系统出现知识学习面板，如图 11－145 所示。

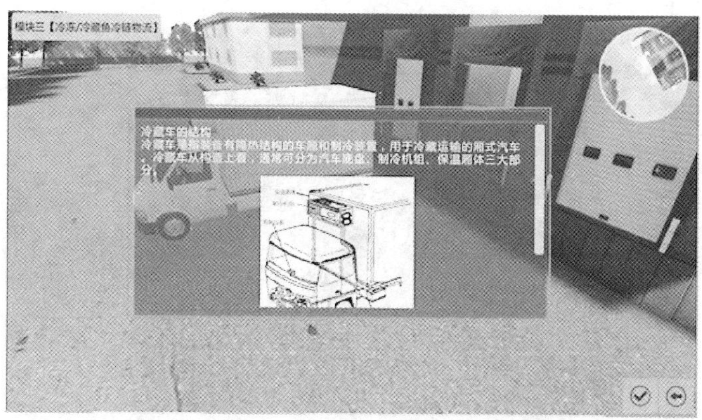

图 11－145　冷藏车结构知识介绍界面 1

拖动知识点界面的滚动条直到底部，出现【完成学习】按钮，如图 11－146 所示。

图 11－146　冷藏车结构知识介绍界面 2

单击【完成学习】按钮，系统出现考核点界面，如图 11－147 所示。

图 11－147　判断题界面 11

选择选项，单击【提交答案】按钮，出现下一道考核题目，如图 11 - 148 所示。

图 11 - 148　判断题界面 12

选择选项，单击【提交答案】按钮，知识点的理论考核完成。出现任务提示，如图 11 - 149 所示。

图 11 - 149　操作提示界面 20

单击【确定】按钮，出现任务指示箭头，如图 11 - 150 所示。

图 11 - 150　任务箭头显示界面 8

操作角色碰撞地面上的绿色箭头后即可出现如图 11－151 所示的界面。

图 11－151　操作提示界面 21

单击【查看知识】按钮，系统出现知识学习面板，如图 11－152 所示。

图 11－152　冷藏车预冷步骤介绍 1

拖动知识点界面的滚动条直到底部，出现【完成学习】按钮，如图 11－153 所示。

图 11－153　冷藏车预冷步骤介绍 2

单击【完成学习】按钮，系统出现考核点界面，如图 11－154 所示。

图 11－154　判断题界面 13

选择选项，单击【提交答案】按钮，知识点的理论考核完成，出现任务提示，如图 11－155 所示。

图 11－155　操作提示界面 22

单击【确定】按钮，界面出现任务箭头，如图 11－156 所示。

图 11－156　任务箭头显示界面 9

操作人员碰撞地面上的任务箭头后出现如图 11－157 所示的界面。

图 11－157　冷藏车知识介绍界面

依次单击三个按钮进行学习，学习完成后界面会出现【学习完成】按钮，单击此按钮，出库情景结束，并出现下一个需要进行的情景的提示，如图 11－158 所示。

图 11－158　操作提示界面 23

单击【确定】按钮完成出库情景。

11. 在途监控情景

进入此场景，操作人员进入车辆，如图 11－159 所示。

图 11－159　操作人员进入冷藏车场景

根据地面上浮动的绿色箭头，使用 W、S、A、D 操作卡车到达仓库园区大门口，如图 11－160，图 11－161 所示。

图 11－160　司机驾驶场景 1

图 11－161　司机驾驶场景 2

到达园区门口后，自动过渡到途中，出现提示对话框，如图 11－162 所示。

图 11－162　操作提示界面 24

单击【查看知识】按钮，系统出现知识学习面板，如图 11－163 所示。

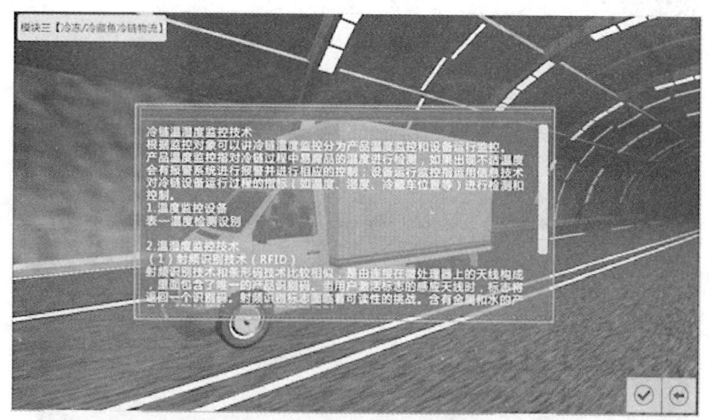

图 11－163　知识介绍界面 1

拖动知识点界面的滚动条直到底部，出现【完成学习】按钮，如图 11－164 所示。

图 11－164　知识介绍界面 2

单击【完成学习】按钮，知识点的学习完成；出现任务提示，如图 11－165 所示。

图 11－165　操作提示界面 25

单击【确定】按钮，完成在途监控情景，进入到货交接情景。

12. **到货交接情景**

场景过渡后，出现提示对话框，如图 11－166 所示。

图 11－166　操作提示界面 26

单击【查看知识】按钮，系统出现知识学习面板，如图 11－167 所示。

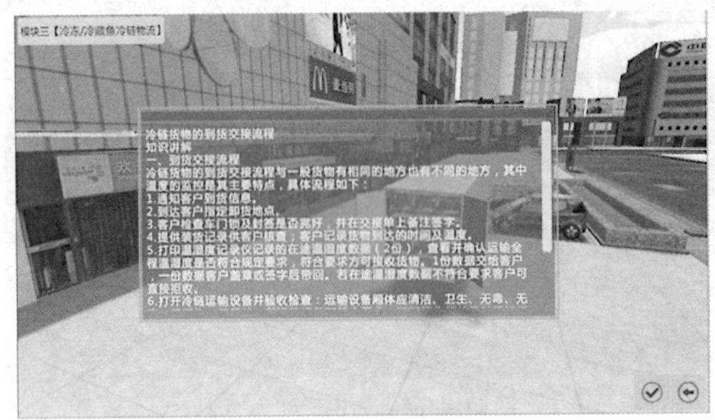

图 11－167　知识介绍界面 3

拖动知识点界面的滚动条直到底部，出现【完成学习】按钮，如图 11－168 所示。

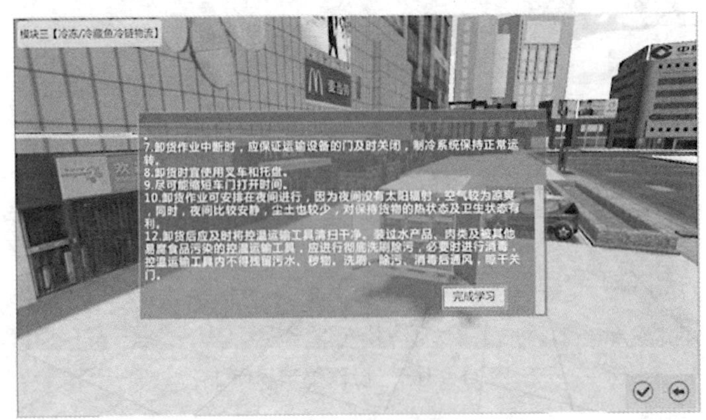

图 11－168　知识介绍界面 4

单击【完成学习】按钮，系统出现考核点界面，如图 11－169 所示。

图 11－169 判断题界面 14

选择选项，单击【提交答案】按钮，系统出现下一道考核题，如图 11－170 所示。

图 11－170 判断题界面 15

选择选项，单击【提交答案】按钮，系统出现下一道考核题，如图 11－171 所示。

图 11－171 判断题界面 16

选择选项，单击【提交答案】按钮，出现任务操作界面，如图 11－172 所示。

图 11－172　操作提示界面 27

单击【确定】按钮，出现交货对话场景，如图 11－173 所示。

图 11－173　交货对话场景

对话完成后即可出现如图 11－174 所示的界面，设置温度检测点。

图 11－174　温度检测点设置界面

完成检测点的设置后，右下角出现【检测点设置完成】按钮，如图 11－175 所示。

图 11－175　检测点设置完成

单击【检测点设置完成】按钮，出现工作人员对货物温度检测情景，如图 11－176 所示。

图 11－176　货物温度检测情景界面

检测完成后出现提示对话框，如图 11－177 所示。

图 11－177　操作提示界面 28

单击【查看知识】按钮，系统出现知识学习面板，如图 11－178 所示。

图 11－178　知识介绍界面 5

拖动知识点界面的滚动条直到底部，出现【完成学习】按钮，如图 11－179 所示。

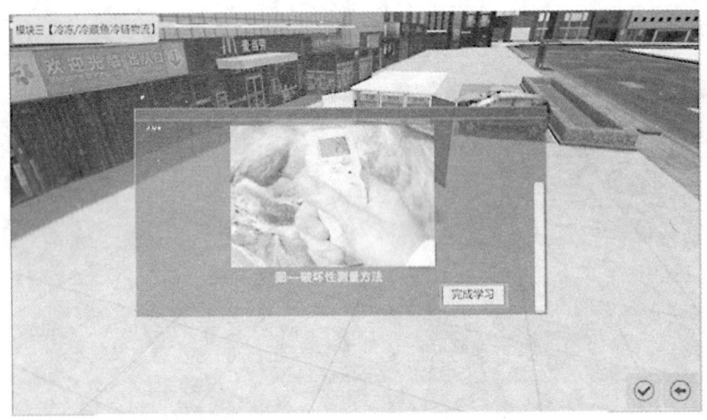

图 11－179　知识介绍界面 6

单击【完成学习】按钮，系统出现考核点界面，如图 11－180 所示。

图 11－180　判断题界面 17

选择选项，单击【提交答案】按钮，系统出现下一道考核界面，如图 11－181 所示。

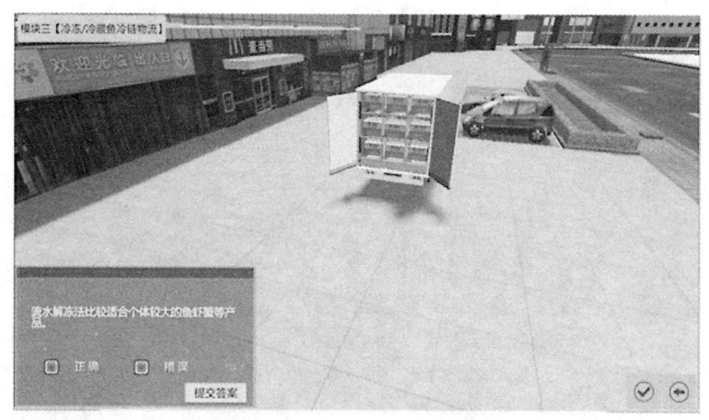

图 11－181　判断题界面 18

选择选项，单击【提交答案】按钮，系统出现下一道考核界面，如图 11－182 所示。

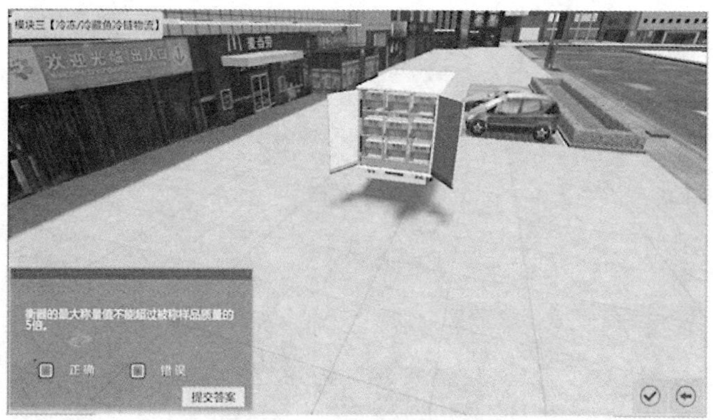

图 11－182　判断题界面 19

选择选项，单击【提交答案】按钮，知识点的理论考核完成。出现任务提示，如图 11－183 所示。

图 11－183　操作提示界面 29

单击【确定】按钮，出现测温枪知识点，如图 11 -184 所示。

图 11 -184　测温枪知识点界面

从上往下依次单击三个按钮进行知识点的学习，学习完成后出现【学习完成】按钮，单击此按钮，出现感官验收知识点，如图 11 -185 所示。

图 11 -185　知识介绍界面 7

单击【查看知识】按钮，系统出现知识学习面板，如图 11 -186 所示。

图 11 -186　知识介绍界面 8

拖动知识点界面的拖动条直到底部，出现【完成学习】按钮，如图 11－187 所示。

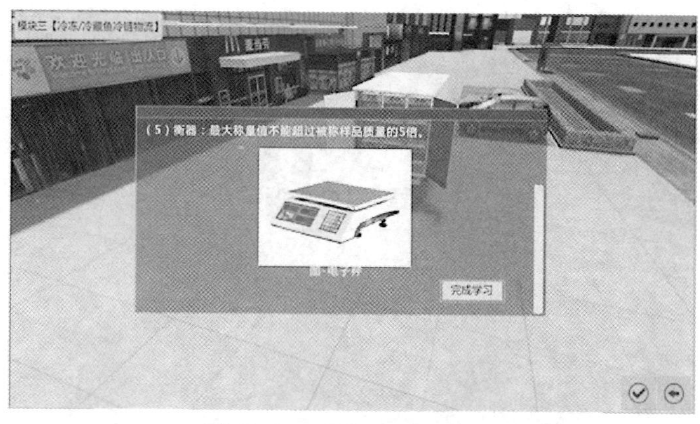

图 11－187　知识介绍界面 9

单击【完成学习】按钮，知识点的学习完成。出现任务提示，如图 11－188 所示。

图 11－188　操作提示界面 30

单击【确定】按钮，出现工作人员搬运货物的情景，如图 11－189 所示。

图 11－189　工作人员搬运货物情景界面

货物搬运完成，交货流程结束，出现退出对话框，如图 11 - 190 所示。

图 11 - 190　退出对话框

至此，冷冻/冷藏鱼冷链物流所有流程学习完成，单击【退出】按钮退出到主界面。

11.4　思考题

1. 简述冷链设备的内容。
2. 简述冷链的构成的因素。
3. 试述冷链物流模拟仿真实训包括的步骤。

本章小结

本章介绍了冷链物流的相关背景知识，设计了关于冷链物流操作的模拟仿真实验。通过对本章的学习，能够使学生加深对冷链物流相关操作业务的认识与了解。

参考文献

［1］杨胜平，谢晶，高志立，等．冷链物流过程中温度和时间对冰鲜带鱼品质的影响［J］．农业工程学报，2013（24）：302－310.

［2］谷炜，张群，卫李蓉．基于 GIS 的物流配送中心末端大规模车辆路径优化问题研究［J］．中国管理科学，2013（S1）：379－389.

［3］关菲，张强．模糊多目标物流配送中心选址模型及其求解算法［J］．中国管理科学，2013（S1）：57－62.

［4］宁浪，张宏斌，张斌．面向 JIT 制造的零部件配送中心货位优化研究［J］．管理科学学报，2014（11）：10－19.

［5］周翔，许茂增，吕奇光．B2C 模式下配送中心与末端节点的两阶段布局优化模型［J］．计算机集成制造系统，2014（12）：3140－3149.

［6］狄卫民，岳耀雪，陈国民．有配送能力限制的易腐农产品配送中心选址方法［J］．计算机应用研究，2013（1）：202－205.

［7］王征，胡祥培，王旭坪．行驶时间延迟下配送车辆调度的干扰管理模型与算法［J］．系统工程理论与实践，2013（2）：378－387.

［8］刘家利，马祖军．存在车辆租赁及共享且有时间窗的多配送中心开环 VRP［J］．系统工程理论与实践，2013（3）：666－675.

［9］宁江，罗琪．自动化仓库管理系统的设计与实现［J］．科技视界，2013（2）：27－28，22.

［10］李龙．集装箱船配载规则编程的若干思路［J］．科技视界，2013（8）：30－31，135.

［11］王永波，温佩芝，李丽芳，等．大型仓储拣货路径优化算法研究［J］．计算机仿真，2013（5）：337－340.

［12］邵瑞银．河南省农产品冷链物流现状、问题与对策［J］．企业经济，2013（6）：127－130.

［13］陈方宇，王红卫，祁超，等．考虑多拣货员堵塞的仓库拣选路径算法［J］．系统工程学报，2013（5）：581－591.

［14］杨珺，王玲，郑娜，等．多用途易腐物品配送中心选址问题研究［J］．中国管理科学，2011（1）：91－99.

［15］李诗珍．拣货方式、存储策略与路径策略协同研究［J］．工业工程，2011（2）：

37 -43.

[16] 张磊，袁建清，郑磊．汽车整车配载与运输路线优化方案及算法研究［J］．计算机技术与发展，2011（6）：219 -222.

[17] 王旭坪，阮俊虎，张凯，等．有模糊时间窗的车辆调度组合干扰管理研究［J］．管理科学学报，2011（6）：2 -15.

[18] 庞瑾璇．钢材加工配送中心下料计划优化方法研究［J］．内蒙古煤炭经济，2011（6）：28 -29.

[19] 陈愚，吴旭光，苏冉，等．车辆监控系统的 GPRS 网络通讯技术与实现［J］．国外电子测量技术，2011（9）：72 -75.

[20] 王艳艳，吴耀华，刘鹏．自动分拣系统分拣作业任务优化［J］．机械工程学报，2011（20）：10 -17.

[21] 皮慧娟，魏庆东．物流配送中心选址问题研究［J］．江西师范大学学报（自然科学版），2011（5）：507 -511.

[22] 符瑜．浅析我国冷链物流共同配送模式的应用［J］．黑龙江对外经贸，2011（11）：117 -118.

[23] 张琳，庞燕，夏江雪．乳制品企业冷链物流共同配送研究［J］．企业经济，2011（12）：89 -92.

[24] 张琴，杨国栋，徐品品．长庆油田 GPS 车辆监控管理系统的开发与应用［J］．信息技术与信息化，2011（6）：54 -57.

[25] 刘琪．自动化立体仓库出入库任务调度和货位分配研究［J］．中国科技信息，2009（3）：122 -123.

[26] 王艳．基于 GPRS 的车辆监控定位系统的实现［J］．中国西部科技，2009（7）：39 -41.

[27] 汤希峰，毛海军，李旭宏．物流配送中心选址的多目标优化模型［J］．东南大学学报（自然科学版），2009（2）：404 -407.

[28] 王林琳，鲍进．基于中国邮路问题的配送线路规划［J］．物流科技，2009（11）：9 -11.

[29] 张贻弓，吴耀华．双拣货区自动分拣系统品项分配优化［J］．机械工程学报，2009（11）：152 -157.

[30] 翁建红，李朝阳．基于 GPS 的烟草物流配送线路规划［J］．物流科技，2008（9）：18 -20.

[31] 杨晓艳．RFID 技术在化工危险品仓库管理中的应用［J］．科技信息，2008（30）：58 -59.

[32] 管荣根，顾玲，张瑞宏．链板式连续输送机械的输送条件及其影响因素［J］．起重运输机械，2005（3）：51 -54，4.

[33] 郑晨升，神显豪．基于 FSS 的自动化立体仓库系统建模及三维虚拟仿真［J］．起重运输机械，2005（7）：22 -24.

［34］高琳，王润孝，姜晓鹏，等．供应链管理中的订单处理研究［J］．计算机应用研究，2005（8）：185－186.

［35］邓明通，张思东．GIS 在车辆管理调度中的研究与应用［J］．电信快报，2005（5）：33－35.

［36］洪镇南．PLC 网络在自动化立体仓库堆垛机上的应用［J］．工业控制计算机，2002（5）：55－56.

［37］张存保，刘独华，林世究，等．车辆监控调度系统的设计与开发［J］．交通与计算机，2002（3）：17－19.

［38］李兰池．连续输送机械的能量效率分析［J］．起重运输机械，1986（10）：37－42.

［39］兰秀菊，汤洪涛，陈勇．订单处理过程的响应性分析［J］．浙江工业大学学报，2006（1）：74－77.

［40］秦固．基于蚁群优化的多物流配送中心选址算法［J］．系统工程理论与实践，2006（4）：120－124.

［41］宋伯慧，王耀球．装卸搬运设备配置优化研究［J］．物流技术，2006（7）：145－147.

［42］闵亨峰．供应链节点间配送线路规划蚁群算法［J］．天津科技大学学报，2006（3）：79－81＋86.

［43］杨锦冬，徐丽群．城市物流中心车辆配送配载调度指派模型研究［J］．同济大学学报（自然科学版），2004（11）：1452－1456.

［44］李涛，张则强，程文明．装卸搬运在物流活动中的地位及提升策略［J］．铁道货运，2004（6）：33－35＋2.

［45］卢少平，张贻弓，吴耀华，等．自动分拣系统并行分区拣选优化策略［J］．深圳大学学报（理工版），2010（1）：120－126.

［46］郭莉莎．第三方冷链物流企业营销策略研究［J］．中国科技信息，2010（20）：194－195.

［47］靳志宏，兰辉，郭贝贝．基于现实约束的集装箱配载优化及可视化［J］．系统工程理论与实践，2010（9）：1722－1728.

［48］谢天保，雷西玲，席文玲．物流配送中心配载车辆调度问题研究［J］．计算机工程与应用，2010（36）：237－240.

［49］朱荣荣，胡大伟．冷链物流配送中心选址的多目标优化模型［J］．物流技术，2012（1）：108－110，140.

［50］靳志宏，于波，侯丽晓．基于配载约束的配送优化问题及其求解算法［J］．系统工程学报，2012（3）：390－398.

［51］邱春龙．HOPFIELD 求解物流配送车辆优化调度问题的应用分析［J］．中国外资，2012（14）：14－16.

［52］赵月霞，韩美贵，马开平．配送中心订单处理作业流程仿真研究［J］．物流科技，2012（11）：7－9，89.

[53] 颜伊庆，潘丽萍．基于 PLC 的自动分拣系统［J］．机电工程，2012（11）：1286－1289，1317.

[54] 葛显龙，王旭，邢乐斌．动态需求的多车型车辆调度问题及云遗传算法［J］．系统工程学报，2012（6）：823－832.

[55] 李诗珍，王转，石江．配送中心拣货系统订单处理仿真研究［J］．计算机应用，2003（2）：94－96.

[56] 廖开文．订单处理的流程分析与软件构想——先进完备的仓库管理系统（WMS）助您物流作业升级［J］．现代制造，2003（3）：30－34.

[57] 江玉杰．“互联网＋”背景下快递行业配送线路规划研究［J］．浙江纺织服装职业技术学院学报，2016（2）：55－60.

[58] 黄煜坤，彭成，戚铭尧，等．电网运维物资配送线路规划系统的设计与实现［J］．物流技术，2017（1）：124－128，188.

[59] 李坤，唐立新，陈树发．多集装箱堆场空间分配与车辆调度集成问题的建模与优化［J］．系统工程理论与实践，2014（1）：115－121.

[60] 汤元睿，谢晶，李念文，等．不同冷链物流过程对金枪鱼品质及组织形态的影响［J］．农业工程学报，2014（5）：285－292.

[61] 李建斌，周玮，陈峰．B2C 电子商务仓库拣货路径优化策略应用研究［J］．运筹与管理，2014（1）：7－14.

[62] 方凯，钟涨宝，王厚俊，等．基于绿色供应链的我国冷链物流企业效率分析［J］．农业技术经济，2014（6）：45－53.

[63] 李诗珍，杜文宏，彭其渊．低层人至物拣货系统订单拣货路径问题研究［J］．起重运输机械，2007（8）：5－9.

[64] 胡大伟，陈诚．遗传算法（GA）和禁忌搜索算法（TS）在配送中心选址和路线问题中的应用［J］．系统工程理论与实践，2007（9）：171－176.

[65] 张予川，吴桂峰．基于最短路径的配送中心选址决策与应用［J］．物流科技，2007（11）：71－75.

[66] 李贺桥，杨怀栋，黄战华，等．监控系统控制的机车车辆制动功能自动检测技术［J］．制造业自动化，2000（10）：39－41.

[67] 姬东朝，宋笔锋，喻天翔，基于模糊层次分析法的决策方法及其应用［J］．火力与指挥控制，2007（11）：38－41.

[68] 靳景玉．模糊综合评判与投资效益评价［J］．技术经济与管理研究，2000（3）：37－38.

[69] 王转．配送与配送中心［M］．北京：电子工业出版社，2010.

[70] 黄安心．配送中心运作与管理实务［M］．武汉：华中科技大学出版社，2009.

[71] 熊金福．仓库管理实用手册［M］．广州：广东旅游出版社，2016.

[72] ［荷］罗伯特·马尔德，米歇尔·科布森．仓库和配送中心［M］．孙阳，译．沈阳：辽宁科学技术出版社，2014.

[73] 顾海红. 港口输送机械与集装箱机械 [M]. 2版. 北京：人民交通出版社，2010.
[74] 罗毅，王清娟. 物流装卸搬运设备与技术 [M]. 北京：机械工业出版社，2008.
[75] 张普礼. 机械加工设备 [M]. 北京：机械工业出版社，2014.
[76] 胡勇. 自动分拣系统一本通 [M]. 北京：中国财富出版社，2011.
[77] 成刚. 数据包络分析方法与 MaxDEA 软件 [M]. 北京：知识产权出版社，2014.
[78] 陈媛，刘虹秀. 智能交通 GPS 技术 [M]. 北京：人民交通出版社，2010.
[79] 白世贞，曲志华. 冷链物流 [M]. 北京：中国财富出版社，2012.